中国儿童人权法治保障探究

吴鹏飞 ◎ 著

本著作得到国家社会科学基金一般项目：中国儿童福利权保障制度研究（项目编号：12BFX093）资助

中国民主法制出版社

全国百佳图书出版单位

2015·北京

图书在版编目(CIP)数据

中国儿童人权法治保障探究 / 吴鹏飞著 . —北京：
中国民主法制出版社,2015. 12
ISBN 978-7-5162-1088-8

Ⅰ.①中… Ⅱ.①吴… Ⅲ.①未成年人保护法—
研究—中国 Ⅳ.①D922.183.4

中国版本图书馆 CIP 数据核字(2015)第 303614 号

图书出品人:刘海涛
出 版 统 筹:陈晗雨
责 任 编 辑:逯卫光

书名/中国儿童人权法治保障探究
ZHONGGUOERTONGRENQUANFAZHIBAOZHANGTANJIU
作者/吴鹏飞 著

出版·发行/中国民主法制出版社
地址/北京市丰台区右安门外玉林里 7 号(100069)
电话/(010)63055259(总编室) 63057714(发行部)
传真/(010)63056975 63056983
http:// www. npcpub. com
E-mail:mzfz@npcpub. com
经销/新华书店
开本/16 开 880 毫米×1230 毫米
印张/15.5 字数/236 千字
版本/2015 年 12 月第 1 版 2015 年 12 月第 1 次印刷
印刷/北京盛源印刷有限公司

书号/ISBN 978-7-5162-1088-8
定价/38.00 元
出版声明/版权所有,侵权必究。

自　序

　　如今，人权已经成为一个家喻户晓的词汇。人权的焦点是人的生命和尊严。儿童人权是人权体系中非常重要的一种权利类型，是儿童基于其特殊身心需求而享有的不同于成人的基本权利。儿童人权是伴随人类社会的历史演进而不断发展的。一方面，儿童人权的概念在广泛的人权运动中得到发展；另一方面，儿童人权也起源于过去 300 年的社会、教育和心理领域的发展。这包括国家资助的学校制度化的义务教育，工业化对儿童的负面影响（如童工问题），以及战争的后果。20 世纪 70 年代，儿童人权的发展又有了新的内涵，从抚养儿童成长的新教育观念和模式转变到"儿童解放运动"[1] 运动使人们更加注重儿童的自主权、自我决策能力和参与权，改变了人们以往一味地强调儿童的脆弱性和不成熟性的观念。

　　作为人类社会的重要成员，儿童享有人权逐步获得了国际社会的广泛赞同。在 1989 年联合国大会上首次以国际公约的形式通过了《儿童权利公约》（以下简称《公约》），从而在国际法层面上为儿童依法享有权利奠定了基础。迄今为止，《公约》已经获得联合国除美国之外的 196 个成员国的批准，成为世界上具有最广泛基础的真正的儿童权利国际标准。中国政府代表于 1990 年 8 月 29 日签署该《公约》，1991 年 12 月 29 日第七届全国人民代表大会常务委员会第二十三次会议决定批准该《公约》。该《公约》于 1992 年 4 月 1 日起正式对我国生效。

---

〔1〕　"人的安全网络"组织编：《人权教育手册》，李保东译，生活·读书·新知三联书店 2005 年版，第 288 页。

《公约》第1条将"儿童"界定为低于18周岁的人（除非对其适用的法律规定成年年龄更早）。这就意味着这一定义的"儿童"包括我国的儿童和少年，与未成年人同义。《公约》试图满足儿童的不同需求，不仅为保护儿童建立特殊的保障（如免受家庭或学校中的暴力，不受侵犯、剥削、忽视或面临不可接受的贫困环境），同时保护儿童发展其身份、自主和对社会生活的积极参与（如通过隐私权、表达自由、宗教自由、结社自由和集会自由或在司法诉讼中发表意见的权利）[1]。《公约》列举出来的权利清单在许多领域与普遍性人权一致，另外还包括了一些专门的儿童权利。比如不与父母分离权（第9条）、家庭团聚权（第10条）、被收养权（第21条）、受抚养权（第18条）、游戏权（第31条）等[2]。

尽管《公约》对儿童权利加以了详细的列举，并且成立了专门的机构"儿童权利委员会"来负责履行对《公约》规定义务的国际监督，但《公约》在世界各国的实施执行情况却与制定的标准形成了巨大的反差。比如，最近针对联合国儿童特别会议的联合国儿童基金会（UNICEF）10年回顾显示，非洲撒哈拉地区儿童的生存状况还有恶化的趋势，全球1.49亿儿童尚处于营养不良的状态，1亿儿童不能接受正规的教育[3]。到目前为止，全世界仅有15个国家彻底废除了体罚。据估测，全球22亿儿童中，大约有10亿儿童生活在贫困中，6.4亿儿童缺少足够的住房，4亿儿童没有安全饮用水，2.7亿儿童无法获得基本卫生服务[4]。另根据联合国儿童基金会发布的一份报告称，受全球经济金融危机影响，估计目前发达经济体贫困儿童总数为7650万，较2008年增长了260万[5]。这些触目惊心的数据无不向我们传达这样一种信息，世界儿童的生存和发展状况令人担忧，需要国际社会的共同努力，以确保儿童人权能够得到尊重和保护。

[1] [奥]曼费雷德·诺瓦克：《国际人权制度导论》，柳华文译，北京大学出版社2010年版，第90—91页。
[2] 吴鹏飞：《儿童权利一般理论研究》，中国政法大学出版社2013年版，第50—58页。
[3] "人的安全网络"组织编：《人权教育手册》，李保东译，生活·读书·新知三联书店2005年版，第286页。
[4] 魏乾伟等：《儿童贫困与儿童早期发展》，《中国儿童保健杂志》2014年第11期。
[5] 陈建：《发达经济体贫困儿童猛增》，《经济日报》2014年11月4日第8版。

　　在中国,儿童人权的实现状况同样令人担忧,并不乐观。从第六次全国人口普查的数据来看,"全国 18 周岁以下的人口(儿童)有近 3.67 亿"[1],因此,儿童的人权实现状况是衡量中国人权保护的风向标。然而,近年来中国大陆持续披露出来的侵害儿童人权的事例层出不穷:2003 年爆发的安徽阜阳"毒奶粉事件"[2]、2005 年安徽泗县出现的"甲肝疫苗接种事件"[3]、2009 年湖南湘潭发生的"校园学生踩踏事件"[4]、2010 年江苏兴化市发生的"教师用熨斗烫幼儿事件"[5]、2011 年年末全国发生的系列"重大校车安全事故"[6]、2012 年贵州毕节"儿童闷死垃圾箱事件"[7]、2013 年南京"女童饿死家中事件"[8]、2014 年"幼儿

〔1〕　刘声:《我国出生人口性别比继续拉大》,《中国青年报》2005 年 8 月 16 日第 2 版。

〔2〕　2003 年安徽阜阳市颍东农村,因食用苍南圣宝乳品有限公司等生产的婴儿奶粉,致食用婴儿严重营养不良,出现呼吸循环衰竭,患上营养不良综合征,引起较大的社会反响。参见《人民日报》2004 年 6 月 10 日第 3 版。

〔3〕　2005 年 6 月,安徽泗县水刘小学几百名学生因接种甲肝疫苗,引起过敏反应和群体性心因反应。经查,此次事件是由于基层卫生防疫人员违规操作,擅自进行群体性接种所致。参见《人民日报》2005 年 6 月 29 日第 3 版。

〔4〕　2009 年 12 月 7 日,湖南湘潭市辖区内的湘乡市私立育才中学发生惨重的校园踩踏事件,1 名学生在下楼梯的过程中跌倒,引起拥挤踩踏,造成 8 人死亡,26 人受伤。而在此之前,11 月 25 日,重庆彭水县桑柘镇中心校下午放学时,学生在一楼、二楼楼梯口发生拥堵、踩踏,造成 5 名学生严重受伤,数十人轻伤;11 月 3 日,衡阳常宁西江小学在准备做课间操时,由于人多拥挤,学生下楼时发生严重的踩踏事故,6 人受伤。参见赵文明:《踩踏事故屡发 呼唤校园安全法》,《法制日报》2009 年 12 月 9 日第 4 版。

〔5〕　鲁岳凌:《江苏用熨斗烫 7 名幼儿,老师被拘 10 日罚款 500 元》,《扬子晚报》2010 年 12 月 19 日第 2 版。

〔6〕　笔者从官网的公开报道中了解到,仅 2011 年 12 月就有近 10 起校车安全事故,如江苏丰县(15 名小学生死亡、18 名小学生受伤)、广东佛山顺德(37 名小学生受伤)、河南驻马店市(2 名初中生死亡、25 名初中生受伤)、云南丘北县(2 名小学生遇难,22 名小学生受伤)、云南广南县(5 名初中生死亡、7 名初中生受伤)、广州白云区(16 名小学生受伤)、深圳龙岗区(11 名小学生受伤)、河北固安县(6 名小学生受伤)、江西万载县(1 名幼儿受伤)等。

〔7〕　2012 年 11 月 16 日,贵州毕节 5 名流浪男孩儿因在垃圾箱内生火取暖导致一氧化碳中毒而死亡,这些孩子年龄均在 10 岁左右。参见韩柳洁:《5 个无辜生命的离去应该让我们警醒——拿什么拯救流浪儿童?》,《人民政协报》2012 年 11 月 26 日第 B1 版。

〔8〕　2013 年 6 月 21 日,江苏南京市江宁区某单元楼内,两名幼童被发现饿死家中,其中一个 3 岁,另一个 1 岁。后据媒体调查,这两名幼童曾因饥饿而彻夜拍门喊妈妈,甚至趴到马桶上吃粪便充饥。而她们的父亲李某正因吸毒服刑,母亲乐燕也有吸毒史,事发时下落不明。参见宋利彩:《进一步完善儿童保护立法》,《中国妇女报》2013 年 7 月 3 日第 A3 版。

园喂药事件"[1],以及诸如中小学生睡眠严重不足,儿童游戏设施简陋,儿童缺少父母照顾(如留守流浪儿童)、儿童被拐卖或被性侵、儿童被当成乞讨工具等。这些问题的存在严重损害了儿童的尊严,危及他们的生存与发展,阻碍了他们的健康成长。

因此,研究儿童人权具有重大的理论与现实意义。就研究的理论意义而言,首先,本书从理论上回答了儿童基于其特殊的身心需求,拥有不同于成人的基本权利,这种权利不是成人社会的一种恩赐,而是儿童作为人本该享有的一种权利。其次,本书将儿童人权区分为受保护权与自主权两个方面,并对两者各自所包括的权利类型加以了阐述。此外,本书还对其中的一些重要权利(如出生登记权、游戏权、适当生活水准权等)着重从理论的视角予以了全面而深入的探讨。就研究的现实意义而言,本书从中国儿童人权保护和实现的现状出发,既有从立法视角探讨我国儿童法律体系如何完善的内容,也有从中国实际出发,探讨儿童人权保护中的具体法律问题,如儿童歧视的法律规制、流浪儿童的法律救助、儿童人权的司法保护等。对上述问题的探讨,无疑有助于促进中国儿童人权的实现,呵护儿童健康、快乐地成长。这也是本书作者的意图所在。

本书分为上篇理论篇和下篇实践篇。理论篇主要探讨了儿童人权的内涵与外延、儿童出生登记权、儿童健康权、儿童受教育权、儿童游戏权、儿童免受虐待权、儿童适当生活水准权以及残疾儿童特别照顾权八章;实践篇论述了中国儿童立法体系的完善路径、中国儿童免受不良信息侵害立法的完善路径、中国流浪儿童救助制度的完善路径、中国义务教育中儿童歧视的法律规制、中国校车安全与儿童权利保护以及中国儿童人权保护的司法解释评析六章。此外,代结语部分对我国儿童人权理论研究给予了回顾与展望。

本书的主体部分是尚未发表的论文,有些部分是已经发表的论文。由于文章的写作时间跨度大,前后内容难免会有所重复,因而对其中部分内容作了增补

---

[1] 2014 年西安市、吉林市两地相继出现幼儿园违法给幼儿喂食"病毒灵"事件,引起社会极大关注。参见周立权等:《幼儿园变"药儿园",呼唤监管加把力》,《新华每日电讯》2014 年 3 月 17日第 6 版。

或删减。在写作这些论文时，并未刻意准备将来汇集出版，因此，本书在体系的完整性与逻辑的自洽性方面难免有所欠缺。但有一点是始终不变的，就是这些年来一直围绕儿童人权而展开研究。本书是一本研究儿童人权理论与实践相结合的专著，所谈论题都是从中国的现实问题出发，研究是以问题为核心的，相信关心中国儿童人权问题的读者能从中有所获益。

是为序。

吴鹏飞

2015 年 3 月 8 日

目　录

上篇

理论篇

第一章
儿童人权的内涵与外延

一、儿童人权演进简况

现代人权观萌芽于 14—16 世纪意大利文艺复兴时期,形成于 18 世纪中后期。随着资产阶级国家的建立,制度意义上的人权得到确认。然而,翻开儿童人权的历史,我们会发现直到 19 世纪,它还几乎是一张白纸;20 世纪初,它仍是一个未被确认的概念。事实上,也就是受英国的"国家是儿童最高监护人"的衡平法理论和国际法领域开始把儿童作为权利持有者看待的影响,儿童人权才得以确立和发展。至此,儿童不是权利的客体而是权利的主体的理念越来越受到国际社会的重视。

1924 年国际联盟通过了《日内瓦保障儿童宣言》,提出儿童应当被给予特殊照顾,尤其是对儿童精神上应有的享受、贫苦儿童的救济、儿童危险工作的避免、儿童谋生机会的获得,以及如何救养儿童等问题作了宣示性规定。第二次世界大战之后,人类逐渐意识到儿童具有自身的法律人格,儿童从一出生就拥有自己的权利,而无须成年人来确认儿童是否拥有权利,也即儿童人权。也就是在第二次世界大战之后,世界人民均希望在全球建立一个人道的法律秩序。为此,《世界人权宣言》(1948 年)、《经济、社会及文化权利国际公约》(1966 年)、《公民权利和政治权利国际公约》(1966 年)等一系列国际人权文件得以通过,儿童人权也逐渐地被予以关注。其中,《世界人权宣言》确认了儿童有权受到特殊保护和不受歧视,[1]但并没有把儿童视为和成人一样的人而赋

---

[1] 《世界人权宣言》第 25 条第 2 款:"母亲和儿童有权享受特别照顾和协助。一切儿童,无论婚生或非婚生,都应享受同样的社会保护。"第 26 条第 3 款:"父母对其子女所应受的教育的种类,有优先选择的权利。"

予其具体的、独立的权利。[1]《经济、社会及文化权利国际公约》和《公民权利和政治权利国际公约》对儿童人权也予以了正面回应。[2]

鉴于联合国宪章及人权宣言中人权保障的基本精神,1959 年联合国通过《儿童权利宣言》。该宣言宣称"儿童因身心尚未成熟,在其出生前和以后均需要特殊的保护和照顾,包括法律上的适当保护",并提出了保护儿童幸福童年的十项原则。[3] 1989 年联合国《儿童权利公约》的颁布,在历史上首次提出了"儿童人权"的概念。[4] 正是这个保护儿童人权的纲领性文件的通过,儿童人权开始在世界各国开花结果。1993 年世界人权大会通过的《维也纳宣言和行动纲领》明确宣布:"儿童的人权是普遍人权中不可剥夺和不可分割的一个组成部分。"[5]至此,儿童人权进一步得到了发展。

二、儿童人权概念厘定

儿童人权的含义也是伴随着儿童人权的缘起、确认和发展而逐渐成熟和完善的。以上儿童人权的发展历程表明:儿童人权的定义源于《儿童权利公约》。因此,本书将以此为蓝本界定儿童人权。该公约认为儿童人权可概括为四种,即生存权、受保护权、发展权和参与权。就这些权利的实质而言,均属于儿童最基本需求的权利,是儿童的基本权利,因此,"儿童人权系指国家、社会、父母等应确保儿童享有的基本权利"。[6] 展开言之,儿童人权可作如下概括:"第一,必须将儿童当做'人'看,承认儿童具有与成年人一样的独立人权,而不是成人的附庸;第二,必须将儿童当做'儿童'看,承认并尊重童年生活的独立价值,而不能仅仅将它看做是成人的预备;第三,应当为儿童提供与之身心发

---

[1] See Javaid Rehaman, *International Human Rights Law: A Practical Approach*, Longman, 2003,第 337 页。

[2] 直接规定儿童人权的条款主要有:《经济、社会及文化权利国际公约》第 10 条、第 12 条及第 13 条和《公民权利和政治权利国际公约》第 10 条、第 24 条。

[3] 胡志强:《中国国际人权公约集》,中国对外翻译出版公司 2004 年版,第 368 页。

[4] See Jutta Gras, *Monitoring the Convention on the Rights of the Child*, Faculty Of Law University Of Helsinki, 2001,第 3 页。

[5] 1993 年《维也纳宣言和行动纲领》序。

[6] 张鸿巍:《儿童福利法论》,中国民主法制出版社 2012 年版,第 35 页。

展相适应的生活,儿童个人权利、尊严受到社会的保护。"〔1〕显然,儿童人权是普遍人权的重要组成部分,但较普遍人权而言,儿童人权又需特别的保护才能实现。基于上述认识,我们认为,儿童人权是源于儿童作为人的本性和尊严,是儿童得以健康成长的不可或缺的权利,是儿童个人的权利。儿童作为社会的普通公民,不仅具有与成人一样的法律人格,而且还具有自己独特的法律属性。因而,儿童人权的内容是广泛的,包括公民权利与自由,家庭环境和替代性照顾,基本健康以及教育、休闲和文化活动的自由等。

三、儿童人权的特殊性

儿童因心智未臻成熟,不具有或不完全具有自我保护的能力,导致其在法律能力上与成人间存在较大差异。从权利结构及权利运行的视角来看,儿童人权的特殊性主要表现在权利主体的身心特殊性、权利行使的不可选择性、权利内容的特殊性、权利实现的依赖性、权利的易受伤害性及权利保障的特殊性等方面。具体而言,儿童人权的特殊性表现在如下几个方面。

(一)权利主体的身心特殊性

儿童人权主体的身心特殊性可从两个方面来说明:一是儿童是一个尚未成熟的个体,其健康成长需要成人社会的扶助;二是儿童的心理发展需遵循一定的规律,并逐渐向成人社会迈进。具体而言,其身心特殊性表现在以下几个方面。

第一,儿童是一个尚未成熟的个体,其健康成长需要成人社会的扶助。童年是人在成年之前的一个必经阶段,每一个成人均是从儿童发展而来的。西谚中的"儿童为成人之父"说的也是这个道理。众所周知,人从出生到成年,需要很长时间方能达至身体上的成熟并获得理智与道德的能力,以便为自身作出足够有见地的合理选择,并对其行为完全负责。儿童是一个尚未成熟的人,此点我们可从儿童的身体与生理状况来看:儿童在向成人成长过程中,具有明显的生理上的不成熟性,儿童的身高、体重、体力、体能及身体各器官机能与身体各系统的功能等方面均未臻成熟。正是由于儿童是一个尚未成熟的个体,因而,若是没有成人的照顾,儿童就不能成长为成熟的人,甚至无法生存。尤

---

〔1〕　张爱宁:《国际人权法论》,法律出版社 2006 年版,第 332 页。

其是年幼儿童,他们必须在父母或其他监护人的照料下,才能正常地生存与发展。从中西方的历史经验来看,人们无不把照顾与保护儿童视为成人社会的责任。也正是由于人们意识到儿童需要他人照护,所以世界各国大多通过立法对儿童享有家庭成长权予以明文的规定。因此,儿童的健康成长有赖于成人社会的扶助。

第二,儿童的心理发展需遵循一定的规律,并逐渐向成人社会迈进。儿童区别于成人不仅体现在生理机能方面,同时也体现在儿童的特殊心理发展方面。儿童在逐渐成长的过程中,其自我意识与独立意识逐渐增强,儿童的法律能力也逐渐增强。儿童心理学家皮亚杰认为,儿童从出生到成熟的发展过程中,需要经历感觉运动阶段、前运算阶段、具体运算阶段和形式运算阶段。这四个不同阶段分别代表了儿童不同发展水平,也预示了儿童从不成熟逐渐走向成熟。

(二)权利内容的特殊性

儿童人权的内容不同于成人人权的内容,这是国际社会的普遍共识。但对于儿童人权究竟应包括哪些内容,人们迄今尚未形成共识。有学者认为,儿童人权可区分为两方面的内容,即国家、社会和家庭对儿童个体生命和生存权的特别保护及儿童在特定社会条件下能获得个人潜质的最全面发展,即生存的权利和发展的权利。[1] 有学者认为,儿童人权的内容包括未成年人的基本权利和特殊权利,前者包括政治权利和自由、平等权、宗教信仰自由、人身自由和权利、财产权利、文化教育权和社会经济权利;后者包括获得抚养权、受保护权、参与权和发展权。[2] 有学者认为,儿童人权包括与成人相同的基本权利和儿童所享有的特殊权利。具体而言,儿童人权的内容包括生存权、平等权、身份权、表达权、宗教信仰自由、集会结社自由、医疗保健、司法权益、社会福利、亲子关系的维护、游戏权、教育权、特别保护、免于非法移送、免于剥削、免于疏忽虐待或其他不当对待、免于药物滥用、免于略诱及人口买卖、免于战争等。[3] 还有学者认为,儿童人权包括受保护和依赖的权利以及公民权、自由权利和自

---

〔1〕 王雪梅:《儿童权利论:一个初步的比较研究》,社会科学文献出版社 2005 年版,第 114 页。

〔2〕 刘金霞主编:《未成年人法律制度研究》,群众出版社 2007 年版,第 117—141 页。

〔3〕 施慧玲:《论我国儿童人权法制之发展》,《中正法学集刊》2003 年第 14 期。

治权利。受保护权是指保障儿童的福利与健康。这些权利包括拥有一个稳定的家庭、充足的生活及受教育的权利。公民权是指儿童的自由免受政府或其他机构的限制。公民权包括正当程序的权利和表达自由。[1]

从上述学者对儿童人权内容的探讨来看,他们均一致认为,儿童人权尽管在内容上包括哪些具体权利类型尚无共识,但均不否认儿童人权有别于成人人权。可以说,儿童人权的内容具有自己的特殊性已经获得绝大多数学者的认同。

(三)权利行使的不可选择性

通常而言,义务必须履行,权利却可以放弃。但是,儿童人权是否可以放弃呢?要回答这个问题,我们不妨先来看看拉斐尔的权利理论。依他之见,"权利有两类:行为权和接受权。享有行为权是有资格去做某事或用某种方式去做某事的权利。享有接受权是有资格接受某物或以某种方式受到对待的权利"。[2] 因此,就行为权来说,当人们享有某种权利时,他不是必须行使它,而是可以有所选择。换句话说,人们有资格去做某事,也有资格不去做某事。所谓享有一种权利就是享有一种选择,这在行为权的场合下是显而易见的。但是,在某些情况下,接受权在行使时是不允许选择的,尤其在某些儿童权利行使时更是如此。例如,儿童的受父母照顾权是一种排除选择的接受权。正如米尔恩所言:"儿童没有资格拒绝父母的关照和保护。即使他们不愿意得到关照和保护,也只得忍受。"[3]也就是说,儿童无论是在道德上还是在法律上均无法选择是否接受对他们的安排,他们必须受其父母或其他合适成年人的照管。这样看来,如果享有一种权利就是享有一种对其权利是否行使的选择,那么,严格而言,儿童就不享有受父母照顾的权利,这显然在逻辑上是不成立的。

从理论上来看,权利可以区分为"可选择的权利"与"不可选择的权利"。这种划分同样贯穿于接受权与行为权之间。可选择的权利是一种在规范上允

---

〔1〕 Steven Mintz, Placing Children's Rights in Historical Perspective, No. 3 Criminal Law Bulletin 2 may -June 2008,第 44 页。

〔2〕 [英]A. J. M. 米尔恩:《人的权利与人的多样性——人权哲学》,夏勇、张志铭译,中国大百科全书出版社 1995 年版,第 112 页。

〔3〕 [英]A. J. M. 米尔恩:《人的权利与人的多样性——人权哲学》,夏勇、张志铭译,中国大百科全书出版社 1995 年版,第 114 页。

许选择的权利。每一种行为权均视为可选择的权利。假如一种接受权使权利人不仅有权接受且有权拒绝他有权接受的东西,或者在没有接受时保持缄默,这也属于可选择的权利。不可选择的权利当然排斥选择。它们是这样一种接受权,即权利人有资格接受某物,但却无资格拒绝某物[1] 这就是说,接受权也可区分为可选择的接受权与不可选择的接受权。

儿童的行为权主要包括儿童参与权、游戏权等权利。依据前述理论,显然儿童的行为权属于可选择的权利。由于接受权有可选择与不可选择之分,因而,对于儿童的接受权要区分不同情形加以讨论。儿童的接受权主要包括受教育权、受抚养权、受援助权及受照顾权等。儿童人权的不可选择性主要体现在不可选择的儿童接受权方面。因此,儿童人权的不可选择性主要针对的是不可选择的儿童接受权而言的。

笔者认为,不仅儿童的受照顾权具有不可选择性,而且儿童的受教育权、受抚养权以及受援助权等也同样具有不可选择性。儿童人权的这一不可选择性特点主要在于保障儿童不至于因为放弃上述权利而导致其无法正常健康地成长。诚如澳大利亚学者布莱恩·克里滕登所言:"儿童没有自行决定其是否受教育的道德权利,甚至不能自行决定其受教育的条件。自决的道德价值前提是人们至少处于能够作出明智的、负责任的决定的位置。无论如何,在儿童对教育实践所涉及的内容缺乏足够了解的情况下谈论其行使选择权的问题将是毫无意义的。"[2]

(四)权利实现的依赖性

儿童人权实现的依赖性是源于儿童自身所具有的依赖性。如前所言,儿童经济上、能力上与经验上之不足均是导致其具有依赖性的根源。如果我们将儿童人权细分为自由权与受保护权两个相对独立的部分,那么,就儿童大部分自由权而言,其行使与实现无须依赖于成人,但就儿童受保护权而言,其实现就必须依赖于成人的帮助。前者如儿童的表达自由,是无须成人的帮助就可实现的;后者如受监护权、受教育权等,是有赖于成人的帮助方能实现的。

---

[1] [英]A.J.M.米尔恩:《人的权利与人的多样性——人权哲学》,夏勇、张志铭译,中国大百科全书出版社1995年版,第115页。

[2] [澳]布莱恩·克里滕登:《父母、国家与教育权》,秦惠民等译,教育科学出版社2009年版,第81页。

众所周知,儿童的法律能力是在成长过程中逐渐获得的。因而,尽管从理论来看,儿童不仅享有一般人权,而且还享有特殊人权,但从实际来看,儿童因心智发育未臻成熟,法律上的能力尚不具备或不完全具备,所以,儿童的部分人权只能由其法定代理人或其他合格主体代为行使,儿童并不能亲自独立地行使这些人权。尤其是当儿童的人权遭到他人侵害时,儿童自己并不具备主动向社会提出权利诉求的能力。换言之,儿童人权受到侵害后,是由其监护人或其他合格主体代其提出权利诉求的。就儿童受监护权而言,儿童人身与财产权益的保护有赖于父母或其他监护人正确履行职责。如果其父母或其他监护人违背儿童利益不适当地履行其职责,儿童受监护权就会受损。因此,在绝大多数情形下,儿童人权的实现离不开成人的帮助,如果没有成人补足其能力之不足,儿童就无法真正享有并实现其人权。

(五)权利的易受侵害性

儿童在身体上的柔弱性与心理上的不成熟性,导致其依法享有的人权更易受到各种不法侵害。近年来我国各类新闻媒体披露的儿童人权遭受侵害的报道层出不穷。如2009年贵州毕节县的虐童案、2011年年初的"微博打拐"以及2011年年末的重大校车安全事故、2013年的海南开房案等,均是儿童人权遭受侵害的典型事例。首先,儿童人权易受侵害性是由于儿童缺乏自我保护的能力或是自我保护的能力不足。因此,即使儿童已经知道自己的人权受到或将要受到侵害也无力阻止,这就必然导致儿童人权更易受到不法行为的侵害。就儿童遭受父母虐待而言,由于儿童经济能力上的不足,导致其不能脱离受虐家庭而独立生存,因此选择继续留在受虐家庭中。加上由于我国儿童立法上的疏漏,并未规定儿童受虐的报告义务主体,导致很多受虐儿童生存与发展的权利得不到法律保障。其次,儿童人权易受侵害性是由于儿童不能参与国家的立法,他们的利益诉求无法直接体现在法律之中,这就必然会导致成人社会无视其人权保护之恶果。最后,儿童人权易受侵害性还体现在儿童接受教育与社会经验等方面之不足,特别是其人权意识薄弱,导致儿童在客观上不能也不会主动去维护自己的人权,甚至是在自己的人权正在遭受侵害时还浑然不觉。

(六)权利保障的特殊性

儿童人权的保障不同于成人人权的保障,其特殊性主要体现在以下几方面:第一,组织保障。考察世界各国,大多设置了保护儿童人权的专门机构或组织。美国联邦政府1912年设立了儿童福利局,印度1985年创立了妇女与儿童发展局,我国台湾地区也创立了儿童福利局等专司机构。我国大陆也设立了各级未成年人保护委员会。这些儿童人权的保护组织是儿童利益的最佳守护方,它们时刻为儿童的人权保护提供全面服务。第二,经费保障。儿童人权的保障不仅需要设立专门组织或机构,还需要国家的财政支持。无论是儿童健康权、游戏权,还是儿童受教育权,均需要国家财力上的投入与支持,否则,上述人权就有可能形同虚设。如我国母婴保健法(1994年)就对政府财政扶持儿童医疗保健服务作出了明确规定。[1] 挪威的《现金补贴法》(1998年)对没有在接受政府运营资助的日托中心入托的儿童给予全额补贴,其具体数额由议会决定。[2] 第三,特殊诉权保障。儿童人权最易遭受家庭成员、学校教师等与他们接触最多的特殊群体之侵害。如果我们依据传统法学理论,儿童的父母是儿童的法定代理人。当儿童人权遭受侵害时,其法定代理人当然会出来维护自己孩子的权益。但在儿童父母同时又是作为侵害自己孩子的行为人时,由于儿童的利益与父母的利益产生冲突,此时儿童的父母显然不适宜担任儿童的利益代言人。为了解决这一悖论,许多国家均在法律上规定了儿童人权的特殊诉权保障制度。如在美国,儿童福利局是一个政府职能部门,在儿童处于危险中时,他们有权迅速采取行动以保护儿童;也可在儿童被不当对待或遭受忽视但又没有现实危险时,为儿童的利益向法院提起诉讼。第四,司法程序保障。儿童作为未成熟的个体,其在司法程序上的区别对待已经得到各国立法的普遍认可。美国伊利诺伊州于1899年创立了世界上第一所少年法院,标志着少年司法制度的诞生。我国于1984年在上海市长宁区人民法院设立"少年犯合议庭"。另外,各国对于儿童出庭作证也作了异于成人的规定。这

---

〔1〕 该法第2条规定:"国家发展母婴保健事业,提供必要条件和物质帮助,使母亲和婴儿获得医疗保健服务。国家对边远贫困地区的母婴保健事业给予扶持。"

〔2〕 孙云晓、张美英主编:《当代未成年人法律译丛》(挪威卷),中国检察出版社2006年版,第50页。

些司法程序的设置体现了成人社会对儿童人权的特殊保护。

四、儿童人权的内容

我国宪法并没有设专章或专节来规定儿童依法享有的人权类型,但现行宪法多处涉及儿童人权的保护,如宪法第 19 条[1]、第 46 条[2]和第 49 条[3]等。因此,依照我国宪法精神,儿童享有与成人相同的人权,只要是公民就该享有人权,与年龄无关。只是由于儿童心智未臻成熟,为保障其身心健康发展,法律对其行为能力作出阶段性限制,令其父母、其他监护人或代理人来监督并代行其权利。因此,我们从权利性质角度将儿童人权区分为儿童的一般人权与儿童的特殊人权。

(一)儿童的一般人权

儿童作为社会的普通公民,具有与成人一样的法律人格,享有宪法赋予一般公民依法享有的人权。尽管有部分儿童人权由于未达成年而不享有,如选举权和被选举权,但这并不意味着儿童人权的内容与成人人权的内容是不相容的。从我国宪法规范来看,儿童享有下列一般人权。

1. 平等权

儿童享有与成人一样的平等权。我国宪法涉及平等权规定的条款主要有:(1)第 33 条第 2 款规定:"中华人民共和国公民在法律面前一律平等。"(2)第 4 条第 1 款规定:"中华人民共和国各民族一律平等。……"(3)第 5 条第 5 款规定:"任何组织或者个人都不得有超越宪法和法律的特权。"(4)第 48 条规定:"中华人民共和国妇女在政治的、经济的、文化的、社会的和家庭的生活等各方面享有同男子平等的权利。国家保护妇女的权利和利益,实行男女同工同酬,培养和选拔妇女干部。"(5)第 36 条第 2 款中规定:"……不得歧视信

---

[1] 第 19 条第 1 款、第 2 款规定:"国家发展社会主义的教育事业,提高全国人民的科学文化水平。国家举办各种学校,普及初等义务教育,发展中等教育、职业教育和高等教育,并且发展学前教育。"

[2] 第 46 条规定:"中华人民共和国公民有受教育的权利和义务。国家培养青年、少年、儿童在品德、智力、体质等方面全面发展。"

[3] 第 49 条规定:"婚姻、家庭、母亲和儿童受国家的保护。夫妻双方有实行计划生育的义务。父母有抚养教育未成年子女的义务,成年子女有赡养扶助父母的义务。禁止破坏婚姻自由,禁止虐待老人、妇女和儿童。"

仰宗教的公民和不信仰宗教的公民。"等。

上述条款既有平等权的一般性规定,又有有关民族平等、男女平等、宗教平等的具体性规定;既有有关平等权的正面规定,也有有关反歧视、反特权的侧面规定。这些条款构成了有关平等权规定的一个完整的规范系统[1]

2. 政治权利

政治权利是指公民处于国家政治秩序之内的参与公共事务决策与处理的权利,其基本内容为选举权、被选举权、表达自由(即言论、出版、集会、结社、游行、示威自由)、创制权、复决权和公民对国家机关及其工作人员的监督权等[2] 政治权利是公民基本权利的重要组成部分,也是公民其他权利的基础。

虽然有不少人主张儿童并不享有宪法上的政治权利,但笔者认为,儿童是否享有政治权利,不能一概而论。从宪法第 34 条[3]的规定看,儿童确实不享有选举权和被选举权。但是,儿童是否享有政治上的表达自由,则不无疑义。宪法第 35 条规定:"中华人民共和国公民有言论、出版、集会、结社、游行、示威的自由。"很显然,儿童享有言论和出版自由,这是表达自由中最基本、最典型的类型。集会和结社的自由儿童也应当享有。至于游行和示威的自由,我们主张应该加以限制,因为儿童的身心尚不足以成熟到行使这种自由的状态。

此外,就公民对国家机关及其工作人员的监督权行使而言,儿童也应享有此种权利。我国宪法第 41 条规定:"中华人民共和国公民对于任何国家机关和国家工作人员,有提出批评和建议的权利;对于任何国家机关和国家工作人员的违法失职行为,有向有关国家机关提出申诉、控告或者检举的权利,但是不得捏造或者歪曲事实进行诬告陷害。"可见,包括儿童(当然是年龄较大的儿童)在内的所有中国公民都享有此项监督权。

3. 精神与文化活动的自由

精神与文化活动的自由是那些与人的精神作用或精神活动有关联的所有

---

〔1〕 林来梵:《从宪法规范到规范宪法:规范宪法学的一种前言》,法律出版社 2001 年版,第 110 页。
〔2〕 杨海坤主编:《宪法基本权利新论》,北京大学出版社 2004 年版,第 3 页。
〔3〕 宪法第 34 条规定:"中华人民共和国年满十八周岁的公民,不分民族、种族、性别、职业、家庭出身、宗教信仰、教育程度、财产状况、居住期限,都有选举权和被选举权;但是依照法律被剥夺政治权利的人除外。"

自由的统称,主要包括思想自由、表达自由、宗教信仰自由、文化活动的自由及通信的自由和秘密等。[1]

我国宪法第36条第1款规定:"中华人民共和国公民有宗教信仰自由。"可见,儿童应该享有宗教信仰自由。

宪法第47条规定:"中华人民共和国公民有进行科学研究、文学艺术创作和其他文化活动的自由。国家对于从事教育、科学、技术、文学、艺术和其他文化事业的公民的有益于人民的创造性工作,给以鼓励和帮助。"该条中所规定的从事科学研究的自由、文学艺术创作的自由、其他文化活动的自由及从事教育的权利,构成了文化活动的自由。显然,儿童应该享有文化活动的自由。

关于通信自由和通信秘密,我国宪法第40条规定:"中华人民共和国公民的通信自由和通信秘密受法律的保护。……"很明显,儿童的通信自由和通信秘密同样受到法律的保护。

4. 人身自由与人格尊严

包括儿童在内的我国公民的人身自由与人格尊严受到宪法保护。人身自由主要包括人身自由不受侵犯的权利和住宅不受侵犯的权利。前者如宪法第37条第3款规定:"禁止非法拘禁和以其他方法非法剥夺或者限制公民的人身自由,禁止非法搜查公民的身体。"后者如第39条规定:"中华人民共和国公民的住宅不受侵犯。禁止非法搜查或者非法侵入公民的住宅。"就儿童的人格尊严而言,我国宪法对此予以明确的保护,如第38条规定:"中华人民共和国公民的人格尊严不受侵犯。禁止用任何方法对公民进行侮辱、诽谤和诬告陷害。"

5. 社会经济权利

所谓社会经济权利,是指宪法所保障的有关经济活动或经济利益的权利,是公民实现其他权利的物质保障。社会经济权利可分为社会权利与经济权利两种类型。社会权利主要包括生存权、休息权等内容。经济权利主要包括择业自由、营业自由、契约自由及财产权等内容。关于生存权的保障,宪法第45条第1款规定:"中华人民共和国公民在年老、疾病或者丧失劳动能力的情况

---

[1]　林来梵:《从宪法规范到规范宪法:规范宪法学的一种前言》,法律出版社2001年版,第151页。

下,有从国家和社会获得物质帮助的权利。国家发展为公民享受这些权利所需要的社会保险、社会救济和医疗卫生事业。"关于休息权保障,宪法第43条第1款规定:"中华人民共和国劳动者有休息的权利。"关于财产权保障,宪法第13条对公民合法收入、储蓄、房屋和其他合法财产所有权、财产继承权等作出明确的规定。

6. 获得权利救济的权利

在宪法基本权利体系中,获得权利救济的权利包括提起申诉、控告和获得国家赔偿的权利。[1] 就提起申诉、控告的权利而言,宪法第41条第1款[2]对其作了明确的规定。就获得国家赔偿权利而言,宪法第41条第3款[3]对此予以了明文规定。显然,儿童与成年人一样依法享有这些权利。

(二)儿童的特殊人权

1. 学界的观点

儿童除享有与成人基本相同的人权外,还基于其特殊身心需求享有一些特殊人权。儿童的特殊人权究竟包括哪些具体权利类型,学界一直存在较大的分歧。有学者认为,儿童的特殊人权包括两大方面内容:生存的权利和发展的权利。生存的权利又包括生命权、高标准的健康权、相当的生活水准权、安全的生存环境权及获得合法身份权。发展的权利又包括受教育权、参与权及基本自由的保障等。[4] 有学者认为,儿童的特殊人权主要有获得抚养权、受保护权、参与权、发展权四项权利。[5] 也有学者认为,儿童的特殊人权主要包括七大方面的内容:一是有权利免受因年龄、性别、种族、肤色、语言、宗教、国籍、族裔、任何身份或双亲的地位而导致的歧视;二是应有权利享受最高品质的医疗保健和安全环境;三是应有权利享受让一个儿童的智力、体能、品德和精神成长的基本生活水准,包括足够的食物、居所和衣着;四是应有权利受教育,包

---

〔1〕 林来梵:《从宪法规范到规范宪法:规范宪法学的一种前言》,法律出版社2001年版,第231页。

〔2〕 第41条第1款中规定:"……对于任何国家机关和国家工作人员的违法失职行为,有向有关国家机关提出申诉、控告或者检举的权利,但是不得捏造或者歪曲事实进行诬告陷害。"

〔3〕 第41条第3款规定:"由于国家机关和国家工作人员侵犯公民权利而受到损失的人,有依照法律规定取得赔偿的权利。"

〔4〕 刘金霞主编:《未成年人法律制度研究》,群众出版社2007年版,第135—142页。

〔5〕 王雪梅:《儿童权利论:一个初步的比较研究》,社会科学文献出版社2005年版,第114—167页。

括免费的义务初等教育、普遍可及的中等、高等教育,并在每一阶层的教育不会受到任何方式的歧视;五是应有权利不受忽视或任何肢体和精神的虐待;六是应有权利免受经济和性的剥削;七是应有权利居住在家庭式的环境,如有需要,国家应提供支援,使家庭能达到养育儿童的基本需要。[1] 还有学者认为,儿童的特殊人权主要有优先权、身份权、家庭成长权、发展权、社会权、游戏权和免于战事权七项权利。[2]

2. 本书的观点

客观而论,上述学者的研究均从不同层面揭示了儿童特殊人权的基本内容,但又存在某种分类上的不合理。因而,本书试图克服这些分类上的不足,提出儿童的特殊人权由受保护权和自主权两部分构成,其理由主要有两点:第一,儿童不具有充分的成熟性及理解力,在儿童期的大部分阶段也欠缺自我保护能力,因而,赋予其受保护权,国家、社会、父母或其他监护人及社会团体负有保护义务,确保儿童在不受伤害的健康环境中成长,充分享受人性尊严。第二,儿童期是一个动态过程。儿童在不断迈向成年的过程中,其法律上的能力不断增强,因而,必须要赋予其一定程度的自主权,让他们参与各种国家、社会事务的管理,对各种可能影响其自身利益的决策发表自己的意见,以使儿童能真正成长为成人社会的成熟公民。受保护权与自主权宛如一枚硬币之两面,彼此共生相互依存。换言之,儿童得到的受保护权越多,其自主权愈加受到限制。反之,儿童获得的自主权越多,其得到的受保护权就越少。

具体而言,儿童受保护权主要包括身份权、家庭成长权、受抚养权、受监护权、福利权、免受虐待与忽视权及刑责减免权等。儿童自主权主要包括工作权、参与权和游戏权等。上述人权中有一部分人权是专属于儿童的,如身份权中的出生登记权、受抚养权、游戏权等,有一部分人权与成人人权间存在较大差异,如儿童受监护权、福利权、免受虐待权等。以下笔者从《儿童权利公约》(以下简称《公约》)及我国未成年人保护法的角度对儿童的特殊人权予以具体

---

〔1〕 卓春英主编:《人权思想导论》,秀威资讯科技股份有限公司 2007 年版,第 80—81 页。

〔2〕 施慧玲:《论我国儿童人权法制之发展——兼谈落实〈联合国儿童权利公约〉之社会运动》,《中正法学集刊》2004 年第 14 期。

阐述。[1]

（1）身份权

《公约》第 7 条第 1 款规定："儿童出生后应立即登记，并有自出生起获得姓名的权利，有获得国籍的权利，以及尽可能知道谁是其父母并受其父母照料的权利。"《公民权利和政治权利国际公约》第 24 条也确认了该项人权："每一儿童出生后就立即加以登记，并应有一个名字。每一儿童有权取得一个国籍。"

儿童身份要素主要包括儿童出生登记、姓名、国籍等。因此，儿童身份权包括出生登记权、姓名权、国籍权等。出生登记权属于儿童身份权的一部分，它与儿童姓名权和国籍权密切相关。姓名和国籍是儿童身份的最基本内容，而出生登记则构成儿童身份的法律确认。[2] 儿童出生登记被誉为是儿童的"第一项权利"，是"通向所有其他儿童权利大门的钥匙"。法律规定儿童出生后应立即登记，其目的在于减少儿童被诱拐或被贩卖的危险，规定"每一个儿童均有权取得一个国籍"之目的在于避免儿童因无国籍而无法享受国家和社会提供的各种保护。

（2）家庭成长权

家庭是儿童身心赖以健康成长、发展不可取代的最基本场所，儿童拥有在家庭成长的权利。父母应该扮演适当的亲职角色，并积极维持家庭应有的功能，提供给儿童一个良好的生长环境。政府应该有计划地支持、补强家庭的功能，维护家庭的完整性，以利于儿童的成长。政府对于不幸家庭应该给予协助，以修复家庭的功能，非迫不得已，不应该从父母身边移置儿童离开家庭。即使不幸离开家庭，也应当尽量以家庭模式的儿童福利服务措施加以替代。政府有义务建立完善的收养制度，以帮助需要的儿童获得永久替代的家庭。父母即使感情破裂而最终选择离异，也应努力共同为子女的监护作出最妥当的安排。因此，家庭成长权主要包括不与父母分离权、家庭团聚权和被收

---

[1] 对比《儿童权利公约》，我国未成年人保护法规定了儿童的受抚养权（第 12 条）、受监护权（第 10 条、第 16 条）、受教育权（第 3 条、第 18 条）、健康权（第 44 条）、免受虐待和忽视的权利（第 10 条、第 41 条、）、工作权（第 38 条）、刑责减免权（第 54 条）、参与权（第 14 条）和游戏权（第 20 条）等权利，但却没有对儿童的身份权作出明确规定。

[2] 白桂梅主编：《法治视野下的人权问题》，北京大学出版社 2003 年版，第 340 页。

养权。

① 不与父母分离权。此项人权主要是由《公约》第9条规定的。第9条第1款规定:"缔约国应确保不违背儿童父母的意愿使儿童与父母分离,除非主管当局按照适用的法律和程序,经法院审查,判定这样的分离符合儿童的最大利益而确有必要。在诸如由于父母的虐待或忽视、或父母分居而必须确定儿童居住地点的特殊情况下,这种裁决可能有必要。"联合国人权事务委员会也指出,如果父母和家庭严重失职,虐待或遗弃子女,国家应该进行干涉,限制父母的权利,且在情况需要时可以将子女从父母身边移置到合适的场所。

② 家庭团聚权。家庭是儿童生存与发展的主要场所,也是儿童人权保护的主要责任者。家庭的这种特殊地位,是由家庭所承载的特殊功能及家庭与儿童的特殊关系所决定的。在家庭中,父母是儿童社会化的第一任老师,父母给予的爱是任何人无法替代的。为了充分发展儿童个性,应该让儿童在家庭环境里,在幸福、关爱和谅解的气氛中成长。为此,《公约》第10条规定,儿童及其父母有权为团聚或维持其家庭关系之目的而离开或进入任何国家,并强调"缔约国应尊重儿童及其父母离开包括其本国在内的任何国家和进入其本国的权利。离开任何国家的权利只应受法律所规定并为保护国家安全、公共秩序、公共卫生或道德、或他人权利和自由所必需且与本公约所承认的其他权利不相抵触的限制约束。"

③ 被收养权。基于家庭环境对于儿童的健康成长具有不可替代的作用,对于那些失去与亲生父母在一起共同生活的儿童来说,通过国家和社会的共同努力,为他们重建一个有益于其身心健康的永久家庭是非常必要的,收养制度就提供了这样一种可能。《公约》第21条在确认儿童享有被收养权的同时,还同时强调,收养必须要确保以儿童的最大利益作为首要考虑,随后又对儿童收养的具体实施提出了如下要求:第一,确保只有经主管当局按照适用的法律和程序并根据所有有关可靠的资料,判定鉴于儿童有关父母、亲属和法定监护人方面的情况可允许收养,并且判定必要时有关人士已根据可能必要的辅导对收养表示知情的同意,方可批准儿童的收养;第二,确认如果儿童不能安置于寄养或收养家庭,或不能以任何适当方式在儿童原籍国加以照料,跨国收养可视为照料儿童的一个替代办法;第三,确保得到跨国收养的儿童享有与本国收养相当的保障和标准;第四,采取一切适当措施确保跨国收养的安排不致使

所涉人士获得不正当的收益;第五,在适当时通过缔结双边或多边安排或协定促成本条的目标,并在这一范围内努力确保由主管当局或机构负责安排儿童在另一国收养的事宜。

(3)受抚养权

抚养权是父母对其未成年子女所享有的一项人身权利,而受抚养权是专属于儿童(未成年子女)的特殊人权。所谓抚养是指父母对其未成年子女的养育与生活上的照顾,使未成年子女享有必要的生活条件,从而使其生存权得到基本保障,并得以健康成长。宪法第49条第3款规定:"父母有抚养教育未成年子女的义务,成年子女有赡养扶助父母的义务。"未成年人保护法第10条第1款规定:"父母或者其他监护人应当创造良好、和睦的家庭环境,依法履行对未成年人的监护职责和抚养义务。"《公约》第18条第1款规定:"缔约国应尽其最大努力,确保父母双方对儿童的养育和发展负有共同责任的原则得到确认。父母、或视具体情况而定的法定监护人对儿童的养育和发展负有首要责任。儿童的最大利益将是他们主要关心的事。"特别要指出的是,有些弃婴或者孤儿尽管找不到生父母或生父母不在人世,但他们同样享有受抚养的权利。父母、养父母、监护人或其他实际照顾儿童的组织和个人,应当善尽抚养的义务,为儿童提供维持生存、保障其身心健康和发展所必需的物质支持。可见,儿童的受抚养权是儿童得以生存发展的必要前提。

(4)受监护权

监护权是监护人对于未成年人和精神病人等无民事行为能力人和限制行为能力人的人身、财产权益所享有的监督、保护的身份权。监护权通常是由被监护人的父母或其他成年公民或组织行使。有学者认为,我国目前相关法律文件中仅对监护权有所设定,尚无被监护权的法定概念及其解释,更无对未成年人被监护权的具体规定。[1] 笔者认为,儿童受监护权是指监护人对于儿童人身和财产权益负有监督保护的职责,儿童享有受监护人保护与教养的权利。《公约》指出,缔约国应尊重儿童的父母,或依其情节,因地方习俗所衍生的家属或共同生活成员,其法定监护人或其他依法对其负责的人,以适合儿童身心发展的方式,对正确指导儿童行使本公约所承认的权利时应有的责任、权利和

---

〔1〕 吴海航:《未成年人被监护权的法理辨析》,《中国青年研究》2006年第9期。

义务。[1] 承担监护职责的主要义务人是儿童父母,父母要善尽保育管教未成年子女的责任,确保孩子在精神和物质安全的环境下成长,不得虐待或遗弃、买卖自己的子女。父母或监护人应亲自养育子女,教导他们如何有效地保护自己,以避免发生危险或减轻伤害。父母或监护人不应让年幼的子女单独留在家里,无人照顾,也不应让子女处于危险或妨碍其身心发展的环境中。

(5)福利权

我国宪法并未对福利权作出明确规定。有学者认为:"福利权是指社会成员由于年老、疾病、伤残、失业、生育、遭遇灾害、面临生活困难等因素,暂时或永久地丧失工作能力,失去工作机会,以致收入不能维持必要的生活水平或相当的生活水准时,有获得国家和社会物质帮助的权利。"[2]可见,传统福利权的定义是从成人视角来界定的。儿童福利权有别于传统福利权。儿童福利权对于儿童的生存与发展具有至关重要的意义。笔者认为,儿童福利权是儿童在生存、发展的过程中,因儿童之为人的尊严而从国家和社会获得保障或服务,以满足其基本生存、提高生活质量之需要的基本权利[3]。基于儿童的特殊身心需求,儿童福利权的标准要远远高于成人的标准。儿童福利权主要包括最大限度地存活与发展权、健康与保健服务权、受教育权、适当生活水准权及残疾儿童的特别照顾权五方面。[4]

① 最大限度地存活与发展权

《公约》第6条第2款规定:"缔约国应最大限度地确保儿童的存活与发展。"可见,该公约确立了儿童最大限度地存活与发展的权利。此处的"存活"不仅仅是指一个人有呼吸、会说话、能活动,而且还包括更深层的含义,即个体的健康、快乐、与他人及周围环境的和睦相处以及在生命遭受威胁时获得生存等。"发展"不仅是指身体上的发育,还包括精神、情感、认知、社会与文化上的

---

[1]　《儿童权利公约》第5条规定:"缔约国应尊重父母或于适用时尊重当地习俗认定的大家庭或社会成员、法定监护人或其他对儿童负有法律责任的人以下的责任、权利和义务,以符合儿童不同阶段接受能力的方式适当指导和指引儿童行使本公约所确认的权利。"

[2]　吕艳辉:《福利权与财产自由权的冲突和调适》,《求是学刊》2010年第7期。

[3]　吴鹏飞:《儿童福利权体系构成及内容初探——以宪法人权理论为视角》,《政治与法律》2015年第2期。

[4]　吴鹏飞、刘白明:《中国儿童福利权的政策保护》,《前沿》2012年第7期。

发展。发展权是指儿童拥有充分发展其全部体能和智能的权利,主要包括获得适当信息的权利[1]、思想和宗教自由[2]、文化与社会生活的参与权[3]等。最大限度地存活与发展权是儿童享有其他权利的前提条件,因而,此项权利在儿童福利权体系中占据举足轻重的地位。

② 健康与保健服务权

健康与保健服务权是指政府必须创造条件使人人能够尽可能健康,这些条件包括确保获得卫生服务,健康和安全的工作条件等。《公约》第 24 条第 1 款确认了儿童享有"可达到的最高标准的健康,并享有医疗和康复设施"的权利。《公约》要求缔约国应努力确保没有任何儿童被剥夺获得这种保健服务的权利。为了充分实现这项权利,《公约》第 24 条第 2 款要求缔约国应采取以下适当措施:第一,降低婴幼儿死亡率;第二,确保向所有儿童提供必要的医疗援助和保健,侧重发展初级保健;第三,消除疾病和营养不良现象,包括在初级保健范围内利用现有可得的技术和提供充足的营养食品和清洁饮水,要考虑到环境污染的危险和风险;第四,确保母亲得到适当的产前和产后保健;第五,确保向社会各阶层、特别是向父母和儿童介绍有关儿童保健和营养、母乳育婴优点、个人卫生和环境卫生及防止意外事故的基本知识,使他们得到这方面的教育并帮助他们应用这种基本知识;第六,开展预防保健、对父母的指导以及计划生育教育和服务。儿童健康与保健服务权是儿童享有的一项基本人权,也是儿童享有其他人权的基础之一。如果健康与保健服务权得不到保障,那么儿童的其他人权就难以兑现。

③ 受教育权

受教育权是儿童所享有的并由国家保障实现的接受教育的权利,是宪法规定的一项基本权利,也是儿童享受其他文化教育的前提和基础。《中华人民共和国宪法》第 46 条第 1 款规定:"中华人民共和国公民有受教育的权利和义

---

[1] 《儿童权利公约》第 17 条中规定:"缔约国确认大众传播媒介的重要作用,并应确保儿童能够从多种的国家和国际来源获得信息和资料,尤其是旨在促进其社会、精神和道德福祉和身心健康的信息和资料。"

[2] 《儿童权利公约》第 14 条第 1 款规定:"缔约国应尊重儿童享有思想、信仰和宗教自由的权利。"

[3] 《儿童权利公约》第 31 条第 2 款规定:"缔约国应尊重并促进儿童充分参加文化和艺术生活的权利,并应鼓励提供从事文化、艺术、娱乐和休闲活动的适当和均等的机会。"

务。"《公约》第 28 条第 1 款规定:"缔约国确认儿童有受教育的权利,并在机会均等的基础上逐步实现此项权利。"儿童受教育权对于儿童成长为文明社会中合格公民具有重大的意义。儿童的基本教育应当是免费的、强制性的义务教育,任何人不得妨碍或剥夺儿童接受义务教育的机会。政府应特别重视特殊儿童教育,为特殊儿童提供平等就学的机会与环境。逐步消除城乡教育上的不平等,减少儿童的辍学率。

④ 适当生活水准权

适当生活水准权作为一项基本人权,与人的生命权、自由权一样,是人作为人应当享有的人权。国际社会一直以来均非常重视对该项人权的保护,1948 年的《世界人权宣言》[1]和 1966 年的《经济、社会及文化权利国际公约》[2]均以明确的语言肯定获得食物和住房等保障适当生活水准的权利是基本人权。

虽然从理论与法律上大多数人已认定适当生活水准权是一项基本人权,但如何判断"适当的生活水准",则成为一个需要慎重对待的问题。一般而言,我们可从两方面来确立"适当"的标准:第一,每个人要在有人之作为人的尊严的前提下满足其基本生活要求;第二,物质生活达到相关社会的贫困线以上的水平。[3] 只有同时满足了上述两个条件,方可认定为"适当"。

《公约》首次明确规定了儿童享有适当生活水准权。《公约》第 27 条第 1 款确认每一个儿童"有权享有足以促进其生理、心理、精神、道德和社会发展的生活水平"的权利。该公约指出,在实现该项人权的过程中,父母或其他负责照顾儿童的人负有确保儿童发展所需生活条件的首要责任。而缔约国负有采取适当措施帮助父母或其他负责照顾儿童的人实现此项人权,并在需要时提供物质援助和资助方案,特别是在营养、衣着和住房方面。考虑到此项人权的实现需要一定的经济资源的投入,所以公约允许儿童的父母或其他负责照顾儿童的人在其能力和经济条件许可范围内确保儿童发展所需生活条件,国家

---

[1] 《世界人权宣言》第 25 条第一款规定:"人人有权享受为维持他本人和家属的健康和福利所需的生活水准,包括食物、衣着、住房、医疗和必要的社会服务;在遭到失业、疾病、残疾、守寡、衰老或在其他不能控制情况下丧失谋生能力时,有权享受保障。"

[2] 《经济、社会及文化权利国际公约》第 11 条规定:"本公约缔约各国承认人人有权为他自己和家庭获得相当的生活水准,包括足够的食物、衣着和住房,并能不断改进生活条件。"

[3] 刘海年:《适当生活水准权与社会经济发展》,《法学研究》1998 年第 2 期。

则应按照本国条件并在其能力范围内帮助实现儿童的该项人权。

⑤ 残疾儿童特别照顾权

残疾儿童是儿童群体中的弱势群体,因而他们有权获得特别照顾、教育和培训,以维护其尊严,使其获得最大限度的自立,并尽可能在参与社会生活方面帮助其过上充实而适当的生活。《公约》第 23 条确立了残疾儿童的此项人权,并要求缔约国承担以下责任:第一,确认身心有残疾的儿童应能在确保其尊严、促进其自立、有利于其积极参与社会生活的条件下享有充实而适当的生活。第二,应鼓励并确保在现有资源范围内,依据申请,斟酌儿童的情况和儿童的父母或其他照料人的情况,对合格儿童及负责照料该儿童的人提供援助。第三,鉴于残疾儿童的特殊需要,考虑到儿童的父母或其他照料人的经济情况,在可能时应免费提供按照本条第 2 款给予的援助,这些援助之目的应是确保残疾儿童能有效地获得和接受教育、培训、保健服务、康复服务、就业准备和娱乐机会,其方式应有助于该儿童尽可能充分地参与社会,实现个人发展,包括其文化和精神方面的发展。第四,在预防保健以及残疾儿童的医疗、心理治疗和功能治疗领域促进交换适当资料,包括散播和获得有关康复教育方面和职业服务方面的资料,以期使缔约国能够在这些领域提高其能力和技术并扩大其经验。在这方面,应特别考虑到发展中国家的需要。

(6) 刑责减免权

刑责减免权是人类社会基于儿童的心智未臻成熟,其辨识力与意志力均弱于成年人,因而其行为的可归罪性也有别于成年人。为此,《公约》第 37 条确立了儿童刑责减免权,并要求各缔约国做到:第一,任何儿童不受酷刑或其他形式的残忍、不人道或有辱人格的待遇或处罚。对未满 18 周岁的人所犯罪行不得判处死刑或无释放可能的无期徒刑;第二,不得非法或任意剥夺任何儿童的自由。对儿童的逮捕、拘留或监禁应符合法律规定并仅应作为最后手段,期限应为最短的适当时间;第三,所有被剥夺自由的儿童应受到人道待遇,其人格固有尊严应受尊重,并应考虑到他们这个年龄的人的需要之方式加以对待。尤其是,所有被剥夺自由的儿童应同成人隔开,除非认为反之最有利于儿童,并有权通过信件和探访同家人保持联系,但特殊情况除外;第四,所有被剥夺自由的儿童均有权迅速获得法律及其他适当援助,并有权向法院或其他独立公正的主管当局就其被剥夺自由一事的合法性提出异议,并有权迅速就任何此类行动得到裁定。

（7）免受虐待与忽视权

儿童虐待与忽视最有可能发生在家庭、幼儿园、学校和福利机构中，行为实施者可能是那些对儿童承担具体责任者，如父母、教师和有关机构的工作人员。据新加坡《联合早报网》披露，调查显示，中国约四成的儿童曾受到过不同形式的虐待，有 4.4% 的儿童受到过多种严重虐待。[1]

1981 年国际儿童福利联合会曾对"虐童"作出如下分类：一是家庭成员忽视或虐待儿童；二是有关机构忽视或虐待儿童；三是家庭以外的剥削（童工、卖淫等）；四是其他虐待方式。其中，家庭成员忽视或虐待又分为躯体虐待、忽视、性虐待和心理情感虐待。对儿童的虐待包括体罚。体罚经常发生在教师与学生、父母与子女之间。禁止体罚有利于儿童身心的健康发展。

对儿童的忽视包括有意忽视和无意忽视。照料儿童是每一位成年公民的天职。儿童有许多内在的正当需求，成人应予以充分关注和指导。但在现实生活中，许多儿童都未能得到应有的关注，他们的合理需求经常得不到满足。遭受虐待与忽视的儿童体验不到温暖与幸福，陷入自卑和焦虑之中，影响儿童的个性发展，甚至对其心理产生严重不良影响。《公约》第 19 条要求缔约国采取一切适当的立法、行政、社会和教育措施，保护儿童在受父母、法定监护人或其他任何负责照管儿童的人的照料时，不致受到任何形式的身心摧残、伤害或凌辱，忽视或照料不周，虐待或剥削，包括性侵犯。此外，《公约》还要求缔约国采取的保护性措施应酌情包括采取有效程序以建立社会方案，向儿童和负责照管儿童的人提供必要的支助，采取其他预防形式，查明、报告、查询、调查、处理和追究前述的虐待儿童事件，以及在适当时进行司法干预。我国宪法也对此作出规定，该法第 49 条第 4 款规定："禁止破坏婚姻自由，禁止虐待老人、妇女和儿童。"

（8）工作权

儿童未达适当年龄之前不得从事工作，这已成为国际社会的普遍共识，而达到适当年龄的儿童，则有选择适当工作及受到保护的权利。儿童的工作时

---

〔1〕 "调查指中国约四成儿童曾受虐待"，http://www.zaobao.com/wencui/2012/10/hongkong121030b. shtml，新加坡联合早报网，访问时间：2013 － 2 －25。

间、待遇、工作环境必须受到相关法律的制约。同时,为保障儿童免受经济剥削,应该避免其从事可能有害于其健康、教育、精神、道德及社会发展的工作,并且应该通过立法、行政及教育等措施达成上述目标。例如,国家可规定就业的最低年龄、适当的工作时数限制、工作规则及适当有助于落实这些规则的处罚措施等。由于儿童正处于身心发育阶段,因此,为确保其健康成长,政府应制定相关法律对儿童从事的工作予以监管,以保护儿童免受工作的不良影响。为避免儿童受到经济剥削,政府应制定劳动基准法、劳动安全卫生法等法律来规范危险性或有害性工作的认定标准,并对违反规定者施予严厉处罚。《公约》第32条对儿童工作权作了明确规定。[1] 未成年人保护法第38条明令禁止"任何组织和个人安排16岁以上18岁以下的未成年人从事过重、有毒、有害等危害未成年人身心健康的劳动或者危险作业"。

(9)参与权

参与权是儿童享有的一项特殊人权,国际公约和我国相关法律均对此予以明确规定。儿童的参与权是指儿童享有参与社会文化生活的权利。参与权是属于儿童自主权的一种,它对于儿童全面而健康地发展具有非常重大的意义。儿童参与权是通过表达自由、获得适当的信息、自由参与文化艺术活动等表现出来的。《公约》第12条、第13条和第31条对儿童的参与权利作了明确规定。未成年人保护法第3条第1款也确认了这一权利:"未成年人享有生存权、发展权、受保护权、参与权等权利,国家根据未成年人身心发展特点给予特殊、优先保护,保障未成年人的合法权益不受侵犯。"

(10)游戏权

游戏权是专属于儿童的一项基本人权。就权利性质而言,游戏权也是一种儿童自主权。《公约》确立了此项权利。该《公约》第31条第1款规定:"缔约国确认儿童有权享有休息和闲暇,从事与儿童年龄相宜的游戏和娱乐活动,以及自由参加文化生活和艺术活动。"未成年人保护法也确认了此项权利。该

---

[1] 《儿童权利公约》第32条第2款规定:"缔约国应采取立法、行政、社会和教育措施确保本条得到执行。为此目的,并鉴于其他国际文书的有关规定,缔约国尤应:(a)规定受雇的最低年龄;(b)规定有关工作时间和条件的适当规则;(c)规定适当的惩罚或其他制裁措施以确保本条得到有效执行。"

法第 29 条规定:"各级人民政府应当建立和改善适合未成年人文化生活需要的活动场所和设施,鼓励社会力量兴办适合未成年人的活动场所,并加强管理。"众所周知,游戏是年幼儿童生活的一部分,如同营养、健康、教育一样对儿童的发展极为重要。父母、教师要充分尊重儿童游戏权,要为儿童提供充分的游戏、娱乐机会及足够的游戏活动空间、器材等。对于残障儿童,要提供适当的游戏设施。政府要鼓励民间机构设置儿童游戏休闲设施,并确保儿童游戏设施的安全。

第二章
儿童出生登记权

儿童作为人类社会的重要成员,是人类社会最具活力与潜力的群体。儿童生存与发展的质量是衡量一国社会发展的重要指标,也是衡量一国是否文明的重要标志。儿童天生脆弱、缺乏生活经验,无法实现自我保护,必须要借助于监护人的努力才能实现自己权益的保护。儿童出生登记作为儿童权益获得的起点,理应受到法律的保障。然而,由于各种原因,世界各国尤其是发展中国家,普遍存在不同数量的未进行出生登记的儿童,我国也不例外。据第六次全国人口普查显示,无户籍人员大约1300万人,其中绝大多数为超生人员。这些超生人员均是因没有进行出生登记而无法正常获得户籍,而户籍是公民与生俱来的基本权利。基于此,探讨儿童出生登记权对于维护和实现儿童的基本权利具有非常重大的意义。

一、儿童出生登记权的含义

(一)出生登记的界定

出生登记是指户口登记机关依据法律和户口登记条例的规定,对新生儿进行登记、确认公民身份、注册常住户口的一项登记制度。在我国,儿童申报户口时政府通常要求父母提供由卫生部门出具的出生医学证明、计生部门出具的生育证明及父母的户口本等材料。出生登记是儿童获得国籍和公民身份的基础,也是儿童享有其他权利的基础。因而,未进行出生登记的儿童将因无法证明其法律身份,进而影响到其生存权、受保护权、发展权和参与权的实现。

(二)出生登记权的界定

出生登记是由政府有关登记部门对儿童的出生事件进行官方记录的过程,且此记录将作为儿童存在的永久性记录,它不仅是政府实施社会管理的一种手段,也是儿童享有的最基本权利,更是实现儿童其他各项权利的基础。出生登记作为政府进行人口统计和维护社会治安的一种重要手段,是国家实施行政管理的重要组成部分,与每一个公民的权益密切相关。同时,出生登记对于儿童来说,又是他们获得国籍权与姓名权的前提和基础。因而,出生登记又是儿童享有的一项特殊身份权。笔者认为,出生登记权是指儿童基于出生的客观事实而依法享有的进行户口登记、确认公民身份的权利。儿童出生登记权的确立和保护极大地维护了儿童自身的合法权益,也是儿童享有和实现其他权利的重要保障。

二、儿童出生登记权的价值

儿童出生登记权是一项基础性的权利,被人们视为"通向所有其他儿童权利大门的钥匙",故而在儿童权利实现中具有非常重大的意义。

(一)出生登记权是儿童获得国籍权和姓名权的基础

儿童出生后并不会自动获得身份权,而是需要在父母或其他监护人的帮助下进行出生登记,因此,出生登记是儿童获得公民身份的前提,是国家对新生儿法律身份的认可。一个未经出生登记的儿童,无法获得国籍,因而无法自动获得居住权,进而可能导致被政府当局驱逐,或受到不公的待遇。儿童没有获得出生登记权,就无法在国家法定文件中如身份证、户籍证等获得姓名权。换言之,没有进行出生登记的儿童,无法获得身份证,也无法获得户籍证,因而是黑户人口。在许多国家,没有公民身份的自然人是无法获得信用卡的,甚至也不能继承遗产。

(二)出生登记权有助于儿童福利权的实现

儿童福利权的标准要远高于成年人的标准,其内容包括最大限度地存活与发展权、医疗保健权、受教育权、适当生活水准权等内容。[1] 首先,出生登记权有助于儿童医疗保健权的实现。在世界大多数国家,凡是进行过出生登记的儿童,有权得到政府的免费医疗保健。据联合国儿童基金会的报告,南亚国

---

〔1〕 吴鹏飞、刘白明:《中国儿童福利权的政策保护——以"新儿纲"为考察对象》,《前沿》2012年第7期。

家的未登记儿童数量居世界首位,大约有 2250 万人,占 2000 年世界全部未登记新生儿总数的 40% 以上。在撒哈拉沙漠以南的非洲地区,大约有 1700 万未登记儿童,占新生儿总数的 70%。在南亚地区,在 2000 年出生的儿童中,将近 1/3(大约 300 万名)的儿童没有登记,而在东亚和太平洋地区,大约 22% 的新生儿没有登记。在上述地区的 30 多个国家里,儿童只有凭出生登记证明才能在医疗中心接受治疗。在至少 20 个国家里,没有出生证明的儿童不能合法接种疫苗。[1] 在我国,许多未进行出生登记的婴儿是不能享受到政府提供的免费疫苗接种服务的。其次,儿童出生登记权有助于儿童受教育权的实现。在我国,没有进行出生登记的儿童,由于没有合法的身份,没有正式的户籍,因而在现行体制下是不能正常进入中小学校接受免费义务教育的。由于这些没有合法身份的儿童大多是来自农村的贫困家庭,导致他们的受教育权得不到保障,进而影响到他们成年后独立谋生的能力。

(三)出生登记权有助于儿童免受各类伤害

进行出生登记的儿童,由于政府通常制定了关于最低年龄就业限制的法律,这样就可以避免未达到适当年龄的儿童沦为童工。同时,出生登记权可以有效地防止女童在没有年龄证明的情况下,在法定结婚年龄之前被强迫与他人结婚。进行出生登记的儿童,可以使他们免服不符合年龄要求的兵役和征募。获得出生登记的儿童,由于在政府有比较详细的身份资料,因此,当这些儿童被诱拐时,可以起到保护被拐卖的儿童,包括通过遣返和与家人团聚。在暴力冲突或难民危机情况下,出生证明是出生的关键依据,且有助于追查无人照看及与家人失散的儿童下落。在此类情况下,出生登记成为"护身符"。联合国难民事务高级专员安东尼奥·古特雷斯(António Guterres)先生认为,出生登记的缺失会给难民造成重重困难:"无法组织未进行出生登记的人员进行自愿遣返。没有出生登记,难民无法在收容国就地安置,无法获得全部公民权利等。就预防难民身份问题及其解决方案而言,出生登记绝对是至关重要的。"[2]

---

〔1〕 http://www.unicef.org/chinese/protection/index_birthregistration.html,联合国儿童基金会网站,访问时间 2013-2-25。

〔2〕 http://www.unicef.org/chinese/protection/57929_66343.html,联合国儿童基金会网站,访问时间:2013-2-27。

三、儿童出生登记权的法规范基础

(一)国际法规范

出生登记权作为儿童的一项基本权利,已经得到许多国际人权文件的确认和保护。1966 年的《公民权利和政治权利国际公约》首次明确规定儿童享有出生登记的权利。其第 24 条第 2 款、第 3 款规定:"每一儿童出生后就立即加以登记,并应有一个名字。每一个儿童有权取得一个国籍。"《儿童权利公约》作为规范儿童权利最全面的国际人权文件,对儿童出生登记权也作了非常明确的规定。其第 7 条规定:"儿童出生后应立即登记,并有自出生起获得姓名的权利,有获得国籍的权利。以及尽可能知道谁是其父母并受其父母照料的权利。缔约国应确保这些权利按照本国法律及其根据有关国际文书在这一领域承担的义务予以实施,尤应注意不如此儿童即无国籍之情形。"其第 8 条还进一步要求各缔约国承担尊重儿童维护其身份包括法律所承认的国籍、姓名及家庭关系而不受非法干扰的权利。如有儿童被非法剥夺其身份方面的部分或全部要素,缔约国应提供适当协助和保护,以便迅速重新确立其身份。

(二)国内法规范

目前,我国有关规定儿童出生登记的法律法规主要有如下内容。

1958 年全国人大常委会通过并沿用至今的《中华人民共和国户口登记条例》(以下简称《户口登记条例》)。该条例全面规定了儿童出生登记的登记机关(第 3 条)、登记时限(第 7 条第 1 款)、申报责任人(第 7 条第 1 款)、弃婴的登记(第 7 条第 2 款)等内容,但对于现实中客观存在的非婚生子女登记以及儿童姓名登记[1]并未作出明确规定。

1977 年国务院批转《公安部关于处理户口迁移的规定》的通知,规定"与城镇户口结婚的农村人口,其子女也应在农村落户"。1982 年国务院批转《公安部关于解决有关农村落户问题的请示》的通知,要求"坚持新生婴儿随母落

----

〔1〕　虽然该条例未对儿童的姓名登记作出明确规定,但对于儿童需要变更姓名的登记作出了规定。如第 18 条中规定:"……未满十八周岁的人需要变更姓名的时候,由本人或者父母、收养人向户口登记机关申请变更登记。……"

户的原则,规定对于政策之外、非婚生等婴儿应及时注册登记"。1988 年公安部、国家计划生育委员会联合发出了《关于加强出生登记工作》的通知,要求"任何地方不得自立限制超计划生育婴儿落户的法规,坚决纠正弄虚作假、瞒报出生人口数字的做法"。1995 年卫生部与公安部关于统一规范《出生医学证明》的通知规定"统一使用依法制发的出生医学证明"。2003 年公安部推出的《30 条便民利民措施》规定"新出生婴儿的常住户口登记,随父随母自愿选择"。

1997 年公安部《关于完善农村户籍管理制度的意见》要求"统一城乡户籍登记制度,逐步实现农村户籍管理的制度化、规范化和现代化"。同年公安部《关于国内公民收养弃婴等落户问题的通知》就"国内公民收养查找不到生父母的弃婴和儿童以及社会福利机构抚养的孤儿的有关落户问题"作了规定。1998 年国务院批转《公安部关于解决当前户口管理工作中几个突出问题意见的通知》,规定"实行婴儿落户随母自愿的政策"。2001 年卫生部《关于印发出生医学证明管理补充规定的通知》规定"发放出生医学证明的具体办法"。2003 年卫生部、公安部《关于加强出生医学证明管理有关问题的通知》规定"要避免伪造出生医学证明的现象"。2003 年卫生部《关于对在医疗保健机构外分娩的婴儿发放出生医学证明问题的函》规定"医疗保健机构外出生的婴儿领取出生医学证明的地点和程序"。2004 年卫生部《关于加强新版出生医学证明启用管理的通知》要求"进一步规范出生医学证明的管理,避免违规签发、乱收费等现象的发生"。

从上述所提及的有关儿童出生登记的国内法规范来看,我们可将我国儿童出生登记法律法规的演变划分为相对独立的三个历史阶段:第一阶段(1958—1978 年),这一阶段是计划经济时期。1958 年的《户口登记条例》确立了户口登记常住地原则,强化了城乡身份的二元对立。第二阶段(1979—1996 年),改革开放阶段。1979 年中国政府开始实行计划生育政策,因此,这段时期的儿童出生登记主要是为国家经济建设和社会发展提供准确的数据资料。在出生登记的施行过程中,各地普遍制定了一些"土政策",搭便车乱收费,严重影响了儿童的出生登记[1]。为此,中央政府出台了一系列有关儿童出生登记的部门规章。第三阶段(1997 年至现在),目前阶段。这一阶段政府提出了"以人为本"的

---

〔1〕 李树苗等:《中国儿童出生登记:探索与实践》,社会科学文献出版社 2008 年版,第 69 页。

执政理念,因而不仅将出生登记作为实施社会管理的工具,而且也将出生登记作为儿童的基本权利来对待。从总体来看,我国儿童出生登记法律法规经历了由仅重视城市到城乡并重,由忽视儿童权益到开始关注儿童权益的历史过程。

四、国际社会儿童出生登记的实践

(一)儿童出生登记的状况

自 20 世纪 90 年代以来,出生登记权作为儿童的第一项基本权利,已经获得国际社会的广泛认同。各国政府非常重视儿童的这一基本权利,纷纷采取各种有效措施来保障儿童的出生登记权。尤其是在第三世界的阿尔及利亚、毛里求斯、马来西亚、乌兹别克斯坦等国,儿童出生登记工作开展得比较成功。其中阿尔及利亚的出生登记做得最好,达到 97% 的登记率。在乌兹别克斯坦,几乎所有的母亲都为自己的孩子进行了出生登记。但是,世界范围内的儿童出生登记状况并不理想,有许多国家存在一定数量的未进行出生登记的儿童。据联合国儿童基金会统计,2000 年全世界有超过 5000 万新生儿童没有进行出生登记,这些国家主要分布在非洲和亚洲。如次撒哈拉非洲、南亚、中东/北非、东亚/太平洋、拉丁美洲/加勒比海以及独联体/波罗的海地区的新生婴儿的漏登率分别为 71% 、63% 、31% 、22% 、14% 、10% ,且南亚、次撒哈拉非洲及东亚/太平洋地区未登记的新生婴儿分别占全球未登记新生婴儿的 40% 、34% 与14% 。2004 年,全球仍然有大约 4800 万新生婴儿没有得到出生登记,相当于当年全球新生婴儿的 36% 。[1]

从各国儿童出生登记的城乡差异来看,大部分国家和地区的乡村儿童出生登记率要低于城市地区。根据联合国儿童基金会提供的数据,在 39 个国家中,有超过 30% 的 5 岁以下儿童没有进行出生登记。2000 年,包括卢旺达、柬埔寨、尼日尔、中国、印度尼西亚、土耳其等在内的 19 个国家,其 5 岁以下儿童中有 26% —60% 的没有出生登记。安哥拉、尼日利亚、乍得、乌干达、赞比亚、坦桑尼亚和阿富汗等国家的出生登记率低于 30% 。[2]

---

〔1〕　李树苗等:《中国儿童出生登记:探索与实践》,社会科学文献出版社 2008 年版,第 54—55 页。

〔2〕　李树苗等:《中国儿童出生登记:探索与实践》,社会科学文献出版社 2008 年版,第 55 页。

（二）儿童出生登记的实践经验

世界各国在儿童出生登记方面积累了诸多有益经验，这些经验大致可概括为以下五个方面。

第一，提高民众对儿童出生登记的认识。我们可以采取各种宣传手段，来激发人们进行出生登记的积极性。我们既可以综合运用各种形式的媒体宣传，如通过电视、海报、邮政、收音机、纪录片等进行宣传，也可以定期举行出生登记的推广活动，来提高民众对儿童出生登记的认识。此外，我们还要提高儿童本人对出生登记的认识，帮助其了解包括出生登记在内的各种知识。

第二，建立和健全相关法律法规体系。儿童出生登记权是一项法定的权利，因而需要制定相应的法律制度来保障此项权利的落实。各国政府要适时修改那些与实际情况不相符的法律法规，要逐步完善或者制定促进儿童出生登记的法律法规、政策及实施办法，为儿童出生登记创造良好的法制环境。

第三，加强相关部门的协调与合作。有权进行出生登记的各部门要进行协调与沟通。如阿根廷于1997年成立了内部制度委员会来协调卫生部、国家统计部门和人口普查局之间的关系；菲律宾也设立了内部代理委员会，以协调出生登记部门间的关系；秘鲁和玻利维亚则成立了关于出生登记的中央机构，以统筹各部门之间的沟通与协调。[1]

第四，扩大出生登记服务的覆盖范围。我们可以采取以下一些措施来扩大出生登记服务的覆盖范围：通过增加出生登记的基层办公地点来使更多的人享受出生登记服务；授权医院进行出生登记来方便新生儿童办理登记；建立动态的登记系统（如政府雇用登记员来寻找未进行出生登记的儿童，并为其办理出生登记）来为特殊地区的民众服务。

第五，重视国际间的合作。在全球普及出生登记，需要各国政府、非政府组织和国际组织的相互配合、相互支持和共同参与。国际社会可以通过召开定期会议的方式，为各国提供出生登记的经验、技术和学术交流的平台，从而有利于促进儿童的出生登记。此外，国际社会还可为经济落后的国家和地区的出生登记提供必要的经济援助。

---

〔1〕 李树苗等：《中国儿童出生登记：探索与实践》，社会科学文献出版社2008年版，第62页。

五、中国儿童出生登记权的法律保障

（一）中国儿童出生登记权保障存在的问题

1. 中国儿童出生登记的内容繁多、程序复杂

尽管在不同历史时期我国法律规定的儿童出生登记的登记期限没有发生变化，即规定为出生后 1 个月，但是在登记内容、登记程序及相关规定等方面，均呈现出登记程序愈加复杂、所需相关证明资料愈加繁复的趋势。在新中国成立初期，国家对儿童出生登记所需出具的证件和登记期限均无明确规定。到 1958 年《户口登记条例》颁布实施后，规定婴儿出生后 1 个月内，由户主、亲属、抚养人或者邻居向婴儿常住地户口登记机关申报出生登记。新生婴儿实行随母落户的政策。这样，父母的户口本就成为城镇儿童登记户口的必要证明，而在农村地区，出生登记基本上不需要证明，登记程序比较简单。但到了 20 世纪 80 年代后，我国政府实行计划生育政策，严格控制人口的快速增长，因而使得人口与计划生育部门所签发的生育证明成为儿童申报出生登记的必需证明，计划外生育的儿童则必须出示已缴纳社会抚养费的证明；很多农村地区还要求有村委会的报户介绍信。[1] 1996 年后，出生医学证明成为城乡儿童申报户口的必备证明之一。但在许多经济落后的农村地区，在家生育的儿童无法直接领取出生医学证明，必须凭借接生人员签字的出生证明及相关证明，才可以到县级妇幼保健机构或者其他指定的医疗机构领取出生医学证明，程序较为复杂。目前，在我国申请出生登记大致需要经过三道程序：第一道程序是，在母亲怀孕期间到户籍所在地人口与计划生育部门领取生育证明；第二道程序是，儿童出生后由父母到卫生部门领取出生医学证明；第三道程序是，父母或者其他监护人持生育证明、出生医学证明及其他相关证明到公安部门进行户口登记。由此可见，儿童出生登记需要人口与计划生育部门、卫生部门、公安部门等多部门的参与方可完成，呈现出登记内容繁多、程序复杂的缺陷。

2. 中国特殊的人文环境，使得儿童在出生登记过程中处于弱势地位

儒家的"君为臣纲、父为子纲"的思想强调了儿童与父母间的不平等以及

---

〔1〕　李树苗等：《中国儿童出生登记：探索与实践》，社会科学文献出版社 2008 年版，第 8 页。

儿童必须回报父母的观念,此种观念视儿童期是成年人的预备阶段,没有承认儿童期自身的独立价值。在此种观念的影响下,许多父母认为孩子是自己的附属品,是自己财产的一部分。因此,父母并未将儿童作为一个独立的权利主体来看待,导致其未能意识到儿童出生登记权应当得到尊重。在儿童出生登记过程中,家庭和父母优先考虑的是家庭和成人的利益,而不是儿童的基本权益。在农村甚至是城镇,许多父母为逃避超生处罚,对于出生的第一胎,通常选择不进行出生登记,以便可以"合法"地取得生育第二胎的权利。受传统的"重男轻女"观念之影响,在农村,许多家庭为了能生育更多的子女,对于出生的女童干脆选择不进行出生登记。这种对男孩儿的偏好严重地侵害了女童的出生登记权,使这些女童的生存环境处于更加不利的地位。

3. 中国城乡二元制的户籍制度导致儿童出生登记存在诸多不确定因素

与西方发达国家相比,我国儿童出生登记受到城乡二元制的户籍制度之影响,导致儿童出生登记权得不到平等的保障。这主要体现在以下几个方面:第一,为了限制农村人口大规模涌入城市,我国实行严格的城乡二元制的儿童出生登记管理制度,新生婴儿只能随父或者随母进行出生登记,并不能自由选择出生登记的地点。第二,城乡不同的出生登记意味着不同的福利待遇,造成城乡地区的儿童父母或监护人对出生登记产生认识上的偏差。被登记为城镇出生的儿童可以享受许多无形的福利,比如可以免费游玩设施齐全的儿童乐园或城市公园,可以享受到更好的义务教育资源、可以享受到更优质的医疗保健服务等。这是依附在城乡儿童出生登记上的不平等待遇。第三,中国由于幅员辽阔,导致各地的地理条件、人文环境、经济发展以及文化习俗和相关地方政策等方面存在较大差异,使得儿童出生登记存在较大的地区差异。一般而言,城镇儿童出生登记率要高于农村儿童的出生登记率;经济发达地区较经济落后地区的儿童出生登记率要高;东部沿海地区儿童出生登记率要高于西部地区的儿童出生登记率。第四,城乡二元制的户籍管理制度,导致我国存在大量的流动儿童,[1]而针对有关流动儿童出生登记的专项法律尚未出台,因此

---

[1] 据2000年第五次全国人口普查结果推算,18岁以下的流动儿童全国有1982万人,占全部流动人口的19.37%。参见刘晓兵等:《中国流动儿童出生登记的探索性研究》,《市场与人口分析》2007年第1期。

这些流动儿童同样需要依据现行的《户口登记条例》进行登记。由于流动儿童无法获得相关的登记资料或证明,导致许多流动儿童无法获得出生登记。

(二)中国儿童出生登记权法律保障之对策

1. 提升全社会对儿童出生登记的认识水平

众所周知,儿童出生登记不仅仅是政府的公共管理事务,也是每一个儿童获得基本人权的基础。出生登记权作为儿童与生俱来的权利,对于儿童实现其他权利具有非常重要的意义。因而,要在全社会中大力宣传出生登记的重要性,充分利用各种宣传工具,提升全体民众对出生登记的认识水平。不仅要让父母或监护人意识到出生登记是儿童权益保护的基础,而且也要让儿童本人知道出生登记是自己依法享有的基本权利。笔者建议,我们可以组织志愿者进行儿童出生登记的宣传。志愿者可以深入到农村地区,宣传儿童依法享有的基本权利,告知村民获得身份证明的好处以及出生登记的程序等内容,甚至可以帮助没有文化的家庭进行出生登记,这些措施可大大提高人们对儿童出生登记的认识水平。当前,我国某些农村地区仍然存在偏好男童的陋习,这些家庭对女童往往不进行出生登记,其初衷是为了规避计生部门的超生处罚,但其后果却严重侵害了这些女童的基本权益。有鉴于此,要通过立法等多种途径使全社会每一个公民意识到,男童与女童皆是平等的人,没有贵贱之别。唯有如此,才能从根本上消除女童登记率低的窘境。此外,鉴于有些地方政府认识不到出生登记的重要性而缺乏政治意愿,笔者建议,要进一步提高政府各职能部门对儿童出生登记的认识,使各部门的工作变得更加积极主动,确保出生登记权能够得到有效的落实。

2. 完善出生登记的法律、法规和政策

毋庸置疑,儿童出生登记权需要国家法律的呵护。因而,我们可以通过完善相关法律法规来确保出生登记权的实现。国外经验或许可资我们借鉴。如我国的近邻越南,针对有关儿童出生登记规定之不足,于1998年修改其民事登记条例;2004年5月政府又颁布了新法令,制定了更为具体的有关出生登记的条例;2006年2月又出台了新法令规定为所有贫穷和少数种族儿童实施免费登记。[1] 在我国,我们同样可通过完善相关法律法规和政策来保障出生登记

〔1〕 李树苗等:《中国儿童出生登记:探索与实践》,社会科学文献出版社2008年版,第23页。

权之实现。首先,我们要逐步完善有关出生登记的法律法规。现在仍在实行的《户口登记条例》是在 20 世纪 50 年代制定的,已经远远不能适应当前我国儿童出生登记之所需,有必要针对我国出生登记所面临的各种新形势、新问题,对这部法律加以修订完善。对于国务院各部门历史上发布的规章制度,我们要及时予以清理,消除其矛盾与重叠之处。尤其需要我们注意的是,要针对有关弱势儿童(非婚生儿童、超生儿童、被遗弃儿童等)的出生登记的法律法规进行修订完善。其次,在当前相关法律法规不够完善的情况下,我们还可通过完善相关的出生登记政策,引导儿童出生登记的积极推进。比如,在国务院2011 年出台的《中国儿童发展纲要(2011—2020 年)》中,明确规定要"落实儿童出生登记制度。提高社会各界对出生登记的认识,完善出生登记相关制度和政策。加强部门协调和信息共享,简化、规范登记程序"。

3. **提高出生登记的管理水平,加大政府的财政投入**

就政府而言,进行出生登记既是其依法享有的权利,也是其必须履行的职责。笔者认为,我们可以采取以下措施来提升政府的出生登记能力:第一,进行相关的技能培训,提高登记部门的登记能力。我们可以组织全国的登记部门选派工作人员集中培训,以加强登记能力建设。第二,简化登记程序,提高登记效率。针对我国目前多部门管理的弊端,我们可以借鉴国际经验,成立一个综合的协调机构,由这一机构来负责出生登记,这就必然会大大提高管理的效率,也可以简化出生登记的手续。对于我国存在的流动儿童之登记管理,可以成立一个专门的登记组织,对于省际流动儿童的协调管理,我们可以通过建立流动儿童管理信息平台,及时反馈流动儿童出生登记的状况。第三,加大政府的财政投入。在我国,由于政府的财力有限,再加上政府对出生登记缺乏积极的政治意愿,自然对出生登记的投入就会非常少。有鉴于此,地方政府必须要加大财政投入,提高出生登记的能力,确保每一个儿童均能得到及时有效的出生登记。

4. **实行统一的户籍制度,确保城乡儿童享有平等的出生登记权**

众所周知,出生登记是我国政府户籍管理制度的重要组成部分。儿童只有登记了户籍才真正意味着出生登记的完成。我国由于实行的是城乡二元制的户籍制度,导致城乡儿童在医疗卫生保健、受教育、就业等方面存在很大的差异,这样,依附于儿童身上的不同户籍导致儿童享有不同的福利权。为此,我们建议,除了要大力发展城乡经济建设外,我国当务之急是尽快出台新的户籍法,建立统一的户籍制度[1],以保障城乡儿童依法享有平等的出生登记权。

　　总之,就全球而言,影响出生登记的因素是非常复杂的,战争、灾难、贫穷、文化习俗、种族歧视等均能直接或间接产生影响。不同国家之间,既有共同的原因,又有特殊的情形。[2] 就我国而言,尽管政府一直重视儿童的出生登记工作,出台制定了许多规范儿童出生登记的法律法规与政策。但是,由于人们观念上的原因以及我国实行的计划生育政策,导致儿童出生登记权得不到切实的保障,这不能不引起我们的关注。当前,无论是在国内还是在国外,儿童出生登记尚有诸多工作要做。我们有理由相信,在全社会的关爱与呵护下,儿童所享有的出生登记权一定能够得到全面实现。

[1]　值得欣慰的是,2014 年国务院出台了《关于进一步推进户籍制度改革的意见》,明确提出要建立城乡统一的户口登记制度。

[2]　白桂梅主编:《法治视野下的人权问题》,北京大学出版社 2003 年版,第 344 页。

第三章

儿童健康权

　　儿童的健康不仅关系到儿童的成长与家庭的幸福,而且关系到整个民族的未来。据联合国儿童基金会 2008 年的报告指出,全世界每天有 26000 名 5岁以下的儿童因传染病和痢疾而死亡。在中国,据卫生部 2011 年 5 月 30 日透露,经过近 20 年的努力,中国儿童健康状况得到明显改善,5 岁以下儿童死亡率不断降低,已提前实现联合国"千年发展目标"[1]。尽管如此,中国儿童健康状况仍然不容乐观。据《中国青年报》报道,中国 7 岁以下儿童因不合理使用抗生素而造成耳聋达 30 万人,占总聋哑儿童的 30% —40% 。另据国家食品药品监督局相关数据显示,我国 3500 多种化学药品制剂中,供儿童专用的不足60 种,90% 的药品没有儿童剂型。[2] 可见,仅从儿童用药安全角度来看,我国儿童健康权保障令人堪忧。有鉴于此,本章试图对健康权的含义、儿童健康权的价值、宪法对健康权的保障、儿童健康权的法律规定及中国儿童健康权法律保障等问题展开初步的探讨,以期对保障儿童健康权益有所裨益。

一、健康权的概念[3]

　　就其根本而言,儿童健康权是赋予儿童健康的权利,保护的是儿童之健康法益。故而要清晰地界定儿童健康权之内涵,就必须得先讨论何为健康。社会学学者认为健康是一个人能够为了使自己社会化而需要扮演有效角色和工作,所持有最适当能力的状态;医学上则认为健康是可以购买或给予的一种物

---

〔1〕 中国政府 2000 年在签署《联合国千年宣言》时承诺,到 2015 年,中国 5 岁以下儿童死亡率以 1990年为基数下降 2/3。而 2010 年的统计数据表明,这一数字比 1991 年下降了 73. 1% ,中国已提前实现了目标。

〔2〕 王品芝:《九成药品无儿童剂型,服用减量仍存隐患》,《中国青年报》2015 年 1 月 19 日第 7 版。

〔3〕 原文题为《我国儿童健康权的法规范保障研究》,《理论与改革》2011 年第 6 期。

品,假如有正确的医学治疗,则能够重新找回的一种理想目标;人文主义健康学说则断定健康是一种形而上的力量、一种适应能力或认为是一种身体与精神的力量的贮藏。以上见解究其实质,都是想劝人们反对、防止产生、或去解除能达成人类潜能的阻碍。不难发现,其实健康就是一种状态(身体与心理的状态),这样的状态是因人而异的,但不变的是,健康这样的状态是作为每个人发展上的基础,若人们欠缺这样的基础将难以发展。[1] 正如《世界卫生组织宪章》序言阐释的那般:健康不仅仅是没有疾病或衰弱,还包括体质、心理和社会关系方面都处于完全安康状态。[2] 换言之,人的健康包括躯体健康、心理健康、心灵健康、社会健康、道德健康、环境健康等内容,而以这些内容为法益的权利,我们称之为"健康权"。有鉴于此,笔者认为健康权是国家或政府一定的作为或不作为之责任,是保障公民所享有和应当享有的保持其躯体生理机能正常、精神状态完满并由此对社会适应的权利。[3] 当然,国家的这种责任不等于要保证人人健康,这是不可能做到的,因为个人的健康状况受到很多不能控制的因素影响,如遗传因素、个人生活方式或意外事故等。所以,对于健康权应理解为个人有权享有各种设施、商品、服务和条件以实现能达到的最高健康标准,而国家有义务保障此权利。

同时,借助台湾学者有关医疗人权的研究——医疗人权是健康权的重要组成部分,包括"治疗"和"预防"两方面的内涵:其一是生病患者有权利接受对其最好的医疗照顾,且受到尊重;其二是预防疾病的发生,让人民拥有健康与健康的生活可以节省医疗上不必要的浪费。[4] 加之联合国经济、社会与文化权利委员会于 2000 年通过的一项关于健康权的一般性意见:健康人权不单是生病时获得医疗照顾,且还包括能使人民可享有健康的生活环境及社会条件。因此,可以得出健康权至少包括以下三个方面的内容:一是禁止非法干预,即任何组织和个人不得妨碍公民保持自己的健康状况;二是获得健康服务,包括

---

〔1〕 陈衍均:《从〈经济社会文化权利国际公约〉论儿童健康权之保障——以台湾儿童医疗问题为中心》,国立中正大学法律学研究所 2010 年硕士学位论文,第16—17 页。

〔2〕 Federal Interagency Forum on Child and Family Statistics, *America's Children: Key National Indicator of Well-Being*, Washington: Federal Interagency Forum on Child and Family Statistics(2011), 第 57 页。

〔3〕 吴鹏飞:《我国儿童健康权的法规范保障研究》,《理论与改革》2011 年第 6 期。

〔4〕 卓春英主编:《人权思想导论》,秀威资讯科技股份有限公司 2007 年版,第 203 页。

提供预防疾病的服务和获得医疗照顾的权利;三是享有健康生活条件的权利,主要包括以下四个要素:第一,便利,即有足够数量、行之有效的公共卫生和卫生保健设施、商品和服务,以及卫生计划。第二,获得条件,即缔约国管辖范围内的卫生设施、商品和服务必须面向所有人。获得条件有四个彼此间相互重叠的方面:不歧视、实际获得的条件、经济上的获得条件(可支付)及获得信息的条件。第三,接受条件,即所有卫生设施、商品和服务必须遵守医务职业道德,在文化上是适当的,并对性别和生活周期的需要敏感。第四,质量,即卫生设施、商品和服务必须在科学和医学上是适当和高质量的。[1]

二、儿童健康权的价值

毫无疑问,健康权是一切权利实现的基础,因为健康既然为个人自我发展与实现的基础状态,那么健康权的保障理应认为是其他权利获得实现的基础。笔者认为,儿童健康权是儿童所享有的最基本权利,是儿童享有一切其他权利的基础,保障儿童健康权具有非常重大的现实意义。

(一)有助于提升我国人口的整体质量

考察一国的人口质量,固然有许多标准可以参考,但其中最基本的标准还是国民的健康水准。因此,儿童的健康状况决定了一国的人口质量。如前所述,儿童健康权具有消极权利与积极权利的双重属性。就前者而言,国家只要不干预儿童健康权,不以任何理由、方式来排除保障儿童健康权即可。就后者而言,国家还必须积极地创造条件和机会促成儿童健康权得以实现。比如,国家通过改善卫生环境,创造保证儿童在患病时能得到医疗照顾的条件,预防和控制传染病,使儿童得到健康的成长。国家能确保儿童及时获得免疫接种、远离香烟和毒品、免受不健康文化的侵蚀、免于沦为童工等。因而,只有当国家切实履行自己的义务,儿童的健康权才能得到坚实的保障,整个国家的人口质量才会稳步提升。

(二)有助于遏制各类侵害儿童健康的现象发生

毫无疑问,健康权是公民享有其他一切权利的基础,是与生俱来的权利。

---

〔1〕 吴鹏飞:《儿童权利一般理论研究》,中国政法大学出版社 2013 年版,第 211 页。

近年来,我国发生了多起侵害儿童健康权的恶性事件。如 2008 年中国奶粉污染事件、2009 年陕西凤翔血铅超标事件、2010 年山西疫苗事件等。这些披露出来的事件严重侵害了儿童健康权,给儿童及其家庭带来了巨大的痛苦,有的儿童因此落下了终身残疾甚至丧失性命。健康权既然是公民宪法上的一项基本权利,理当受到包括宪法、刑法、民法等法律的保护。从目前来看,我国有关保护儿童健康的法律制度还有待完善,导致诸多侵害儿童健康权益的事件得不到有效治理。因此,加强对儿童健康权的保障,有助于从根本上遏制各类侵害儿童健康权的现象发生。

(三)我国政府履行国际义务的必然要求

1989 年联合国大会通过了《儿童权利公约》,此公约第一部分确认了对儿童健康权的保障,并要求各缔约国采取各种措施确保儿童享有可达到的最高标准的健康。2000 年第 54 届联合国大会通过了《〈儿童权利公约〉关于买卖儿童、儿童卖淫和儿童色情制品问题的任择议定书》,该议定书从买卖儿童、儿童卖淫和儿童色情制品三方面对儿童健康权的保障作了细致规定。此外,联合国大会 1984 年通过了《禁止酷刑和其他残忍、不人道或有辱人格的待遇或处罚公约》、国际劳工组织大会 1999 年通过了《禁止和立即行动消除最有害的童工形式公约》等也对儿童健康权的保障作了明确规定。

众所周知,"条约必须遵守"是一项古老的习惯法准则,因而,从国家履行国际义务的角度来看,许多国家都是通过立法将保障儿童健康权规定为政府应尽的义务。鉴于我国政府已通过并实施诸多有关保障儿童健康权的国际公约,我们可通过包括立宪在内的立法方式来保障儿童健康权,这是我国政府作为上述公约缔约国应尽的国际义务。因此,我们应当在宪法、法律、法规中规定儿童健康权,并通过执法、司法等法律实施环节来加以落实、保障。

三、中国宪法对健康权的保障

(一)宪法上健康权的保障基础

在我国宪法中,有关健康权的保障确实没有明文的规定,仅在宪法总纲中第 21 条提到有关国家发展医疗卫生事业,保护人民健康;宪法第 33 条第 3 款的人权保障条款、第 36 条第 3 款提到不得利用宗教损害公民身体健康以及第 45 条第 1 款提到公民在患病时有权从国家和社会获得医疗照护等,而其规定是否具有权利的性质仍有探讨的余地。因而,健康权是否属于宪法上保障的基本权利以及此一权利是基于哪一个宪法条文而来? 实有必要事先加以厘清。

第一,关于健康权是否属于宪法所保障的基本权利,从宪法的条文本身无法得知制宪者已经作出了保障的决定。但是,就此认为我国宪法不保障健康权似乎过于武断,因为我国宪法第 33 条第 3 款的概括性人权保障条款为“人权推定”提供了广阔的空间。也就是说,概括性人权保障条款的制定,消除了“宪法所保护的人权就只是宪法规定的基本权利”的误解,避免了“宪法以僵硬的条款阻碍人所应有的权利得到保障”之尴尬。

第二,宪法中哪一条的规定可作为健康权保障的规范依据呢? 若我们从文义上看,似乎可基于宪法第 21 条、宪法第 36 条的规定。这两条均有“明文”提到健康,故以此作为健康权的保障基础,至少在文义上较为明确。此外,笔者认为,宪法第 45 条第 1 款的规定也可认为是健康权保障的规范依据。该条第 1 款规定,“中华人民共和国公民在年老、疾病或者丧失劳动能力的情况下,有从国家和社会获得物质帮助的权利。国家发展为公民享受这些权利所需要的社会保险、社会救济和医疗卫生事业”。该款前一句表明,公民在年老、患病或丧失劳动能力时有权从国家和社会得到“物质帮助”,结合后一句的内容,此处的“物质帮助”应理解为公民在患病时有权从国家和社会得到一定的给付,这种给付既包括医疗照护服务,也包括作为健康前提条件的一些物质给付和其他服务。公民得到这些给付的方式是社会保险和社会救济。这正是健康权积极面的内容。[1]

可见,我国宪法虽未言明对健康权的保障,但基于前文论述及健康对于个人的重要性来看,应当认为健康权受宪法的保障。再者,关于健康权保障的宪法上的基础,笔者认为宪法第 21 条、第 33 条第 3 款、第 36 条第 3 款以及第 45 条第 1 款的规定可作为保障上的规范基础。

---

[1] 焦洪昌:《论作为基本权利的健康权》,《中国政法大学学报》2010 年第 1 期。

(二)健康权的保障内涵

宪法上健康权的含义是指"政府对公民健康负有责任,即国家以一定的作为或不作为来保障公民所享有和应当享有的保持其躯体生理机能正常、精神状态完满并由此对社会适应的权利"。[1] 宪法上的健康权具有积极权利和消极权利的双重属性。首先就消极权利的属性来看,健康权作为一种防御性质的权利,是用来课以国家消极的不侵犯人民健康的义务。其次,在积极权利的属性上看,台湾学者林明昕教授认为,"主要是在课以国家积极的以行为、金钱、组织、程序及制度的方式,来排除国家之外的第三人,甚至大自然的灾害对人民健康之侵害,并进而照顾保护个人健康的完整性。"[2]

关于健康权的国家保护义务,依照德国学者 Pieroth 与 Schlink 的见解,国家在以下情形下担负保护义务:第一,当人民的健康遭受威胁时,国家应当出面保护此等权利;第二,当科技发展所伴随的危害有失控之虞时,国家应出面管制该项科技,以保障人民的健康;第三,当国家某种设施或组织对于人民实现其健康权有重要影响时,国家应维持此等设施或组织的功能;第四,当社会上的某些组织,其目的是为了保障人民的健康权,而这些组织普遍性地无法自立存续时,国家应确保这些组织的存续。[3]

四、儿童健康权的法规范分析

(一)宪法对儿童健康权的保障

如前所述,我国宪法虽未言明对健康权的保障,但依据"人权保障条款"可推导出宪法保障公民健康权。对于儿童健康权是否具有宪法上的规范依据,笔者同样持肯定态度。因为无论从宪法第 46 条第 2 款"国家培养青年、少年、儿童在品德、智力、体质等方面全面发展"的规定还是从宪法第 49 条第 1 款"婚姻、家庭、母亲和儿童受国家的保护"及第 4 款"禁止破坏婚姻自由,禁止虐

---

[1] 杜承铭、谢敏贤:《论健康权的宪法权利属性及实现》,《河北法学》2007 年第 1 期。

[2] 林明昕:《健康权:以"国家之保护义务"为中心》,《法学讲座》2005 年第 32 期。

[3] 刘建宏:《吸烟者与非吸烟者之人权保障:"吸烟自由"? ——兼论"健康权"之内涵之一》,《台湾本土法学杂志》2007 年第 94 期。

待老人、妇女和儿童"的规定来看,宪法对儿童健康权的保障是不言而喻的。在笔者看来,上述规定完全可以作为我国儿童健康权保障的规范基础。另外,宪法第21条第1款"国家发展医疗卫生事业,……举办各种医疗卫生设施,开展群众性的卫生活动,保护人民健康"的规定,也可作为儿童健康权保障的规范基础,因为此处的"人民"显然包括了"儿童"在内。

(二)法律对儿童健康权的保障

立法者基于上述的各项宪法之规定,在法律层面上作出了一些有关儿童健康权保障的规定。例如,民法与刑法中有诸多对儿童健康权益保障的相关规定,如:我国民法通则第98条"公民享有生命健康权"的规定,刑法第353条"引诱、教唆、欺骗或者强迫未成年人吸食、注射毒品的,从重处罚"的规定、第359条的"引诱幼女卖淫罪"、第360条的"嫖宿幼女罪"以及第364条"向不满十八周岁的未成年人传播淫秽物品的,从重处罚"的规定等。我国专门针对医疗卫生领域颁布的诸多法律法规中也不乏对儿童健康有相关的规定,如职业病防治法、传染病防治法、食品安全法等。

当然,上述法律的制定并非仅针对儿童,因而对健康权的保护也非仅限于儿童。在现有儿童法律体系中,母婴保健法、预防未成年人犯罪法、未成年人保护法等三部法律是针对儿童的立法,其中对儿童健康权的保障尤为全面。

首先,由母婴保健法第1条"为了保障母亲和婴儿健康,提高出生人口素质,根据宪法,制定本法"的立法目的可知,母婴保健法的制定是为了保障母亲及婴儿的健康。第2条第1款"国家发展母婴保健事业,提供必要条件和物质帮助,使母亲和婴儿获得医疗保健服务"的规定,第14条对孕产期保健服务内容的规定等均可认为是儿童健康权下儿童保健受益权的具体内涵。

其次,从预防未成年人犯罪法第1条"为了保障未成年人身心健康,培养未成年人良好品行,有效地预防未成年人犯罪,制定本法"的立法目的可知,该法的制定是为了保障未成年人的身心健康。而关于未成年人身心健康的范围相当广泛,其中与所要讨论的儿童健康权有关者,当以预防未成年人犯罪法第15条、第26条第1款、第31条及第32条第1款的规定最为直接相关。其中第15条规定,未成年人的父母或其他监护人和学校应当教育未成年人不得吸烟、酗酒。任何经营场所不得向未成年人出售烟酒。第 26 条第 1 款规定,禁止在中小学校附近开办营业性歌舞厅、营业性电子游戏场所及其他未成年人不适宜进入的场所。第 31 条规定,任何单位和个人不得向未成年人出售、出租含有诱发未成年人违法犯罪及渲染暴力、色情、赌博、恐怖活动等危害未成年人身心健康内容的读物、音像制品或电子出版物。第 32 条第 1 款规定,广播、电影、电视、戏剧节目,不得有渲染暴力、色情、赌博、恐怖活动等危害未成年人身心健康的内容。可见,上述规定从预防儿童犯罪的角度,对儿童健康权提供了坚实的法律保障。

最后,未成年人保护法是我国儿童权利保护最全面的法律,其中对儿童健康权的保障也最全面。该法第 10 条第 2 款、第 11 条、第 15 条、第 19—21 条、第 24 条、第 32—38 条、第 41 条、第 44 条、第 51 条等从家庭保护、社会保护、学校保护及司法保护等层面对儿童健康权保障作了细致规定。例如,该法第 10 条第 2 款规定,禁止对未成年人实施家庭暴力,禁止虐待、遗弃未成年人,禁止溺婴和其他残害婴儿的行为,不得歧视女性未成年人或有残疾的未成年人。第 20 条规定,学校应当与未成年学生的父母或其他监护人互相配合,保证未成年学生的睡眠、娱乐和体育锻炼时间,不得加重其学习负担。第 35 条规定,生产、销售用于未成年人的食品、药品、玩具、用具和游乐设施等,应当符合国家标准或行业标准,不得有害于未成年人的安全和健康;需要标明注意事项的,应当在显著位置标明。第 51 条规定,未成年人的合法权益受到侵害,依法向人民法院提起诉讼的,人民法院应当依法及时审理,并适应未成年人生理、心理特点和健康成长的需要,保障未成年人的合法权益。

(三)行政法规、部门规章等对儿童健康权的保障

2005 年国务院颁布了《疫苗流通和预防接种管理条例》,该条例对涉及儿童健康的预防接种证制度作了详尽规定。例如,该条例第 26 条规定,国家对儿童实行预防接种证制度。在儿童出生后 1 个月内,其监护人应当到儿童居住地承担预防接种工作的接种单位为其办理预防接种证。儿童离开原居住地期间,由现居住地承担预防接种工作的接种单位负责对其实施接种。该条例第 27 条还进一步规定,儿童入托、入学时,托幼机构、学校应当查验预防接种证,发现未依照国家免疫规划受种的儿童,应当向所在地的县级疾病预防控制机

构或者儿童居住地承担预防接种工作的接种单位报告,并配合疾病预防控制机构或者接种单位督促其监护人在儿童入托、入学后及时到接种单位补种。

2009 年卫生部颁布的《全国儿童保健工作规范(试行)》对胎儿、新生儿、婴幼儿及学龄前期儿童的保健服务,包括出生缺陷筛查与管理(含新生儿疾病筛查)、生长发育监测、喂养与营养指导、早期综合发展、心理行为发育评估与指导、免疫规划、常见疾病防治、健康安全保护、健康教育与健康促进等作了明确规定。然而,美中不足的是,该规章只是为 6 岁以下儿童提供保健服务。

(四)我国加入的国际公约对儿童健康权的保障

《世界人权宣言》[1]对儿童的健康和福利作出了明确规定,其中第 25 条承认:"人人有权享受为维持他本人和家属的健康和福利所需的生活水准,包括食物、衣着、住房、医疗和必要的社会服务;在遭到失业、疾病、残废、守寡、衰老或在其他不能控制的情况下丧失谋生能力时,有权享受保障。母亲和儿童有权享受特别照顾和协助。"

《儿童权利公约》是全面保障儿童权利的国际公约,是联合国历史上加入国家最多的国际公约[2]。该公约对包括儿童健康权在内的诸多儿童权利作了专门规定。例如,公约第 24 条第 1 款规定"缔约国确认儿童有权享有可达到的最高标准的健康,并享有医疗和康复设施。缔约国应努力确保没有任何儿童被剥夺获得这种保健服务的权利。"该公约第 24 条第 2 款还详细列举了缔约国为实现此目标所采取的措施,包括降低婴幼儿死亡率、提供必要的医疗帮助和保健服务,努力消除疾病和营养不良,以及确保获得卫生信息和教育的机会等。

《〈儿童权利公约〉关于买卖儿童、儿童卖淫和儿童色情制品问题的任择议定书》[3]分别从买卖儿童、儿童卖淫和儿童色情制品问题等方面对儿童健康

---

〔1〕 《世界人权宣言》由 1946 年成立的联合国人权委员会负责起草,该文件于 1948 年 12 月 10 日提交联合国大会表决通过,我国是该宣言的缔约国。

〔2〕 我国政府于 1990 年 8 月 29 日签署了《儿童权利公约》,1991 年 12 月 29 日经全国人大常委会批准,1992 年 4 月 1 日对我国生效。截至目前,全世界已有 193 个国家加入该公约,只有美国和索马里尚未加入。

〔3〕 我国政府于 2000 年 9 月 6 日签署了本议定书,2002 年 8 月 29 日经全国人大常委会批准,2003 年 1 月 3 日对我国生效。

权的保障作了详尽的规定。其中第 3 条第 1 款规定,为下述目的以任何方式提供、送交或接受儿童均属犯罪行为:对儿童进行性剥削;为牟利而转移儿童器官;使用儿童从事强迫劳动。

《经济、社会及文化权利国际公约》[1]第 12 条第 1 款规定,"本公约缔约各国承认人人有权享有能达到的最高的体质和心理健康的标准"。第 2 款更具体规定了各缔约国为了实现此项权利——健康权而采取的步骤应包括达成下列目标所需的步骤。其中与儿童健康权直接相关者包括:减低死胎率和婴儿死亡率和使儿童得到健康的发育。此外,同法第 10 条规定,"应为一切儿童和少年应予保护免受经济和社会的剥削。雇佣他们做对他们的道德或健康有害或对生命有危险的工作或做足以妨害他们正常发育的工作,依法应受惩罚。各国亦应规定限定的年龄,凡雇佣这个年龄以下的童工,应予禁止和依法应受惩罚。"

五、中国儿童健康权的法律保障

(一)儿童健康权法律保障面临的问题

1. 儿童健康权法规范保障面临的问题

纵览我国现行规范性法律文件,从形式上来看,保障儿童健康权之规范主要有四个层面:一是宪法对儿童健康权的保障,如宪法第 21 条"保护人民健康"之条款,第 33 条"国家尊重和保障人权"之条款等。二是法律对儿童健康权的保障,大致可分为两类:一类是一般性法规范对儿童健康权的保障,主要包括民法通则、刑法、传染病防治法、职业病防治法、药品管理法、食品安全法等;另一类是儿童专门性法规范对儿童健康权的保障,有母婴保健法、预防未成年人犯罪法、未成年人保护法等三部法律。其中母婴保健法开宗明义地提出国家保障母亲及婴儿的健康,预防未成年人犯罪法着重保障未成年人的身心健康,未成年人保护法从家庭、学校、社会、司法等方面对儿童健康权予以了综合性的回应。三是行政法规、部门规章等对儿童健康权的保障,如国务院颁

[1]　联合国大会 1966 年 12 月 16 日第 2200A 号决议通过,1976 年 1 月 3 日生效。我国政府于 1997 年
　　10 月 27 日签署了该公约,并于 2001 年 3 月 27 日递交了批准书,同年 6 月 27 日对我国生效。

布的《疫苗流通和预防接种管理条例》,卫生部颁布的《全国儿童保健工作规范(试行)》等。四是我国加入的国际公约对儿童健康权的保障,如《世界人权宣言》第 25 条[1],《经济、社会及文化权利国际公约》第 12 条[2]以及《儿童权利公约》第 24 条[3]等。

从内容上看,首先,在以上宪法的诸多条款中,并未直接确认健康权,而是以规范国家义务的方式来承认健康权在我国的存在[4]。换言之,虽然从相关条款中可推导出儿童健康权的内容,但宪法条文中并没有明确而直接的宪法规范依据,这样缺乏宪法规范根基的儿童健康权保障很难有所作为。其次,我国儿童健康权保障已有的立法都是从成人视角来制定的,且儿童保障的范围不够圆满。一般性法规范没有区分儿童与成人健康保障要求的不同,更多的是保障儿童健康的内容,而很少甚至忽视了儿童保健服务的内容;专门性法规范也并非专门针对儿童健康权所制定的,也存在诸多保障困境,如母婴保健法仅局限于产前产后婴儿的保健服务;《全国儿童保健工作规范(试行)》也仅是为 6 岁以下儿童提供保健服务,儿童保健服务的广度与深度尚待提高。此外,这些法规范规定原则性较强,缺乏可操作性,也没有形成体系,难以保持法律规范内部的和谐一致,达不到理想的实施效果。最后,我国加入的国际公约中关于儿童健康权的条款并未在国内法中得到全面落实。比如,我国法律中尚缺乏专门的反家庭暴力法[5],也无专门的儿童福利法,更无专门保护儿童免受性剥削的儿童性交易防制法。

2. 儿童健康权制度保障体系面临的问题

儿童健康权究其实质而言,乃是儿童与生俱来享有的为应对儿童健康风

---

〔1〕 《世界人权宣言》第 25 条第 1 款规定:"人人有权享受为维持他本人和家属的健康和福利所需的生活水准,包括食物、衣着、住房、医疗和必要的社会服务。"

〔2〕 《经济、社会及文化权利国际公约》第 12 条规定:"(1)本公约缔约各国承认人人有权享有能达到的最高的体质和心理健康的标准。(2)本公约缔约各国为充分实现这一权利而采取的步骤应包括为达到下列目标所需的步骤:(甲)减低死胎率和婴儿死亡率,和使儿童得到健康的发育;(乙)改善环境卫生和工业卫生的各个方面;(丙)预防、治疗和控制传染病、风土病、职业病以及其他的疾病;(丁)创造保证人人在患病时能得到医疗照顾的条件。"

〔3〕 《儿童权利公约》第 24 条第 1 款规定:"儿童有权享有可达到的最高标准的健康,并享有医疗和康复设施,国家应当努力确保没有任何儿童被剥夺获得这种保健服务的权利"。

〔4〕 杨智红:《我国健康权宪法保护的实现》,《山西省政法管理干部学院学报》2010 年第 1 期。

〔5〕 可喜的是,2014 年 11 月 25 日国务院法制办公室将《中华人民共和国反家庭暴力法(征求意见稿)》及其说明全文公布,广泛征求社会各界意见。

险而存在的权利,是儿童人权在健康保障方面的具体化。所谓健康保障是涵盖公共卫生服务和个人医疗服务两个领域,具有减轻乃至消除健康脆弱性和维护健康安全作用的制度安排,它的功能在于:一是预防疾病或者说规避健康风险;二是减轻疾病带来的损失;三是应对灾难性的后果。[1] 就此意义而言,儿童健康权包含预防、治疗、康复三方面的内容,相应的儿童健康权保障制度包括儿童医疗保障制度和公共卫生服务中的妇幼保健制度。

　　就儿童医疗保障制度而言,同绝大部分国家医疗保障体系一样,我国儿童医疗保障体系分为医疗救助和医疗保险两大类。若从广义角度看,我国儿童医疗救助有三类:一是政府性质的专项医疗救助;二是家庭互助性质的少儿住院医疗互助金;三是社会公益性质的慈善捐款。儿童医疗保险主要包括城镇居民基本医疗保险和新型农村合作医疗保险中的儿童基本医疗保险、商业性质的儿童医疗保险。应当承认,我国儿童健康权保障是政府、社会与家庭共同合作,救助与保险相互补充的多元化、较为完善的体系,也充分发挥了分散儿童健康风险的应有作用。但儿童医疗救助和医疗保险制度仍存在诸多不足,前者表现在:[2] 一是政府性质的专项医疗救助对象仅限于低保、特困供养等贫困人员,范围较窄;实践中专项医疗救助主要是民政部门实施,因缺乏儿童救助经费预算程序,其并未将儿童医疗救助经费单列出来,救助随意性较大;二是少儿互助基金仍局限于上海等发达城市,有户籍条件的限制且报销比例并不高;三是社会公益性质的慈善捐款随意性较大,不具有可持续性且数额大多有限。后者体现在:一是城镇居民基本医疗保险和新型农村合作医疗保险中缺乏明确的衔接制度,使得"身在城镇户在村"的流动儿童不能及时有效地享受医疗保险;二是城镇居民基本医疗保险和新型农村合作医疗保险对象范围具有局限性,如婴儿出生前到取得户籍时并未直接纳入保险范围[3];三是城

---

〔1〕　朱玲:《农村人口基本健康保障指标的政策含义》,《中国社会科学院研究生院学报》2004 年第5 期。

〔2〕　郑雅妮:《对构建我国儿童健康保障体系的思考》,《劳动保障世界》2009 年第6 期。

〔3〕　虽然理论上来说,孩子一出生便可以参加未成年人医保,但因参加未成年人医保需要户口,而婴儿从出生到办好户口、参加医保之间,存在一个"空档期"。在此期间,婴儿常发生新生儿肺炎、病理性黄疸等常见病,这部分费用由于没有医保,多为家长自付。参见王泮利等:《儿童健康及保健服务公平性研究》,《中国初级卫生保健》2013 年第1 期。

镇居民基本医疗保险和新型农村合作医疗保险主要补助的是参合居民或农民的大额医疗费用或住院医疗费用,儿童还要继续面对一般门诊的沉重费用负担。此外,儿童商业医疗保险采取的是市场化原则,需要相当数额的保险金且患病的儿童不在参保范围内,人为造就了"逆向选择"。

就妇幼保健制度而言,虽然其为保护妇女、儿童身心健康,提供公共卫生和基本医疗服务作出了贡献,我国业已形成市县依托妇幼保健院及其各站点、乡镇依托乡镇卫生院、村依托村卫生室的三级保障网络,但桎梏于"重治疗轻预防"之观念,妇幼保健工作财政支持力度有限,导致了一些保健人员待遇得不到保障、相关设备得不到及时更新等问题的产生,使得保健功能得不到应有的发挥。同时,对妇幼保健的理解也存在一些偏差,如对于生殖健康服务,传统生殖健康服务(主要提供避孕措施指导和免费服务)仅向已婚者提供,未成年人很少能享受到生殖健康服务。

3. 儿童健康权实现有失公平性

2013 年 11 月 12 日通过的《中共中央关于全面深化改革若干重大问题的决定》把"紧紧围绕更好保障和改善民生、促进社会公平正义深化社会体制改革……推进基本公共服务均等化"作为社会发展改革的重要目标,其中特别提到要"推进城乡基本公共服务均等化"。儿童健康与保健服务作为基本公共服务的组成部分理应以此为实现目标,亦即儿童健康权要满足公平性,正所谓"凡为法律视为相同的人,都应当以法律所确定的方式来对待"[1]。但就目前而言,我国健康与保健服务资源配置不均衡,儿童健康权并没有实现相同的儿童和相同的情形得到相同或相似的待遇,权利实现欠缺公平性显而易见。

一方面,儿童健康与保健服务城乡差别仍然比较突出,多项数据可反映农村地区儿童在卫生与保健方面获得的条件有待改善。改革开放以来,我国卫生总投入不断与年俱增,由 1978 年的 110.21 亿元增至 2012 年的 27846.84 亿元,增长达 252.67 倍,卫生事业得到了显著改善,但城乡间的健康与保健服务还存在诸多不平衡。从形式上看,无论是人均卫生费用、医疗卫生机构总数等硬件条件,还是卫生技术人员数、医疗服务质量等软件设施,农村都要远落后

---

〔1〕 〔美〕博登海默:《法理学:法律哲学与法律方法》,邓正来译,中国政法大学出版社 2004 年版,第 308 页。

于城市(见图3-1);从结果来看,农村儿童死亡率(主要是新生儿死亡率、婴儿死亡率和5岁以下儿童死亡率)和孕产妇死亡率等反应儿童健康与保健服务水平的综合性指标远高于城市水平。这些不平等究其根本是城乡二元户籍制度所导致的,因此,也有学者总结道:"目前许多与儿童健康有关的政策还是与儿童户籍密切联系,儿童户籍的差异意味着资源配置差异。"[1]

图3-1 近五年来全国城市与农村人均卫生费用对比

年份	城市(元)	农村(元)	差距(城市/农村)
2008	1861.76	455.19	4.09
2009	2176.63	561.99	3.87
2010	2315.48	666.30	3.47
2011	2697.48	879.44	3.07
2012	2969.01	1055.89	2.82

另一方面,儿童健康与保健服务资源省际配置间也存在较大失衡,不同省之间儿童健康与保健服务资源配置差异悬殊。根据《中国统计年鉴(2013)》卫生与社会服务数据显示,2012年妇幼保健院(所、站)共有床位数最多的省份广东有1.62万张,而最少的青海省则只有0.02万张,两者相差80倍;2012年各省每千人口卫生技术人员数北京为9.48,西藏为3.03,两者相差3.13倍;2012年各省新型农村合作医疗保险人均筹资最高的省份上海高达1232.5元,而最低的省份吉林只有290.5元,两者相距4.24倍。[2] 各省之间儿童健康与保健服务资源配置悬殊可见一斑。此外,值得引起注意的是医疗服务机构走向市场化,需要自负盈亏,追求经济利益成为其主要目标,导致出现滥开药、滥检查、滥收费等问题,因此,如何处理健康与保健服务的公益性与营利性之间的关系,也是关乎儿童健康权实现公平的重要方面。

4. 儿童健康权保障机制存在漏洞

近年来我国大陆发生的数十起侵害儿童健康的典型事例,无疑折射出经济社会快速转型期,儿童健康权面临着公共安全和心理健康保障制度危机。

---

〔1〕 白桂梅、王雪梅:《人权知识未成年人权利读本》,湖南大学出版社2012年版,第47页。

〔2〕 国家统计局:《中国统计年鉴(2013)》第二十一章卫生和社会服务相关数据。

诸如"血铅超标""毒奶粉""校园伤害""幼儿园喂药"等事故的迭出不正是"我国预防和控制儿童伤害预警机制十分脆弱且不完善"[1]之漏洞导致的吗? 类似儿童自杀、抑郁、暴力倾向、偏执、孤僻等心理问题的蔓延不正是我国儿童心理健康服务机制未建立健全之缺陷导致的吗? 具体而言,在儿童公共健康方面,一是未明确健康事故发现、报告的机制,法律与政策均未明确儿童公共健康事故发现、报告的主体、程序和相关职责,儿童公共健康"防患于未然"之预防制度严重缺失;二是儿童公共健康义务和责任主体不清晰,一旦发生儿童健康公共事故谁应承担相应的责任,现有制度未加以明确界定,这样易导致"九龙治水"之尴尬;三是儿童公共健康监督机制阙如,公共惨剧发生之后,除了痛心疾首之外,更多的是拷问公共安全监督机制,为何我们的校车在上路前不能进行严格的安检呢? 为何我们的疫苗在注射前不能得到严格的监管呢? 为何我们的奶粉在上架出售前不能确保质量万无一失呢? 倘若说监督机制是强有力的话,那么质检、药监和工商等部门就能如实履行自身职责,也就能降低儿童的公共健康风险。

首先,在儿童心理健康服务方面,家庭、学校和社会都存在一定程度的缺位,儿童心理健康或多或少被忽视,心理健康教育严重不足,心理健康辅导存在滞后性。一般而言,若是自己没有学习过心理专业知识,或者参加过心理培训,绝大部分家长和老师只重视孩子的身体健康而忽略了他们的心理需求,忽视了他们的心理健康。其次,我国专业的心理学教师队伍数量严重不足,质量参差不齐。截至 2013 年年底,我国中小学生在校人数为 13800.67 万人,按照联合国教科文组织规定每 6000—7500 名中小学生中至少要有一名专职的学校心理教师进行推算,我国中小学系统至少需要 18400—23000 名专业心理教师,而我国目前除上海等经济较发达地区中小学专职心理健康教育教师配置比较到位外,其他省市的情况不能令人乐观,尤其是偏远落后地区教师都奇缺,更遑论是配置专业心理教师。与此同时,我国并未建立心理教师资格证书制度,这就意味着凡是持有普通教师资格证书的就能从事学校的心理健康教育,中小学中杂聘心理教师,业余"客串"等现象相当普遍,即便是心理学专业的毕业生也很少接受过系统的心理健康教育理论与技能的训练,心理健康教育的专

---

〔1〕 孙修真:《儿童健康权保障研究》,西南政法大学 2012 年硕士学位论文,第 39 页。

业性可想而知。此外,我国未成年社区心理健康服务还处于起步阶段,家长对于心理健康服务存在认识误区,社区心理健康服务存在设施匮乏、专业队伍短缺、资金不足等问题,尚未形成完善的理论体系、方式方法和运行模式,[1]有待进一步完善。

(二)儿童健康权法律保障的路径选择

1. 健全儿童健康权法规范保障之对策

保障儿童健康权,实现儿童健康发展的重大现实意义在于儿童健康关乎儿童身心健康,关乎家庭美满幸福,关乎社会和谐稳定,关乎国家可持续发展,故应认真对待儿童的健康权。众所周知,我国是典型的成文法国家,立法是儿童健康权保障的根本措施。

首先,修改宪法,明确健康权及儿童健康权的宪法基础。根据 Eleanor D. Kinney 和 Brain Alexander Clark 两位教授对第二次世界大战后世界各国宪法条款的研究,当今世界 67.5% 的国家宪法中均规定了健康权相关内容,健康权纳入宪法保障的范围已是大势所趋。[2] 因此,一国宪法不应只是在宪法中列举健康领域的一般或较为具体的国家义务,更应将其视为一种宪法权利并规定相关保障措施。如《俄罗斯联邦宪法》第 41 条规定"每个人都有保持健康和医疗帮助的权利",第 7 条、第 55 条、第 74 条列举了健康权的具体保障措施;《西班牙宪法》第 43 条第 1 款规定"承认健康受保护的权利";《意大利宪法》第 32 条规定"共和国以健康作为基本人权和社会主要利益予以保护"。我国也应借鉴此种模式,"在今后的修改宪法的过程中明确规定健康权及儿童健康权的宪法规范基础,为儿童健康权奠定根本法的基石"[3]。

其次,制定专门法,完善儿童健康权法规范体系。如前所述,虽然我国已制定了专门保护儿童权利的一系列立法,但显然这些立法并不是专门针对儿童健康权之保障的立法,然而在发达国家和地区,其均制定了一系列保障儿童健康权的法律。如美国的《脊髓灰质炎疫苗援助法》(1955 年)、《儿童营养法》(1966 年)、《儿童保健法》(1967 年)等法案;英国的《没收(少年)酒类法》

---

〔1〕　潘孝富、潘伟刚:《和谐社会视野中的社区心理健康服务体系之建构》,《求索》2012 年第 11 期。

〔2〕　焦洪昌:《论作为基本权利的健康权》,《中国政法大学学报》2010 年第 1 期。

〔3〕　吴鹏飞:《儿童权利一般理论研究》,中国政法大学出版社 2013 年版,第 218—219 页。

(1997年)、《学校标准和架构法》(1998年)、《教育(学校场所)条例》(1999年)、《儿童健康与社会照管法》(2003年)等;我国台湾地区的《优生保健法》(1984年)、《家庭暴力防治法》(1998年)、《儿童及少年性交易防治条例》(2005年)、《烟害防治法》(2009年)等。以上立法经验尤其是我国台湾地区的立法值得我们借鉴。换言之,我国政府应结合儿童身心健康特点,依据我国实际情况,健全儿童健康权保障的专门性法律体系,为儿童健康权提供全方位、多角度的法规范保障。

最后,清理现有法律,全面落实有关儿童健康权的国际公约。具体而言,当务之急在于,我们要认真对照我国已加入的有关儿童健康权的国际公约,寻找存在的差距,逐步通过法律解释、法律修改等方式,最大限度地全面落实和保障儿童健康权。

2. 完善儿童健康权制度保障体系之思路

就我国现行儿童健康权保障体系而言,其最大的功能在于保障个人疾病能及时得到治疗,而不在于强调控制健康风险的基础上保障疾病能及时得到治疗,是一种"重治疗、轻预防"的健康保障模式。换言之,我国长期以来以成人视角构建的儿童健康保障模式是不合时宜的,它错误地认为儿童健康保障的全部内涵就是儿童医疗保险,进而考虑的仅仅是保障儿童医疗费的问题。实质上,儿童成长的过程中是人一生中健康风险高发期,他们需要的不仅仅是患病时能得到及时的治疗,更重要的是一套完整地、系统地预防和规避健康风险的健康保障网络。概言之,要完善我国儿童健康权保障体系,就必须充分发挥我国传统的儿童公共保健服务——妇幼保健项目之功效,强化其与儿童医疗保健之间的互动与衔接,并最终实现我国儿童医疗费保障模式转向儿童健康保障模式。

遵循此思路,优化后的我国儿童健康保障体系应当包括儿童卫生保健服务体系和儿童医疗健康保障体系两大部分。前者主要是政府为了预防和规避儿童健康风险而面向全体儿童及其父母提供的健康指导、健康咨询和健康服务等保健服务,是公共卫生服务的重要组成部分;后者主要是为了保障儿童个体的治疗服务及时提供和治疗费用的及时供给,政府或社会实施的救助或保险行为,实质是我国现阶段的儿童医疗保障体系。立足我国积极推进基本公共卫生服务均等化之实际,我们可通过基层医疗卫生机构(如社区卫生院、乡卫生所、村卫生室等)作为主要的结合点,将妇幼保健项目与新建的儿童医疗保障制度进行有效衔接,实现两者之间的资源共享。那么两者之间的制度如何衔接? 资源又如何整合?

首先,坚持"儿童优先"原则,提高儿童公共卫生服务项目在整个医疗卫生服务资源配置中的地位。《儿童权利公约》要求,关于儿童的一切行动,不论是由公私社会福利机构、法院、行政当局或立法机构执行,均应以儿童的最大利益为首要考虑。因此,在儿童健康保障之时要秉承"儿童优先"的原则,要将儿童公共卫生服务项目置于医疗卫生服务资源配置的中心地位,逐步加大儿童公共卫生服务投入,真正实现儿童健康事业优先发展,切实保障和维护儿童健康权。

其次,承认儿童的特殊性,扩大儿童医疗保险报销的范围。如前所述,我国儿童医疗保险主要是城镇居民基本医疗保险和新型农村合作医疗等保险的一个分支,其报销范围与成人相似,均主要是因病在定点医院住院诊治所产生的药费、检查费、化验费、手术费、治疗费等符合城镇职工医疗保险报销范围的部分(即有效医药费用)的医疗费用及一定条件下的门(急)诊费用。[1] 显然,那些有助于儿童尤其是 3 岁以下的婴幼儿的健康检查、健康免疫等保健服务费用尚未纳入到儿童医疗保险报销范围之内。不可忽视的是,较成人而言儿童身心皆未臻成熟,抵御健康风险的能力远远低于一般人,要更好地应对健康风险就不得不依赖于优质的保健服务。有鉴于此,"我国当前的儿童基本医疗保险应适时把妇幼保健工作中的部分有偿预防保健服务纳入报销范围"[2]。同时,为填补婴儿从出生到上户口、再到参保期间的"空白",保障婴儿出生后立刻就能享受医疗保障,我们可借鉴广东珠海市医保新政策,父母任一方为珠海市户籍的新生儿,可在母体妊娠期内以母亲名义参加本市未成年人医疗保

---

〔1〕《北京市城镇居民基本医疗保险办法》规定只有符合基本医疗保险和学生儿童大病医疗保险药品目录、诊疗项目目录、医疗服务设施范围的医疗费用,才由城镇居民基本医疗保险基金按规定支付。具体包括:(1)门(急)诊医疗费用;(2)住院治疗的医疗费用;(3)恶性肿瘤放射治疗和化学治疗,肾透析,肾移植、肝移植(包括肝肾联合移植)后服抗排异药,血友病,再生障碍性贫血的门诊医疗费用。儿童门(急)诊和住院医疗费用报销起付标准为 650 元。

〔2〕郑雅妮:《对构建我国儿童健康保障体系的思考》,《劳动保障世界》2009 年第 6 期。

险,缴费和待遇按未成年人医疗保险的规定执行。[1] 此外,为满足不同年龄段儿童的切身需求,保证儿童内部报销比例的公平性,我们应当根据儿童的生长发育特点及发病特征调整各年龄段儿童医疗费用的报销比例,如适当增加3岁以下婴幼儿的保健报销比例等。

最后,整合现有儿童健康保障资源,逐步推进城镇居民医疗保险与新型农村合作医疗保险并轨。不可否认,基层卫生机构是我国儿童健康保健体系中最能及时指导和解决儿童健康问题的前沿阵地,但实际当中有相当一部分基层卫生机构是被排除在医疗报销定点医疗机构之外的,这极大地制约了预防与规避儿童健康风险的功能。因此,要实现儿童卫生保健体系与医疗健康保障体系的一体化,就应把基层卫生机构纳入定点医疗机构的范围之中。随着新型农村合作医疗与城镇居民医疗保险制度的实施,城乡居民人人能享受医疗保险的目标已基本实现。但应当看到,城市和农村基本医疗保险的分开设置、运行及分块管理模式的弊端也在不断凸显,也难以实现"进一步调整户口迁移政策,统一城乡户口登记制度,全面实施居住证制度"的户籍制度改革目标。[2] 为此,李克强总理在主持召开新一届国务院第一次常务会议时,提出"整合城镇职工基本医疗保险、城镇居民基本医疗保险、新型农村合作医疗的职责"。由是观之,实现城镇居民医疗保险与新型农村合作医疗并轨是未来我国医改的既定方针与目标。[3] 简而言之,城镇居民医疗保险与新型农村合作医疗保险并轨就是从科学、合理、可行的角度出发,对现有的医疗保险资源进

---

[1] 《关于新生儿参加医疗保险有关问题的通知》(珠人社〔2012〕131号),资料来源:珠海市人力资源社会保障局 http://www.zhrsj.gov.cn/zcfg/shbz/yilbx/wcnr/201306/t20130614_1352091.html,浏览时间:2014-8-26。

[2] 2014年国务院发布了《关于进一步推进户籍制度改革的意见》(国发〔2014〕25号)提出,2020年我国要建立城乡统一的户口登记制度;并整合城乡居民基本医疗保险制度,加快实施统一的城乡医疗救助制度。参见国务院网站,http://www.gov.cn/zhengce/content/2014-07/30/content_8944.htm,浏览时间:2014-7-30。

[3] 中共中央、国务院《关于深化医药卫生体制改革的意见》(中发〔2009〕6号)中明确指出,"随着经济社会的发展,逐步提高筹资水平和统筹层次,缩小保障水平差距,最终实现制度框架的基本统一"。国务院《医药卫生体制改革近期重点实施方案(2009—2011年)》(国发〔2009〕12号文件)要求各地"城镇职工医保、城镇居民医保、新农合、城乡医疗救助之间的衔接,探索建立城乡一体化的基本医疗保障管理制度,并逐步整合基本医疗保障经办管理资源"。不难看出,逐步推进基本医疗保障制度的城乡统筹,是新医改方案中所提出的既定方针和目标。

行整合,构筑合理的管理体制,实现城乡一体化的医疗保险制度。

3. 实现儿童健康权公平性之对策

"公平正义是人类社会发展的重要目标,更是基本公共服务均等化的核心价值追求"[1]。但是,新中国成立以来,桎梏于居民分为农业居民和非农业居民的逻辑,我国社会经济的发展一直皆以城乡户籍为标准进行分割,针对城镇居民和农村居民制定和提供不同政策与公共服务,城乡二元化体制逐步渗透到社会各方面,城乡资源配置不均衡日益凸显。这种资源配置不平等,不仅仅体现在初次分配不公平,更深层次表现为社会再分配的不公平,如基本公共服务,实质是社会资源分配方案存在问题。为此,美国法学家德沃金曾指出,若一种分配方案在人们中间分配或转移资源,直到再也无法使他们在福利方面更平等,那么这个方案就做到了平等待人,此时称为"福利平等";若一个分配方案在人们中间分配或转移资源,直到再也无法使他们在总体资源份额上更加平等,那么这个方案就做到了平等待人,此时是为"资源平等";我们社会所需要的分配公平应当是人们在所支配的资源方面的平等。[2] 换言之,我国儿童健康权实现欠缺公平性的根源在于城乡儿童所支配的健康与保健服务资源方面存在着极大的不平等。

而儿童健康与保健服务实质是一种表征为儿童的基本公共服务[3]。既然是基本公共服务,那么按照公共服务理论和现代法治国家的要求,政府应当确保无论是城市儿童还是农村儿童均应拥有平等享受健康权的机会,不因身份的不同而有所区别对待。简言之,在同一个政府管理的区域范围内,每个儿童对于该政府提供的健康与保障服务具有均等的享受权利。当然,这种均等并不是完全平均,而是享受健康与保健服务上所得到的机会上的均等。

首先,合理划分政府的事权和财权,建立科学的政府分级管理体制。目

[1] 孙旭宁:《基本公共服务均等化法治体系建构与民生底线保障》,《中国行政管理》2014 年第 8 期。

[2] [美]罗纳德·德沃金:《至上的美德:平等的理论与实践》,冯克利译,江苏人民出版社 2003 年版,第 4 页、第 341 页。

[3] 所谓公共服务是指政府要为社会公众提供基本的、在不同阶段具有不同标准的、最终机会大致均等的公共物品和公共服务。一般认为与民生密切相关的纯公共服务是基本公共服务;除去基本公共服务以外的服务,都属于一般公共服务,如行政、国防、高等教育、一般应用性研究等。参见高培勇、杨志勇:《公共经济学》,中国社会科学出版社 2007 年版,第 89 页。

前,我国公共卫生服务的事权主要由县、乡等基层财政负担。据调查,预算内公共卫生支出,中央政府仅占卫生预算支出的 2% ,其他均为地方政府支出,而在地方政府,县、乡共支出了预算的 55% —60%。[1] 与此形成鲜明对比的是,我国县、乡等基层政府没有独立的主体税种,财政收入主要是依靠共享税(包括增值税、资源税、个人所得税、企业所得税、证券交易税等)。因此,也就产生了自 1994 年分税制改革以来,近 20 年的岁月里中央财政收入总量远多于地方财政,然而支出总量却少于地方财政的财政奇异现象。财权与事权的不匹配,更确切地说地方财权远远支撑不了地方的事权,不仅滋生了"土地财政",加剧了"地方债务危机"风险,更为直接的恶果是严重制约了地方政府公共卫生投入,进而影响到公共卫生服务能力。有鉴于此,我们应进一步明确中央政府与地方政府及地方各级政府之间在提供健康与保障服务方面的事权,健全财权与事权相匹配的财政体制。要进一步"推进各级政府事权规范化、法律化,完善不同层级政府特别是中央和地方事权法律制度……强化省级政府统筹推进区域内公共服务均等化职责,强化市县政府执行职责"[2]。

其次,完善财政转移支付制度,实现儿童健康与保健服务均等化。实践证明,为实现各地区基本公共服务均等化,应充分发挥财税机制的作用,转移支付是推进基本公共服务均等化的重要手段。当然,要实现儿童健康与保健服务均等化也须完善我国财政转移支付制度:一是完善转移支付模式,实行纵向转移与横向转移相结合的模式,坚持现有的纵向转移支付模式的同时,积极探索并建立发达省份对于经济落后地区横向转移支付的制度;二是优化转移支付结构,包括取消税收返还和体制补助,调整财力性转移支付,建立严格的专项拨款项目准入机制等;三是成立专门的财政转移支付管理机构,负责对财政转移支付方案的确定与支付资金的拨付及对财政转移支付的最终效果进行调查、追踪、反馈、监督和考评;四是完善财政转移支付方面的立法,通过利用法规严格规范转移支付行为,实现政府间转移支付的法制化;五是建立健全转移

---

[1] 以 2012 年为例,中央和地方医疗卫生总支出为 7425.11 亿元,中央政府财政支出为 74.29 亿元仅占总预算的 1.025% ,地方财政支出达 7170.82 亿元。参见国家统计局:《中国统计年鉴(2013)》。

[2] 《中共中央关于全面推进依法治国若干重大问题的决定》,《人民日报》2014 年 10 月 29 日第 1 版。

支付的考评监督机制,落实保障实现转移支付资金运用的政策目标。[1]

此外,值得注意的是,儿童健康与保健服务均等化的实现,不仅仅依赖于政府对基本公共服务的兜底责任,也更需要社会组织的积极参与。一方面,我们要明确政府在法律、政策层面对儿童健康与保健服务的支持,夯实政府首责义务;另一方面,要在界定政府和社会提供公共卫生服务合理边界的基础上,推进公共服务社会参与,构建多元的公共服务网络。[2]

4. 儿童健康权保障机制的完善思路

从公共安全法律制度来看,儿童健康权面临的挑战主要有:(1)公共健康危机的有效应急处置机制不健全,重大突发传染病的疫情、重大食物中毒事件及严重自然灾害、交通事故等引发的公共健康安全事件时有发生;(2)城乡居民医疗卫生服务的法律机制不健全;(3)保护公共健康安全的范围模糊;(4)衡量公共健康安全的体系标准不健全;(5)公民对保护健康安全的义务与责任不明确;(6)公共健康安全保障的具体法律措施较少等。[3] 面对这些挑战,一方面,我们要加强儿童健康的保护措施和公共健康与食品、药品监督管理措施等问题的研究,积极为儿童公共健康安全的法律保障提供参考;另一方面,我们要建立健全儿童健康安全保障的法律制度,构建保障儿童公共健康安全的保护网。就后者而言,首当其冲的是明确政府、社会和家庭等主体在保障儿童公共健康安全方面的法律职责:首先,政府应当全面规划建设儿童公共健康安全预警反应体系,完善儿童公共健康危机应急处置机制;一切单位和个人均有保护儿童的义务,并有对伤害儿童健康的单位和个人进行检举和控告的权利。其次,建立健全儿童公共安全健康法律制度,如建立儿童公共健康现状调查和风险评估制度,定期发布儿童公共安全健康风险,防患于未然;制定儿童公共健康安全标准,如儿童座椅、玩具、食品等标准;完善儿童公共健康安全监测网络制度等。此外,还要完善儿童公共健康安全执行监督机制以落实各方职责。

---

〔1〕　安体富、任强:《公共服务均等化:理论、问题与对策》,《财贸经济》2007 年第 8 期;石光:《促进基本公共服务均等化的财政转移支付制度研究》,《特区经济》2011 年第 5 期;程毓:《优化财政转移支付制度 促进基本公共服务均等化》,《经济日报》(理论周刊),2013 年 4 月 23 日第 14 版。

〔2〕　孙旭宁:《基本公共服务均等化法治体系建构与民生底线保障》,《中国行政管理》2014 年第 8 期。

〔3〕　韩利琳:《完善我国公共健康安全法律制度的思考》,《甘肃政法学院学报》2009 年第 9 期。

　　如果说完善的儿童公共安全法律制度分散的是儿童外部环境威胁之风险,那么健全的儿童心理健康服务机制分散的是儿童内部自身心理威胁之风险。因此,美国、加拿大、澳大利亚、日本等国均十分重视由学校、社区和专业机构等为儿童提供心理健康服务,且业已形成三位一体的儿童心理健康服务体系。就学校层面而言,美国几乎所有中小学校都配有心理辅导教师负责学生每学期的心理测量、心理辅导,并对学校教师及家长提供关于心理学知识的培训。但是,要成为一名心理辅导教师必须进入美国学校心理学会(NASP)和美国心理学会(APA)认可的学校心理学专业接受特殊训练,还要经过一年的实习,然后才能获得资格认证。日本的学校心理健康服务主要由当地教育局和当地临床心理学会联合派遣的心理士承担,且心理士人事和经济上独立于学校,保证了心理士工作的专业性和科学性。就社区层面而言,美国55%的社区有咨询专家,41%的社区有心理专家,21%的社区有社会工作者,可以为有严重情感障碍的儿童、青少年及其家庭提供心理健康服务;加拿大联邦政府向心理健康服务的部门与组织提供健康及社会服务基金,改善包括青少年在内的加拿大全体公民的心理健康状况;澳大利亚设置了社区生活技能中心,面向具有心理疾病的青少年提供训练和支持服务。在专业机构方面,美国不仅成立了儿童心理健康中心(CMHS),还建立了儿童及青少年服务体系项目(CASSP)向未成年人提供科学、合理的心理健康服务;澳大利亚成立了婴幼儿、儿童、青少年家庭心理健康协会(AICAFMHA),主要承担所有未成年人及其家庭成员或护理人员等心理健康相关的工作。[1]

　　借鉴国外的经验,立足我国儿童心理健康教育现状,健全儿童心理健康服务机制应当整合优化心理健康资源,促进学校心理教师的培养与职业发展,加强中小学心理健康教育:第一,严格规范心理咨询师的资格认证,强化监督机制,加快培养优秀的心理咨询师;积极提升学校心理教师的地位和效能,使其能够参与协调整个教育服务系统,为学校教育、教学工作及日常管理提供指导、参谋、咨询和决策,保障学校教育教学和管理工作更符合教育规律,符合学生身心规律;第二,加强对全体教师和学生父母的心理健康教育,发挥课堂主渠道和家庭教育的作用,培养学生良好的个性和完善的人格;第三,建立儿童

----

〔1〕　黄幸隐、李智聪:《国外未成年人心理健康服务现状分析》,《外国中小学教育》2009年第12期。

心理健康公共服务机制,充分运用城乡基层医疗卫生机构、妇幼保健专业机构和大中型综合医疗机构等资源,发挥社区卫生服务机构、乡镇卫生院和村卫生室等健康保障功效,构建一个网络式的儿童健康公共服务平台,为学生、家长和老师设置系统的、长期的心理援助项目。[1]

---

〔1〕 中国青少年研究中心编:《中国少年儿童十年发展状况研究报告(1999—2010)》,人民日报出版社 2011 年版,第 4 页。

第四章
儿童受教育权

受教育权是随着人类社会的发展而产生和存在的一种特殊的文化现象。众所周知,儿童受教育权已经获得包括《儿童权利公约》及我国宪法和相关教育法等国际与国内法律规范之确认。儿童接受教育无须任何先验之理由,只因为儿童是人,源于人的尊严就该享有。马克思早在 1867 的《资本论》中就曾指出:"未来教育对所有已满一定年龄的儿童来说,就是生产劳动同智育和体育相结合,它不仅是提高社会生产的一种方法,而且是造就全面发展的人的唯一方法。"[1]儿童受教育权作为一种宪法上的基本权利,如何在受到侵害时对其加以救济,这是我们法律人无可回避的课题。于此,笔者试图对儿童受教育权的含义、性质、法律规定和基本内容等进行分析,并就中国儿童受教育权法律保障所面临的问题及其完善路径予以探讨,以期对促进我国儿童受教育权之实现有所助益。

一、儿童受教育权的概念

从文义上来看,所谓儿童受教育权,就是指儿童享有接受教育的基本权利。从儿童权利公约的视角来看,凡满 18 周岁以下的自然人,均享有接受教育的权利。经济、社会与文化权利委员会第 13 号一般性评论中明确指出,儿童受教育权必须满足以下四个要素:(1)可获得性。所谓可获得性,是指国家必须向所有适龄儿童提供免费的强制性的义务教育,这是实现儿童受教育权的前提条件。义务教育要向所有儿童平等开放,政府要提供财力上的保障。如果一国的中小学校没有能力接纳所有的适龄儿童,则表明该国政府并未全面履

---

[1] 苏联教育科学院编:《马克思恩格斯论教育》(上卷),华东师范大学《马克思恩格斯论教育》辑译小组译,人民教育出版社 1985 年版,第 406 页。

行提供义务教育的承诺,受教育权仍然是一项没有兑现的人权。(2)可利用性。所谓可利用性,是指政府必须确保所有男童和女童在平等和无歧视的基础上利用现有教育机构,以实现受教育的权利。政府确保平等地利用教育机构的积极义务包括"物质的利用"和"建设性利用"。建设性利用意味着应该消除排斥性的障碍,比如消除教科书及教育机构中关于男女角色的错误之固定观念。(3)可接受性。所谓可接受性,是指政府确保所有学校遵守其制定的最低标准,确定有关教育对儿童和父母均是可以接受的。这一要素涉及选择教育类型的权利,以及建立、维持、管理和控制私立教育机构的权利。儿童和父母均有权不接受灌输和教化,比如强制学习某种有违其宗教信仰的教材等即违反了受教育权。(4)适合性。所谓适合性,是指教育的内容应当有利于儿童日后成长。这就意味着教育体制应当不断与时俱进,充分考虑儿童的利益及国家和世界的发展与进步。政府有义务确保儿童受教育权受到尊重、保护并得以实现。[1]

二、儿童受教育权的性质

(一)儿童受教育权是基本人权

有关儿童受教育权的基本人权属性,我们可从基本人权的特点来加以论证。首先,儿童受教育权具有母体性特点。所谓母体性就是指这种权利的根本性。儿童受教育权在儿童权利体系中具有不可或缺的价值。如果缺少受教育权,其他权利的享有就会流于形式,甚至会化为泡影。受教育权的母体性主要表现在,受教育权派生出其他各种各样的权利,如受教育的福利权、受教育的社会权与受教育的自由权等。其次,儿童受教育权具有不可放弃性特点。受教育权对于儿童来说,既是一种权利也是一种义务,因而,儿童对于受教育权没有自由选择的余地。再次,儿童受教育权具有不可转让性特点。儿童受教育权是专属于儿童的权利,具有严格的人身性,因而,既不可以把儿童的受教育权转让给成人,也不可以把儿童的受教育权转让给其他儿童。最后,儿童

---

[1] "人的安全网络"组织编:《人权教育手册》,李保东译,生活·读书·新知三联书店 2005 年版,第263—265 页。

受教育权具有普世性特点。所谓普世性是指儿童受教育权为世界各国所普遍认可,人们对儿童受教育权的基本内容达成共识。这从世界各国儿童受教育权的入宪历程可以得到印证。从儿童受教育权的上述基本特点来看,它属于基本人权应无疑义。

(二)儿童受教育权是不可选择权

如前所述,权利有可选择权利与不可选择权利之分。儿童受教育权是一种不可选择的权利。因为,教育作为文明社会中个体公民谋求自我发展,提升生活质量的重要手段,唯有通过个人自身的积极参与才能达成。儿童受教育权具有严格的人身性特点,是完全属于每一个儿童拥有的、不可转让的、不可选择的专属权。在我国的许多农村地区,由于家庭贫困,父母通常将受教育的机会留给男孩儿,而女孩儿则被剥夺了正常的受教育机会,这种将受教育的权利集中到某一个孩子身上的做法,是违法的,必须予以纠正。儿童受教育权的不可选择性表现在,儿童不可以放弃受教育的权利,他们必须要接受教育,以成长为文明社会的合格公民。如果儿童放弃受教育权就等同于放弃了社会化,从而远离了人类文明,最终难以融入正常的人类社会。

(三)儿童受教育权是社会权

儿童受教育权作为人权谱系中的基本人权,究竟是属于人权中的自由权,还是属于社会权,或是两者兼而有之? 学者对此存在较大争议。有学者认为,受教育权兼具社会权与自由权两种权利属性。[1] 对于此种观点,有学者提出了不同看法,认为受教育权是一种典型的社会权。[2] 笔者赞同后一种观点。因为从儿童接受免费义务教育的角度来看,国家必须采取积极的作为为儿童受教育权之实现提供支持。这种要求国家积极作为的特点决定了儿童受教育

---

[1] 该学者提出:"作为一项权利,它更多地呈现出社会权的特征,要求国家积极作为,满足公民受教育的要求;作为一项自由,它则带有浓重的自由权色彩,防止国家的恣意干涉。在国际人权法中,受教育权兼具社会权与自由权的权利特性表现得更为淋漓尽致。"参见温辉:《受教育权入宪研究》,北京大学出版社 2003 年版,第 103 页。

[2] 该学者提出:"基于《经济、社会及文化权利国际公约》和我国宪法、教育法等相关法律的规定,以及权利自身的逻辑,认为受教育权属于典型的社会权。"参见尹力:《儿童受教育权:性质、内容与路径》,教育科学出版社 2011 年版,第 48 页。

权是典型的社会权。当然,正如有学者指出:"社会权本身是包含着自由权的,二者不是并列的关系。受教育权尽管属于社会权的范畴,但受教育权又包含着受教育的自由权。"[1]

三、儿童受教育权的法规范分析

(一)国际法规范

受教育权被认为是第二代人权,因此,传统的人权文件如《美国独立宣言》和《法国人权宣言》均未提到受教育权。对受教育权的首次承认始于19世纪下半叶。1871年的《德意志帝国宪法》中"德意志人民的基本权利"一章及1919年的《魏玛宪法》中"教育与学校"一章均明确承认国家有义务保证儿童免费的义务教育。

最早在国际层面达成儿童受教育权概念的是1948年的《世界人权宣言》第26条。该条由三款组成,其中第1款规定:"人人都有受教育的权利,教育应当免费,至少在初级和基本阶段应如此。初级教育应属义务性质。技术和职业教育应普遍设立。高等教育应根据成绩而对一切人平等开放。"第26条的第2款、第3款强调了教育中儿童全面发展的重要性,以及父母在选择儿童受教育的形式上的权利。此后,各种国际人权文件又重申和强调了此项权利。例如,《经济、社会及文化权利国际公约》承认人人有受教育的权利。该公约第13条要求各种不同层次的教育,也规定了教育之目的和父母在教育中的作用。第13条为儿童权利公约的第28条和第29条奠定了基础。

1990年世界各国领导人在联合国总部纽约召开世界儿童峰会,在会上通过了《关于儿童生存、保护和发展的世界宣言》,承认为所有人提供基本教育和识字进而有利于世界儿童的发展是最重要的贡献。

对儿童受教育权规定最为全面的是1989年通过的《儿童权利公约》。学者一致认为儿童权利公约第28条和第29条是对儿童受教育权的明确规定。第28条规定:缔约国必须确保儿童受教育权基于平等的机会,为所有儿童提供强制性的、免费初等教育,获得各种形式的中等教育,得到教育和职业方面的

---

[1]　尹力:《儿童受教育权:性质、内容与路径》,教育科学出版社2011年版,第47页。

信息和指导,以及依据其能力获得高等教育的机会,采取措施促进学生的出勤率和降低辍学率,以及确保学校的纪律符合儿童的尊严。第29条明确提出:教育之目的必须促进儿童个性的发展、培养对人权、基本自由、文化认同和民族价值观的尊重,培养儿童在自由社会里过有责任感的生活,以及培养儿童对自然环境的尊重。

(二)国内法规范

我国宪法第46条第1款规定:"中华人民共和国公民有受教育的权利和义务。"宪法的这一条款概括地表述了受教育的权利和义务。一般而言,受教育权的主体大多是18岁以下的儿童。在我国,儿童受教育权的保障更多的是通过普通法律的实施来实现的。这些普通法律由两部分组成:一部分是专门规定儿童受教育权的教育法律、法规,如义务教育法(2006年)、职业教育法(1996年)、高等教育法(1998年)、教师法(1993年)、教育法(1995年)、民办教育促进法(2002年)、学位条例(2004年)以及残疾人教育条例(1994年)等;另一部分是规定儿童受教育权的相关法律法规:如残疾人保障法(2008年)、未成年人保护法(2006年)、妇女权益保障法(2005年)、预算法(1994年)等。

从上述相关法律规定来看,我国儿童受教育权的法律规范呈现出以下特点:其一,既有宪法对儿童受教育权的概括性规定,也有普遍法律如教育法、义务教育法、未成年人保护法等对儿童受教育权的具体性规定。其二,既有对一般儿童受教育权的规定,也有针对贫困儿童、有不良行为儿童、流动儿童、残疾儿童、女童等弱势儿童群体受教育权的规定,体现了教育机会平等的宪法原则。其三,上述规范从家庭、学校、社会、国家的层面为儿童受教育权提供了全方位、多层次的保护,体现了儿童受教育权作为积极权利的特点。其四,上述规范主要围绕如何落实义务教育阶段的儿童受教育权展开,同时,也规定了学前教育、职业教育、高等教育中的儿童受教育权,体现了对不同年龄段的儿童教育权之保护。由此可见,儿童接受教育的权利,在理念上可被视为自由权或消极权利,但儿童的自我教育能力毕竟有限,因而人们必然要求国家为儿童提供合理的教育制度、适当的教育设施及平等的受教育机会,可见,儿童受教育权更主要地体现出其作为一种积极权利的属性。

四、儿童受教育权的基本内容

从宪法学原理来看,儿童受教育权主要包括以下三个方面,并分别要求施以不同的保障措施。

(一)义务教育的无偿化

为了保障儿童接受教育的权利,现代各国大多实行强制性的免费义务教育,以确保义务教育制度的现实可行性。与其他许多国家相比,我国目前实行的是九年义务教育。根据义务教育法中的有关规定,国家对接受义务教育的学生免收学费,并设立助学金,帮助贫困学生就学。尤为值得一提的是"两免一补"政策。所谓"两免一补"政策是指近年来我国政府对农村义务教育阶段贫困家庭学生就学实施的一项资助政策。其主要内容是对农村义务教育阶段贫困家庭学生"免杂费、免书本费、逐步补助寄宿生生活费"。这项政策从2001年开始实施,其中中央财政负责提供免费教科书,地方财政负责免杂费和补助寄宿生生活费。此外,2011年国务院决定启动实施农村义务教育学生营养改善计划,中央每年拨款160多亿元,按照每生每天3元的标准为农村义务教育阶段学生提供营养膳食补助。通过学校供餐,儿童营养摄入和体质体能改善显著。国家通过增加财政上的投入,积极履行自己所承担的确保儿童接受义务教育的义务。

(二)接受教育的平等

平等是现代法律的精神。这一内容要求任何权利主体均不得在教育上受到不平等的对待。无论是男童还是女童;无论是城市儿童还是农村儿童;无论是正常儿童还是残疾儿童,均享有平等接受教育的机会。当然,儿童由于身体方面或者社会环境方面的因素导致他们之间实质上的不平等,因此,从接受教育的平等之本义而言,这并不排除人们根据不同权利主体的不同适应性和能力施以不同的教育,这种差别对待恰是有利于真正实现儿童受教育权之平等。[1] 我国的教育法、妇女权益保障法均规定了儿童享有平等接受教育的权

---

[1]　林来梵:《从宪法规范到规范宪法——规范宪法学的一种前言》,法律出版社2001年版,第225页。

利。而且,对于残疾儿童的平等受教育权,我国通过专门的残疾人保障法加以规定,体现了对弱势儿童群体的倾斜保护。此外,教育法第10条还明确规定国家扶持各少数民族地区、边远贫困地区发展教育事业及扶持和发展残疾人教育事业。

(三)学习权

学习权是以适龄儿童为主体的权利主体享有的接受教育并通过学习而在智力与品德等方面上得到发展的权利。这是儿童受教育权的核心内容。[1] 为此,我国宪法第46条第2款明确规定:"国家培养青年、少年、儿童在品德、智力、体质等方面全面发展。"根据1985年联合国教科文组织通过的《学习权宣言》的规定,学习权的内容非常广泛,主要包括读和写的权利、持续发问和深入思考的权利、想象和创造的权利、发展个人与集体技能的权利等。[2] 各国为了保障儿童学习的权利,通常要求国家和社会提供合理的教育制度及适当的教育设施来保障学习权的实现。

五、中国儿童受教育权的法律保障

(一)儿童受教育权法律保障存在的问题

1. 儿童受教育权立法保障存在的问题

儿童受教育权立法保障,亦即"立法机关的保障可分为两个层面:一是禁止国家的直接侵害;二是国家立法禁止他人侵害"。[3] 具体而言,立法保障一方面要在立法中尊重儿童的受教育的平等权、不得规定歧视条款、不得任意限制儿童的受教育的选择权等;另一方面,是对受教育权的条件、学校设置标准、教育行政给付等方面作出明确的规定。从这两方面来检视我国最高立法机关对儿童受教育权保障,立法保障主要存在以下问题。

第一,我国儿童受教育权立法不完整,体系存在缺陷,尚待完善。[4] 不可

---

〔1〕 林来梵:《从宪法规范到规范宪法——规范宪法学的一种前言》,法律出版社2001年版,第224页。

〔2〕 尹力:《儿童受教育权:性质、内容与路径》,教育科学出版社2011年版,第62页。

〔3〕 郑贤君:《基本权利研究》,中国民主法制出版社2007年版,第282页。

〔4〕 杜文勇:《受教育权宪法规范论》,法律出版社2012年版,第173页。

否认的是,从 1982 年宪法实施以来,教育立法取得了令人瞩目的成就,以教育基本法为首的教育法体系框架业已大体形成。但按照我国宪法总纲的指示,教育立法体系不仅包括教育基本法,还应当涵盖学前教育法、高级中学教育法、成人教育法。与之配套需要财力支持的立法,如义务教育财政负担法(或义务教育国家投入法)、高等教育财政投入法等,维护国家合法权益的学校法、考试法等。这些教育法律均对受教育者的入学机会、学习权的实现有着重要的影响,特别需要立法机关给予关注,而不是仅仅依赖于政策、行政法规甚至行政规章来约束政府和学校的行为。

第二,我国现有的儿童受教育权立法内容仍有瑕疵,有待修改或废除。主要体现在:一是教育基本法未对一些关键权利进行详尽的规定,如对民办学校的法律地位未予以规定、对政府合理分配教育资源责任与义务未予以明确,追究责任的程序不具有可操作性且处罚力度软弱、对受教育救济权没有规定——未赋予受教育者在受到行政机关或学校侵害受教育权时提起诉讼的权利,教育法有待进一步修改和完善。二是义务教育法内容有诸多不合时宜之处,体现在有关户籍所在地就近入学[1]、寄宿制学校[2]、授权省级地方政府制定安排流动人口子女入学的具体办法[3]等规定上。殊不知在教育资源不均衡的情况下规定在户籍所在地就近入学限制了儿童的择校自由;寄宿制学校在解决了农村义务教育学生上学路途远的问题时却忽视了学生的身心健康发展,无形中增加家长的经济负担,增加教师的工作量;在强化流动人口居住地政府保障受教育权的责任时授权政府规定"具体办法"会增加儿童受教育机会不平等的风险[4]。

----

[1]　义务教育法第 12 条第 1 款:"适龄儿童、少年免试入学。地方各级人民政府应当保障适龄儿童、少年在户籍所在地学校就近入学。"

[2]　义务教育法第 17 条:"县级人民政府根据需要设置寄宿制学校,保障居住分散的适龄儿童、少年入学接受义务教育。"

[3]　义务教育法第 12 条第 2 款:"父母或者其他法定监护人在非户籍所在地工作或者居住的适龄儿童、少年,在其父母或者其他法定监护人工作或者居住地接受义务教育的,当地人民政府应当为其提供平等接受义务教育的条件。具体办法由省、自治区、直辖市规定。"

[4]　实际上,地方政府就有可能设定一些不合理的条件限制流动人口子女的受教育权,比如居住期限、固定收入、稳定住所等前提条件;对受教育权如此重要的权利,应该采取法律保留。因此,笔者认为对省级政府的授权是不妥当的。

2. 儿童受教育权行政保障存在的问题

根据宪法[1]和教育法等相关规定,国务院、县级以上地方人民政府和民族自治区地方的人民政府肩负着保障儿童受教育权实现的义务,这种保障义务首先涉及教育行政预算和教育行政给付等方面。

在教育行政预算方面,无论是编制、审批,还是执行等环节都存在缺陷与漏洞,主要表现在:一是预算编制草案过于粗糙且完成后未向社会公开征求意见。绝大多数的地方财政部门预算草案科目只列到"类"一级,既没有"款""项""目"等具体内容,编制过于笼统,也未在教育财政预算审议前设置公开征求意见的程序,透明度较低。二是由于预算草案编制过于粗略,加之各级人民代表大会审议时间不充分、审议专业性的欠缺,同时审议意见处理程序不规范,致使各级人民代表大会会议审议批准年度预算草案成为了"简单走过场,被动搞形式""在相当程度上制约了教育预算监督权威性和有效性的充分发挥"[2]。三是原本就缺乏法治因素的教育预算,在执行过程中更是雪上加霜。不论是中央教育财政预算还是地方教育财政预算,执行过程中都涉及和其他部门的沟通与协调,很容易变成部门之间的利益博弈,执行效果就会大打折扣。与此同时,由于我国缺少独立的第三方机构对教育财政进行政策评估且作为编制依据的收支预算又不太准确,预算的适度性和匹配性可想而知。

在教育行政给付方面,政府负有绝对的主要义务通过举办学校、培训师资、均衡教育资源等具体行政措施保障儿童受教育权的实现。而一言以蔽之,我国儿童受教育权实现困难重重的根本原因是教育投资的不足和现有的资源配置的不公平。

首先,中央政府和地方政府都存在怠于提供充足教育经费的行为。值得肯定的是,改革开放以来我国教育经费投入不断增长,并在 2012 年首次实现了国家财政性教育经费占 GDP 4% 的目标,但并未完全履行教育法第 55 条第 2 款规定"各级人民政府教育财政拨款的增长应当高于财政经常性收入的增长"之义务,2013 年也仅有北京、天津、浙江、广东、西藏和新疆等六个省级政府教育财政拨款的增长高于财政经常性收入的增长,绝大部分省份政府教育财政

---

〔1〕 主要是宪法第 89—90 条、第 107—108 条、第 115—116 条等条款规定。
〔2〕 方芳:《我国教育预算监督和评价的现状及问题分析》,《复旦教育论坛》2008 年第 4 期。

拨款的增长低于财政经常性收入的增长。

其次，现有的教育资源配置不公平，尤其是义务教育资源极不均衡。一方面表现在城乡差距明显。无论是近五年的义务教育生均公共财政预算教育事业费支出，还是义务教育生均公共财政预算公用经费支出，农村享受的标准都低于全国平均水平，与城市的差距更是不言而喻了。正如有学者指出的那样："国家对教育的投入主要用于城市地区，教育部门在办学条件、教育经费、师资配备等资源配置上，实行城乡不同标准。有限的教育经费主要集中在城市，原本更需要扶持的农村教育得到的资源远远少于城市。"[1]另一方面表现在省际差距悬殊，不同省份之间义务教育资源存在很大的差异，2013年各省公共财政教育支出最高的省份广东为1617.48亿元，最低的自治区西藏为110.37亿元，两者悬殊14.65倍；2013年各省普通小学生均公共财政预算教育事业费最高市北京为21727.88元／人，最低省份河南为3913.95元／人，两者相差5.55倍；2013年各省普通初中生均公共财政预算教育事业费最高市北京为32544.37元／人，最低省份贵州为6140.45元／人；[2]均衡省际之间的义务教育经费迫在眉睫。

3. 儿童受教育权司法保障存在的问题

无救济即无权利。如果法律上规定的儿童受教育权在现实上得不到保障，这样的权利无异于画饼充饥。儿童受教育权属于社会权之范畴，不属于人身权和财产权等民事权利，因而不属于民事诉讼之受案范围。我国现行行政诉讼法也未明确将受教育权纳入行政诉讼之受案范围。因此，就目前而言，如果儿童的受教育权受到侵害后，如何通过司法途径予以救济，无疑是摆在理论界和实务界面前的一大难题。

从权利性质来看，儿童受教育权无疑是宪法上的一项基本权利，但其权利保障在我国现行诉讼体制内是无法实现的，因为我国传统民事诉讼法或行政诉讼法均被认为是对公民人身权和财产权的保护。不过，我国也有部分学者认为行政诉讼可以扩大到对儿童受教育权的保护上。他们认为，儿童受教育

---

〔1〕　杨东平:《中国教育公平的理想与现实》,北京大学出版社2006年版,第75页。

〔2〕　教育部、国家统计局、财政部《关于2013年全国教育经费执行情况统计公告》(教财〔2014〕4号)。

权作为一种法律上的权利,理应得到法律上的保障。儿童受教育权的实现有赖于行政机关、学校、父母及其他组织和个人等法律关系主体相关义务之履行。在其实现过程中,儿童与这些法律关系的主体形成了各种性质和特点不同的法律关系。此类法律关系由两类组成:一类是教育行政法律关系,主要表现为学生与教育行政机构及学校之间的关系。在此类法律关系中,学生与教育行政机构及学校之间是一种教育行政法律关系。另一类是教育民事法律关系,主要表现为学生与监护人之间的关系。在此类法律关系中,学生与监护人之间是处于平等地位的一种民事法律关系。

从目前来看,儿童受教育权最有可能是通过行政诉讼的司法途径来救济。然而,令人遗憾的是,许多提起行政诉讼的侵害儿童受教育权之案件,均以不属于法院行政审判之权限范围而予以驳回,如"2005 年小学生状告北京市市教委要求义务教育免费"案[1]就属其中的一例。更早一些的案例如"六岁半儿童状告历下区教委侵害其按时入学权案"。[2] 该案原告也是向法院提起行政诉讼,最后法院也是以"受教育权不属于行政诉讼受案范围为由",裁定驳回原告之起诉,致使原告被侵害的按时入学接受教育的权利没有得到应有的救济。

如此看来,当儿童受教育权受到侵害之后,很多遭受侵害的儿童受教育权不能获得国家司法保障,这显然有悖于现代法治精神。因为宪法上的基本权利对于公民而言,是非常重要的。如果这种权利只是停留在纸面上,而不能进入公民现实的生活中,那么这样的权利对于公民来说无疑是虚无缥缈的,也严重损害了宪法的权威。为了解决这一尴尬问题,我们认为只有一条捷径可走,那就是承认宪法在司法领域的直接效力。

承认宪法在司法领域的直接效力,并不会导致宪法诉讼的激增,也不会削弱宪法的权威。从宪法本身的条文来看,宪法也具有可直接适用性。我国宪

---

[1] 该案的基本案情如下:2005 年 6 月 11 日,周某的女儿到北京市教委下辖的石佛营小学报名时,本应该接受强制要求的义务教育,却按照要求支付 991 元后才注册学籍。周某认为,此举违反了义务教育法的相关规定,故诉请法院要求撤销市教委收取费用的行为,并在其管辖区域内实行义务教育免费的制度。法院审理认为,原告要求市教委实行义务教育免费的诉讼请求,不属于法院行政审判权限范围。对石佛营小学学生的诉讼请求予以驳回。参见范履冰:《受教育权法律救济制度研究》,法律出版社 2008 年版,第 225 页。

[2] 尹力:《儿童受教育权:性质、内容与路径》,教育科学出版社 2011 年版,第 240 页。

法第 5 条第 4 款明确规定："一切国家机关和武装力量、各政党和各社会团体、各企业事业组织都必须遵守宪法和法律。一切违反宪法和法律的行为,必须予以追究。"因此,如果我们承认宪法的最高权威,那么我们就必须承认宪法在司法领域的直接效力,否则,宪法就会成为一纸空文,处于被"悬置"的状态。承认宪法在司法领域的直接效力,也是国际社会通行的做法。美国 1954 年的布朗案开创了通过宪法诉讼来保护儿童平等接受教育权之先河。甚至我们可以说,美国儿童受教育权之实现是通过一个个受教育权的宪法诉讼来促成的。

(二)中国儿童受教育权法律保障的完善思路

1. 健全儿童受教育权立法保障的建议

宪法总纲规定:"国家举办各种学校,普及初等义务教育"[1],可见,国家有义务通过举办学校来普及初等义务教育保障公民基本受教育权,然实现的首要任务在于国家立法机关教育立法义务的履行及根治立法机关立法不作为[2]。

首先,健全我国教育立法体系。既然我国宪法总纲教育国策和全国人民代表大会及其常务委员会职权规定全国人民代表大会及其常务委员会有履行教育立法之义务——构建完整的受教育权的法律保护体系,且立法保护是儿童受教育权实现的根本路径,那么全国人民代表大会及其常务委员会就应当履行教育立法之义务,包括全国人民代表大会制定教育基本法,全国人民代表大会常务委员会制定单行法律,如学前教育法、义务教育法等。按照我国宪法总纲的指示,立足我国教育立法实际,全国人民代表大会及其常务委员会应将学前教育法、高级中学教育法、义务教育国家投入法、学校法、考试法等法律列入立法规划,并尽快颁布实施,尤其是义务教育投入法和国家教育考试法的制定已刻不容缓。一方面,政府给付教育经费关涉受教育者在义务教育阶段的机会平等、受教育过程的公平利用教育资源问题,而正是因为没有相关立法致使儿童受教育权最低限度保障阻力重重,难以得到彻底落实;另一方面,考试

---

[1] 宪法第 19 条第一款、第二款规定:"国家发展社会主义的教育事业,提高全国人民的科学文化水平。国家举办各种学校,普及初等义务教育,发展中等教育、职业教育和高等教育,并且发展学前教育。"

[2] "立法不作为"(Legislative inaction)是德国、日本等国家公法学上重要的理论,是指立法机关没有履行宪法委托的义务,从而造成宪法未能执行的行为。参见刘国、方农生:《立法不作为基本理论研究》,《江南大学学报》(人文社会科学版)2006 年第 1 期。

是受教育者获取平等教育机会之最为重要的客观标准,考试权保障受教育者应考自由和获得公正评价的权利,也是获得入学资格和选择学校的权利,同样影响儿童入学机会、关涉儿童受教育权的实现。若按照教育法规定"国家教育考试由国务院教育行政部门确定种类"[1]的话,儿童享有的平等入学机会就会受到严重的威胁[2]。因此,亟须制定一部保证义务教育发展的国家教育投入法,确立义务教育经费足额、均衡投入的法律保障、明确义务教育经费预算和开支的标准、明晰政府不能足额拨付教育经费责任承担等以确保儿童受教育的最低限度保障的落实;亟待出台一部统一的国家教育考试法,确定国家教育考试的种类、报名条件和程序等以消除各种考试存在的不规范行为,保障教育考试的公平。唯有健全教育立法体系,才能从根本上保证儿童受教育权的实现。

其次,填补我国教育法的漏洞。如前所述,我国教育法在民办教育的法律地位、保障平等受教育机会等重要权利规定方面存在缺陷,制约了儿童受教育权的实现,因此需要对这些儿童受教育的权利作出详细的规定。具体包括:一是承认民办教育在很多方面受到诸多歧视的事实,弥补作为教育基本法的教育法中没有明确民办或私立学校的法律地位的漏洞;[3]二是完善对行政机关的责任追究制度及受教育权的救济制度,允许儿童受教育权受到行政机关及教育部门侵害时有权提起行政诉讼进行救济,确保儿童在入学、升学等方面遭遇不平等对待时能获得程序救济的权利。此外,我们还可尝试通过赋予人民代表大会代表在行政机关及教育部门违反教育法规定时对行政首长提出询问或者质询案,实现对行政机关的有效监督。三是在教育法相关章节中增加禁止性规定,如"行政机关及教育行政部门不得以任何形式设置等级式学校,保障公民受教育机会的平等"。虽然教育法明确规定了行政机关及教育行政部

---

[1] 教育法第20条:"国家实行国家教育考试制度。国家教育考试由国务院教育行政部门确定种类,并由国家批准的实施教育考试的机构承办。"

[2] 这不是危言耸听,比如说以省级教育考试为例,我国的教育考试在种类确定、机构设置、人员编制、命题及组织考试方面都存在着诸多弊端,难以公平、公正地实现公民的考试权。参见高家伟主编:《教育行政法研究》,北京大学出版社2007年版,第142—148页。

[3] 不可忽视的是2003年9月1日起施行的民办教育促进法,虽然规定了"民办学校与公办学校具有同等的法律地位,国家保障民办学校的办学自主权。国家保障民办学校举办者、校长、教职工和受教育者的合法权益"。但这种非教育基本法规定的条款在落实时仍存在许多歧视性措施,如过去铁路部门对民办学校学生的铁路票价不予优惠,在提供奖学金等方面的不公平对待等。

门不得将学校分为重点和非重点,但现实中却又以"示范校"与"非示范校"的形式出现,匪夷所思的是这样一个违反教育平等机会的行为,没有任何纠正措施,亟须进一步明令禁止。

最后,修改或废除相关法律条款中不合时宜的内容。一是改义务教育法第12条第1款关于户籍所在地学校就近入学的规定为在儿童父母居住地或户籍所在地就近入学。当然,此条的实施要求政府真正担负起教育资源均衡投入,要求通过畅通家长参与、表达、决策和评价等途径并保障儿童参与学校事务的权利。二是转变解决上学路途远的问题思路,坚持以发展校车为首选,以寄宿制为补充。遍览世界各国解决适龄儿童上学路途远问题的对策主要有两种途径:一是发展校车,二是寄宿制。诚如前文分析寄宿制学校存在着诸多不利影响,因此,发展校车是一条最佳的选择。考虑到目前我国经济发展的不平衡性,还有很多边远地区,尤其是有些山区没有通公路,且我国校车发展与管理也还存在诸多问题,显然短时间内全部借助校车是天方夜谭。基于学生全面发展的需要尤其是对家庭关爱,父母关爱的成长之不可或缺,未来应当普及发展校车。此外,关于流动人口子女入学的规定应当采取法律保留,确保适龄儿童入学的立法上的机会平等。同时,政府加大农村义务教育资源的投入、公正分配教育资源的举措也尤为重要。

2. 儿童受教育权行政保障的完善思路

儿童受教育权的实现离不开教育行政义务的履行,也就是行政保障措施的落实,具体而言可从三方面予以完善:

其一,儿童受教育权行政保障的基本原则。行政权在中国具有无穷的能量,正确与合理的规制将会对儿童受教育权的实现大有裨益,因此教育行政应遵循平等保护、法律优先和法律保留等原则。遵循平等保护原则,要求行政机关不得制定歧视性的行政法规、行政规章等具体行政措施,在教育行政预算和行政给付上平等对等每一个受教育者,这不仅是宪法"公民在法律面前人人平等"原则在儿童受教育权方面的具体体现,也是落实《世界人权宣言》《经济、社会及文化权利国际公约》以及《儿童权利公约》等国际条约关于受教育权规定的必然要求。遵循法律优先原则,要求教育行政法规、地方性法规、规章等其他教育规范的制定、颁布和实施必须遵守宪法和教育法律规定。遵循法律保留原则,要求涉及儿童受教育权的机会、教育资源公平等问题应由法律对行政机关的行为作出具体规范。

其二,弥补教育行政预算存在的缺陷。一是要细化预算项目,每个项目都要有详细的估算和说明,甚至应当标明具体用款单位、用途,增强预算的刚性和透明度。细化预算项目不仅让公众能清晰地看到纳税人的钱用在何处,教育资源分配在何处,且"对于规范教育行政部门和学校内部的资金管理行为、提高教育经费使用效益具有重要意义"[1]。二是增加教育财政预算听证制度,强化预算编制过程中的公民参与。正当法律程序要求任何人在受到或可能受到公权力不利行为的影响时,有获得告知、说明理由和提出申辩的权利,也就是说政府编制关乎教育资源分配公平的教育预算时应充分听取公民的意见与建议。另据一项公民对政府预算参与意愿的实证研究表明,随着我国公民的经济水平、所感受的民主氛围和受教育水平程度的提高,公民对预算的认知水平、对预算的关心程度及对预算的参与意愿都显著得到提高。[2] 因此,在教育行政预算提交审议前应将教育财政预算草案公布,充分听取公民的意见与建议,以确保教育财政预算立足于民意,立足于实际需要。三是充分发挥以社会公众、社会中介组织以及大众传媒等为主体之社会监督方式的主动性与独立性、公开性与开放性等优势,构建教育财政预算征询机制、教育财政预算绩效公众评价机制,加强教育预算执行情况监督。[3]

其三,强化政府履行教育行政拨款的法律责任,协调中央和地方政府教育财政拨付,确保儿童教育的均衡发展。"从总体上看,义务教育投入的城乡、省际差距往往是互为因果的,其根本原因在于城乡二元经济结构,以及在这个基础上实施的创建示范校、重点校等行政不当作为的结果"。[4] 因此,一要加大国家对农村教育的投入,要将有限的教育资源重点放在边远落后地区、农村地区,实现硬件设施的均衡配置,促进城乡教育一体化;二要实现贫困地区老师能够与城市老师同工同酬同福利,从软件上保证义务教育的均衡发展;三要将履行教育财政拨款的义务情况作为担任行政首长的考核条件,一旦教育财政

---

〔1〕 薛海平:《美国义务教育阶段学校预算制度及其启示》,《中国教育学刊》2011 年第 3 期。
〔2〕 柳宇燕、刘斌:《公民对政府预算参与意愿的实证研究》,《统计与决策》2012 年第 14 期。
〔3〕 唐云锋:《我国预算监督的新出路:政府预算社会监督》,《财政监督》2011 年第 9 期。
〔4〕 杜文勇:《受教育权宪法规范论》,法律出版社 2012 年版,第 241 页。

拨款未达到法律规定比例的,就实行一票否决;同时对于怠于行使拨款的可以通过权力机关的质询和询问予以监督,必要时予以罢免,以强化政府履行教育行政拨款的法律责任,保证儿童受教育权的实现。

3. 儿童受教育权司法保障的完善思路

为解决上述难题,有学者提出在我国建立教育领域中的公益诉讼。该学者认为,义务教育的公益性为公益诉讼的建立提供了可适用的基础。义务教育是涉及每一个儿童的公益性事业,关系到每一个儿童的利益和自我实现的价值,因此,当国家、社会或公民个人侵害了这一公共利益时,致使儿童本该依法享有的受教育权无法获得实现,理应获得法律上的救济。该学者认为,我们也可将教育领域中的公益诉讼区分为教育民事公益诉讼和教育行政公益诉讼。就前者而言,可以通过修改民事诉讼法等方式,明确公益诉讼的原告资格,完善民事公益诉讼制度。就后者而言,我们可将行政复议法的审查范围予以拓展,即将其他抽象行政行为纳入附带审查的范围。这样,随着市民社会的不断生成,公民维权意识的增强,加上民事公益诉讼的逐步建立,教育行政公益诉讼这扇大门一定也能开启。[1] 我们认为,上述建议可作为一种完善思路,但也仅是权宜之计,并未化解问题的症结。因为从本质上看,儿童受教育权的司法救济最终应当通过宪法诉讼的方式予以实现,这是法治国家通行的经验与做法,我们不应当加以抵制或排斥。学界有关宪法诉讼的必要性与可行性的研究可谓汗牛充栋,在此无须赘述。

2014 年党的十八届四中全会决定提出要加强宪法的实施,让宪法"活"起来,因而,在我国建立宪法诉讼制度,为包括儿童受教育权在内的所有基本权利提供司法上的救济,就成为一件顺理成章的事情。当儿童的受教育权受到侵害时,他们可通过民事诉讼或行政诉讼的方式来寻求司法上的救济。只有当民事诉讼或行政诉讼的救济途径不畅或已穷尽之时,方可通过提起宪法诉讼的方式寻求救济。从此点来看,宪法诉讼是保障公民基本权利的最后一道防线。

当然,要实现儿童受教育权的全面司法保障,尚需做好以下配套工作:首先,国家必须要制定义务教育必要的教育设施的强制性国家标准。作为国家

---

〔1〕　尹力:《儿童受教育权:性质、内容与路径》,教育科学出版社 2011 年版,第 259—263 页。

保障的最低标准,就学儿童只要基于所在学校不能达标即有权提起诉讼。其次,国家要建立中央政府承担义务教育经费主要责任的财政保障体制。在传统的分税制模式下,由各地方政府主要承担义务教育投入的做法要予以纠正,因为这无法保障东部与西部地区、沿海与内地儿童平等接受义务教育的权利。最后,国家要对相关教育法律法规予以完善,以保障儿童的受教育权能够得以实现。如有学者提出,要通过国家立法赋予儿童义务教育阶段对公立学校的选择权,以及由全国人民代表大会常务委员会对义务教育法的相关条款予以解释或制定有关法律法规加强对在家上学儿童的学业监管等。[1]

总之,儿童受教育权之立法保障是前提,行政保障是关键,司法保障是后盾,唯有立法保障、行政保障和司法保障三者相互支撑、相互完善,儿童受教育权的实现才有真正的保障。

---

〔1〕 管华:《儿童权利研究:义务教育阶段儿童的权利与保障》,法律出版社 2011 年版,第172—173 页。

游戏有助于促进儿童心智的发育与健康成长早已获得心理学方面的认可。教育家彼尼德罗认为,游戏是儿童最正当的行为,是儿童认识世界的途径。心理学家皮亚杰认为,游戏可以使儿童熟练并巩固所学的技巧,在思考及行为上产生变通的能力,于同化及调适的互动过程中建立认知结构,"学习"因而发生。[1] 可以说,游戏价值业已获得社会各界的广泛认同。《儿童权利公约》明确规定儿童享有游戏权,我国相关法律和政策也对儿童游戏权予以了确认。尽管如此,我国近年来儿童在游戏过程中所遭受的伤害或死亡的报道仍不绝于耳。面对儿童游戏事故频发的严峻现实,我们又该如何保障儿童游戏权,通过游戏调节他们的学习,充实他们的生活,并进而促进他们身心健康发展,就成为当下我们必须直面的课题。

一、儿童游戏权的概念

(一)游戏的含义

游戏是儿童的主要活动形式,又是一种社会现象。人们对游戏有各种不同的理解。西方学者关于游戏的理论大多数是从生物学或生理学的角度来阐述的。柏拉图认为,游戏是一切幼子(动物的和人的)生活和能力跳跃需要而产生的有意识的模拟活动。亚里士多德认为,游戏是劳作后的休息和消遣,本身不带有任何目的性的一种行为活动。[2] 笔者认为,上述定义只是从生物学与生理学视角来阐述游戏的含义,而忽视了游戏的社会性本质。游戏还是一种社会性的活动。儿童在游戏中反映周围的现实生活,并通过游戏体验着周

---

〔1〕 吴幸玲:《儿童游戏与发展》,扬智文化事业股份有限公司 2003 年版,第 7—16 页。

〔2〕 [荷]约翰·赫伊津哈:《游戏的人》,多人译,中国美术学院出版社 1996 年版,第 39 页。

围人们的劳动、生活和道德面貌,同时也理解和体验着人与人之间的相互关系。

对游戏一词的含义,可谓智者见智,仁者见仁。如同霍普斯(Hoppes)所指出的,从体育的观点来看,游戏是一种运动,是体育运动的一种;从社会学的观点来看,游戏是社会结构和价值观的一种表现;从教育的观点来看,游戏和学习及教育有关;从人类学的观点来看,游戏是了解人类发展的途径。[1] 霍普斯的论述进一步指出了游戏是一种复杂的活动,不同研究者因其研究视角的不同,对游戏的解释自然也不同。我国学者邱学青教授认为,游戏是儿童在某一固定时空中,遵从一定规则,伴有愉悦情绪,自发、自愿进行的有序活动。[2] 笔者认为,这一定义是可取的。

(二)儿童游戏权的概念

在探讨游戏一词的含义之后,我们可尝试对儿童游戏权作初步的界定。所谓儿童游戏权,是指为社会或法律所承认和支持的,体现儿童的尊严与平等、自由和全面发展价值的,具有普遍性和反抗性的,以游戏自由权、游戏社会权及个体发展权构成的统一体。从儿童游戏权的概念来看,它包含以下三个方面的含义:第一,从游戏权的规范依据来看,我国法律尚无明确的法条对其予以确认,这项权利主要源于《儿童权利公约》第31条的规定。由于该公约已经在我国生效,因而在我国是具有法律效力的。这就表明,游戏权是法律所承认和支持的基本权利,是专属于儿童这一特殊群体的,因而具有普遍性;同时,从人权发展史来看,游戏权又是一项反抗性的权利,也即游戏权诉求反映了儿童反抗成人霸权的特性,因而它具有普遍性和反抗性。第二,游戏权兼具社会权和自由权的双重属性。一方面,游戏权具有社会权的属性,这主要体现在两个方面:一是游戏权需要国家的财政投入,以提供充足的游戏活动场所和设施。二是游戏权需要国家制定科学的教育评价机制,改变传统的"重学轻玩"的价值取向。例如,目前幼儿园普遍存在小学化倾向,将小学阶段的知识前移到幼儿园,严重吞噬了儿童游戏的时间。由此看来,儿童游戏权的保障需要国

---

[1] 邱学青:《学前儿童游戏》,江苏教育出版社2008年版,第65页。

[2] 邱学青:《学前儿童游戏》,江苏教育出版社2008年版,第72页。

家履行此种积极义务,游戏权因而具有了社会权的属性。另一方面,游戏权具有自由权的属性。游戏权是儿童享有的一项自由权,因为游戏本身具有自由的本质属性,儿童在游戏中有权决定是否进行游戏、与谁进行游戏及进行何种游戏。第三,游戏权体现了儿童的个性全面发展。儿童在游戏过程中,其情感、认知、身体和社会性等方面均得到了全面和谐地发展,这是儿童发展权的核心要素。现代心理学研究结果表明,游戏不仅在主观上为儿童之所需,且在客观上也为儿童的情感、认知、社会性等诸方面的身心发展发挥了巨大作用。[1]

二、儿童游戏权的价值

(一)儿童游戏权可促进儿童身体与动作的协调健康发展

许多研究表明,儿童早期的探索和游戏行为对感觉和肌肉系统的生长、控制都有帮助。当儿童吃、喝、睡等基本生存需求与安全需要获得满足后,儿童就有身体活动的需求。由于儿童神经系统尤其是高级神经系统的活动尚未成熟、不平衡,总表现为兴奋强于抑制,兴奋性强的外部表现形式就是好动,因此他们总是一刻不停地做各种动作;同时,儿童的骨骼肌肉在生长发育的过程中又需要不断地补充营养、氧气。在游戏中的动作反应练习会导致流畅的和精准的动作技能。游戏是一种积极的身体活动,儿童在游戏中可以自由地变换动作、自由地重复感兴趣的动作与活动,不但使身体随时保持最佳的舒适状态,而且可使儿童产生愉快的情绪体验。可见,儿童游戏权可促进儿童身体与动作的协调健康发展。

(二)儿童游戏权有助于儿童加深认知理解

游戏与认知发展是相互作用的,游戏导致更加复杂和成熟的认知行为,这种更复杂的认知又会影响到游戏的内容。在游戏中,儿童接触到需要作出选择和指导行为的认知任务。儿童对游戏的内容和行为都有控制,他们能够决定去探索熟悉的行为还是去进行在生理上或认知上都有新颖性的活动。"儿童在游戏中发展了从完成任务或解决问题当中产生愉快的倾向,而并非依赖

---

〔1〕　刘智成:《儿童游戏权的概念和特征》,《体育科研》2012 年第 4 期。

成人的表扬和肯定。游戏活动也扩展了儿童的经验,进而增加了解决下一个问题的办法。当解决问题的技能发展了,儿童就建立了物体、词语和思想之间的关系,并且可以把它应用到新的情景中"。[1] 在儿童期,心灵成长所需食谱中最主要的成分是游戏和语言。儿童在游戏中,可以对自己感兴趣的事物进行多样化的探索,根据自己的兴趣和好奇心来模仿和再现周围的人和事物,来使自己理解和影响环境的需要得以满足,因而游戏可以加深儿童认知发展的需要。

(三)儿童游戏权有利于激发儿童社会情感的发展

游戏是一个练习成人生活中需要社会技能的场所。因为游戏必须要考虑其他人的角色,儿童因此产生了社会性理解。因此,游戏也是产生对他人的同情,减少自我中心主义的桥梁。"因为儿童在一个情感安全的环境中探索新奇的事物,就可以自由地表达各种情感。儿童以游戏来克服和控制那些过去和当时复杂混乱的情绪。从某种意义上说,游戏是自我实现的途径"。[2] 将恐惧和焦虑戏剧化,能够使儿童更加了解自己,并给予他们一个克服生活中障碍和两难境地的途径。此外,儿童还通过游戏学习到享受与他人持续交往的快乐,必须控制攻击性行为及必须遵守许多的内部规则。与同伴的象征性游戏提供了他人对儿童的行为作出反应的机会,来自伙伴的压力就会增加自控而减少冲动性。因此,儿童游戏权为儿童学习角色和社会规则提供了非正规的舞台,激发了儿童社会情感的发展。

三、儿童游戏权的性质

(一)儿童游戏权是专属于儿童的权利

美国心理学家爱利克·埃里克森(Erik H. Erikson)曾言:"自由在何处止步或被限定,游戏便在哪里终结。"这实际上道出了游戏的本质特性:游戏是儿

---

[1] [美]托尼·W. 林德:《在游戏中评价儿童——以游戏为基础的跨学科儿童评价法》,陈学锋等译,华东师范大学出版社 2008 年版,第 27 页。

[2] [美]托尼·W. 林德:《在游戏中评价儿童——以游戏为基础的跨学科儿童评价法》,陈学锋等译,华东师范大学出版社 2008 年版,第 28 页。

童的游戏,儿童是游戏的主人。因此,游戏中儿童有权决定游戏的一切,玩什么、怎样玩、和谁玩以及在什么地方玩等都是儿童自己的事情,游戏是非强制性的。[1] 儿童游戏权是最能反映儿童不同于成人特点的一项特殊权利。儿童是具有独立人格的权利主体,是不同于成人的正在成长发展中的人。就像成人需要工作一样,儿童需要游戏,游戏是专属于儿童的权利。有一位西方教育心理学家曾经说过:"要求一个孩子在游戏之外的某种基础上进行工作,无异于一个蠢人在春天摇晃苹果树而向往得到几个苹果。他不仅得不到苹果,还会使苹果花纷纷落地,本来在秋天能得到的果子也就无望了。"[2] 游戏对于儿童而言,不仅是他们实践社会生活的桥梁,也是他们全面发展的需要。儿童除了满足生理需求外,还要通过游戏来满足精神的需求。对于儿童来说,我们要善于利用游戏来调节儿童的学习,充实他们的生活,发展他们的志趣,陶冶他们的情操,促进他们身心和谐发展。游戏是儿童的天性,顺应其天性,儿童才会有健康的人格。尽管儿童因为自身的弱小和不成熟,在行使游戏权利时需要成人的保护,以防止和排除来自外界的损害和来自他人的侵害,但这绝不意味着儿童不享有自由游戏的权利。游戏是儿童日常生活的一部分,儿童是在游戏的环境中逐渐长大的。因而,游戏权是专属于儿童的一项特殊权利。

(二)儿童游戏权是一种发展权

如前所言,《儿童权利公约》第31条已区分了"休息和闲暇的权利"、"游戏和娱乐的权利"与"自由参与文化生活和艺术的权利"。可见,我们不能把游戏看成是"休息与闲暇"的权利。如果我们仅从"休息与闲暇"的权利视角来看待儿童游戏权,我们就难以保障儿童游戏权的实现,也难以解决儿童教育领域中长期存在的理论上、口头上重视游戏,而实践上、行动上却轻视游戏的"游戏困境"问题。高尔基曾说过:"游戏是儿童认识世界和改造世界的途径。"因此,游戏是儿童智力发展的动力,它能激发儿童的求知欲与创造力,且可使儿童掌握一些知识技能,形成对待事物的正确态度,促进儿童全面发展。

儿童享有主动发展的机会,游戏权为儿童的心理、生理、精神、道德和社会

---

〔1〕 邱学青:《学前儿童游戏》,江苏教育出版社2008年版,第78页。

〔2〕 邱学青:《学前儿童游戏》,江苏教育出版社2008年版,第78页。

性等方面的发展提供了保证。游戏可以使儿童身体各部分器官得到合理的锻炼,大到跳、跃、追、跑的游戏,小到绘画、拼图等游戏,均可促进儿童大、小肌肉的发育、促进骨骼、关节的灵活与协调。儿童在不同的游戏中,身体变得越发结实、健康;在与外界环境的多方面刺激中,变得反应迅敏;在欢快的游戏中,掌握各种技能,增强了对外界环境的适应能力。游戏为儿童身体的正常发育提供了许多必要的动作和运动机会,锻炼了儿童的身体,增强了儿童的体质。另外,儿童通过对身体、形象和生理能力的感知也能够产生某些方面的自信。因此,从游戏有利于儿童发展的视角来看,儿童游戏权在本质上是一种发展权。

四、儿童游戏权的法规范分析

(一)国际法规范

1948 年《世界人权宣言》[1]与 1966 年《经济、社会及文化权利国际公约》[2]只是对"休息与闲暇的权利"作了规定,两者并未言明"儿童游戏"的权利。

最早对儿童游戏权作出规定的是 1959 年《儿童权利宣言》,该宣言原则七第 3 款规定:"儿童应有游戏和娱乐的充分机会,应使游戏和娱乐达到与教育相同之目的;社会和公众事务当局应尽力设法使儿童得享此种权利。"不过,由于该宣言是联合国大会通过的一项决议,其本身不具有直接的法律效力。

正式确认儿童游戏权的国际公约是《儿童权利公约》,该公约第 31 条规定:"缔约国确认儿童有权享有休息和闲暇,从事和儿童年龄相宜的游戏和娱乐活动,以及自由参加文化和艺术活动。缔约国应尊重并促进儿童充分参加文化生活和艺术的权利,并应鼓励提供从事文化、艺术、娱乐和休闲活动的适当和均等的机会。"需要注意的是,第 31 条已经区分了"休息和闲暇的权利"、"游戏和娱乐的权利"与"自由参与文化生活和艺术的权利",表明"游戏和娱乐的权利"与"休息和闲暇的权利"并非属于主从关系,而是属于并列关系。可

---

〔1〕 第 24 条规定:"所有的人均享有休息和闲暇的权利,包含工作时间有合理限制和定期给薪休假的权利。"

〔2〕 第 7 条(丁)款规定:"本公约缔约各国承认人人有权享受公正和良好的工作条件,特别要保证:(丁)休息、闲暇和工作时间的合理限制,定期给薪休假以及公共假日报酬。"

见,关于儿童游戏权的权利属性,并不附属于"休息和闲暇的权利"之下,而属于一种独立的权利类型。1990 年通过的《非洲儿童权利与福利宪章》也对儿童游戏权作了规定。[1]

(二)国内法规范

1991 年制定的未成年人保护法(2012 年第二次修正)被誉为是中国儿童权利保护宪章,该法对包括儿童游戏权在内的各种权利作出了较为全面而系统的规定。第一,对学校作为儿童游戏权的义务主体作出规定。如第 20 条规定:"学校应当与未成年学生的父母或者其他监护人互相配合,保证未成年学生的睡眠、娱乐和体育锻炼时间,不得加重其学习负担。"第 22 条第 2 款规定:"学校、幼儿园、托儿所不得在危及未成年人人身安全、健康的校舍和其他设施、场所中进行教育教学活动。"第二,对政府作为儿童游戏权的义务主体作出规定。如第 29 条规定:"各级人民政府应当建立和改善适合未成年人文化生活需要的活动场所和设施,鼓励社会力量兴办适合未成年人的活动场所,并加强管理。"第三,对游戏设施或产品的安全与健康标准作出规定。如第 35 条规定:"生产、销售用于未成年人的食品、药品、玩具、用具和游乐设施等,应当符合国家标准或者行业标准,不得有害于未成年人的安全和健康;需要标明注意事项的,应当在显著位置标明。"第 65 条规定:"生产、销售用于未成年人的食品、药品、玩具、用具和游乐设施不符合国家标准或者行业标准,或者没有在显著位置标明注意事项的,由主管部门责令改正,依法给予行政处罚。"

我国义务教育法也对儿童游戏权作出了规定。如第 37 条规定:"学校应当保证学生的课外活动时间,组织开展文化娱乐等课外活动。社会公共文化体育设施应当为学校开展课外活动提供便利。"

《幼儿园工作规程》(1996 年)也规定儿童享有游戏的权利。如第 25 条规定:"游戏是对幼儿进行全面发展教育的重要形式。应根据幼儿的年龄特点选择和指导游戏。应因地制宜地为幼儿创设游戏条件(时间、空间、材料)。游戏

---

[1]　该宪章第 12 条规定:"缔约国承认儿童拥有休息及闲暇的权利,有从事适合其年龄的游戏和娱乐活动的权利,以及自由参加文化生活与艺术的权利。缔约国应尊重、促进儿童全力参与文化与艺术生活的权利,并应鼓励提供适当的文化、艺术、娱乐及休闲活动的平等机会。"

材料应强调多功能和可变性。应充分尊重幼儿选择游戏的意愿,鼓励幼儿制作玩具,根据幼儿的实际经验和兴趣,在游戏过程中给予适当指导,保持愉快的情绪,促进幼儿能力和个性的全面发展。"

《幼儿园教育指导纲要(试行)》(2001 年)在总则中提出:"幼儿园教育应尊重幼儿的人格和权利,尊重幼儿身心发展的规律和学习特点,以游戏为基本活动,保教并重,关注个别差异,促进每个幼儿富有个性的发展。"

国务院 2003 年制定的《特种设备安全监察条例》(2009 年修订)对儿童游乐设施安全作了全面规定。第一,对儿童游乐设施的生产作出规定。如第 12 条规定:"锅炉、压力容器中的气瓶(以下简称气瓶)、氧舱和客运索道、大型游乐设施以及高耗能特种设备的设计文件,应当经国务院特种设备安全监督管理部门核准的检验检测机构鉴定,方可用于制造。"第二,对儿童游乐设施的使用作出规定。如第 34 条规定:"客运索道、大型游乐设施的运营使用单位在客运索道、大型游乐设施每日投入使用前,应当进行试运行和例行安全检查,并对安全装置进行检查确认。电梯、客运索道、大型游乐设施的运营使用单位应当将电梯、客运索道、大型游乐设施的安全注意事项和警示标志置于易于为乘客注意的显著位置。"第三,对儿童游乐设施的检验检测作出规定。如第 46 条第 1 款规定:"特种设备检验检测机构和检验检测人员应当客观、公正、及时地出具检验检测结果、鉴定结论。检验检测结果、鉴定结论经检验检测人员签字后,由检验检测机构负责人签署。"第四,对儿童游乐设施的监督检查作出规定。如第 56 条规定:"特种设备安全监督管理部门对特种设备生产、使用单位和检验检测机构实施安全监察时,应当有两名以上特种设备安全监察人员参加,并出示有效的特种设备安全监察人员证件。"第五,对儿童游乐设施的事故预防与调查处理程序作出规定。如第 70 条规定:"特种设备安全监督管理部门应当对发生事故的原因进行分析,并根据特种设备的管理和技术特点、事故情况对相关安全技术规范进行评估;需要制定或者修订相关安全技术规范的,应当及时制定或者修订。"第六,规定了儿童游乐设施安全的法律责任。如第 85 条规定:"电梯、客运索道、大型游乐设施的运营使用单位有下列情形之一的,由特种设备安全监督管理部门责令限期改正;逾期未改正的,责令停止使用或者停产停业整顿,处 1 万元以上 5 万元以下罚款:(一)客运索道、大型游乐设施每日投入使用前,未进行试运行和例行安全检查,并对安全装置进行检查确认的;(二)未将电梯、客运索道、大型游乐设施的安全注意事项和警示标志置于易于为乘客注意的显著位置的。"

五、中国儿童游戏权的法律保障

(一)中国儿童游戏权法律保障存在的问题

1. 成人社会对儿童游戏的价值认识不足,存在"重学轻玩"的观念

我国传统文化认为游戏是不值得提倡的,是浪费时间的。这种观念至今还牢牢地植根于人们的头脑之中,社会判断儿童成功的标准是学业成就而不是游戏,认为游戏是不学无术的。在家庭里,父母普遍对儿童游戏存在认识上的误区。面对日趋竞争激烈的现代社会,在应试教育的压力目前,家长过早地为儿童规划好了未来,不顾儿童的愿望、能力和兴趣,强令儿童从小就学习各种知识和技能,儿童应有的游戏时间被侵蚀了,游戏的权利被剥夺了。就连在幼儿园,我们常听到父母对儿童最关心的问候是:"今天老师上课教了你们什么新知识?"在学校里,教师对儿童游戏同样抱有不正确的认识。"一切为了孩子,为了孩子的一切"是学校教师冠冕堂皇地剥夺儿童游戏权利、窒息儿童活力、抹杀儿童天性的理由。长久以来,因受传统观念及高考指挥棒的影响,以发展智力为主要目标的教育已渗透到了小学,教师在来自外界的重重压力下,加上自己认识上的偏差,以教师、教室和书本作为教学的中心,让儿童在堆积如山的家庭作业中,把儿童游戏的时间侵占了。此外,作为教育主管部门的领导也不重视儿童游戏权。各级教育主管部门的领导,对儿童游戏权的认识不清,教师在教育活动中的支配作用仍居主导地位。因此,政府虽然制定了许多保护儿童游戏权的法规、政策,但在具体实施过程中仍存在形式主义倾向。

2. 规范儿童游戏权的政策与法规有待进一步完善

我国于1991年制定了未成年人保护法(2006年修订),该法被誉为儿童权利保护的宪章。国务院根据世界儿童问题首脑会议提出的全球目标和《儿童权利公约》,又先后制定和颁布了《九十年代中国儿童发展规划纲要》(1992年)、《中国儿童发展纲要(2001—2010年)》(2001年)和《中国儿童发展纲要(2011—2020年)》(2011年)。应当承认,这些法规和政策的颁布,极大地推动了我国儿童权益保护事业的进步与发展。但从严格的角度来看,这些法规和政策,并没有单独将儿童游戏权予以列出,也没有明确地将儿童游戏权予以规定。其中相关条款和保障措施的规定,基本上是基于对儿童的生存、发展与受教育等更具一般性的基本权益的保障而提出的,使得儿童游戏权益的保障以"缺乏保障"的方式潜伏于其他一般性权益的政策规定和制度设计中。如果我们非要从上述法律条款和政策规定中解读出有利于儿童游戏权益保障的因素,也只能勉强地从有关儿童的"体育锻炼""文化娱乐""课外活动""游乐设施"等措辞中去寻找,而"游戏"两字却难以觅见。由于我国法律及相关政策对儿童游戏权规定的模糊性,导致儿童游戏权没有得以充分保障。

有关儿童游戏权的保护问题,我国虽然制定了很多法规政策,但对如何具体实施尚不够完善。如前所言,虽然我国未成年人保护法可勉强推导出儿童享有游戏的权利,且有《幼儿园工作规程》、《幼儿园教育指导纲要(试行)》以及《特种设备安全监察条例》等相关行政法规或部门规章对儿童游戏权作了细化规定,但仍存在立法上的某些不足。例如,目前我国《公共场所管理条例》并未将儿童游乐场所列入自己所调整的范畴。《公共场所管理条例》中规定的7大类28种公共场所并不涉及儿童游乐场所。因此,并无相应的卫生管理标准可针对超市、商场等公共场所内的儿童乐园卫生状况进行有效监管。这种卫生监管的缺失,很可能会危及儿童的身体健康。针对这种情况,有专家建议相关部门可借鉴他国的经验,制定一套严格的儿童乐园设置与经营制度,并将其纳入统一管理。如在德国,法律规定在每个生活住宅区,均须配备供儿童玩耍的儿童乐园。儿童乐园属于公共场所,由地方政府部门规划、建造和管理,定期有人打扫、除草、整修等。同时还强调游乐设施需适合儿童,趣味性强,安全可靠。此外,在安全标准、清洁卫生等方面出台强制性措施,做到"有人管、有法依"。[1]

3. 城乡二元结构阻碍儿童平等享有充分游戏的权利

笔者曾到过许多县市的农村考察,发现许多农村地区的儿童游戏设施非常简陋,有些地方甚至根本没有任何儿童游戏设施。就目前的现状而言,我国农村儿童游戏权的保护具有严重的形式主义倾向,主要表现在以下三个方面。

一是儿童游戏设施简陋,存在安全隐患。由于经济发展的不均衡,城市儿

---

〔1〕 段丽萍、刘昕:《首府儿童游乐设施卫生安全隐患大》,《北方新报》2011年6月28日第3版。

童在儿童公园里能尽情享受到现代先进的游乐设施,但对广大农村儿童而言,几乎是看不到的,就更不要说游玩了。农村由于资金上的投入不足,导致无力购买现代化的玩具、设备,且许多设备遭到损坏后不能得到及时修理,留下许多安全隐患。正如我们通常所看到的那样,"螺丝掉了,就用铁丝缠一缠;隔板坏了,就用木板来代替"。许多农村甚至是城市健身广场上的儿童游乐设施已经在风雨中严重老化,儿童在上面玩耍存在很大的安全隐患。此外,能满足残疾儿童需求的游乐设施异常匮乏。正常儿童拥有的游戏设施、玩具设备,通常不能满足身心残疾儿童的特殊需要。因而,农村残疾儿童的游戏权利更是成为被遗忘的角落。

二是儿童游戏的活动场地不足。随着近年来新农村建设的推进,许多农户也住进了崭新的住宅小区,高楼大厦纷纷平地而起,小区内儿童活动的场地也越来越少。尽管政府设有儿童公园等儿童公共娱乐场所,为儿童游戏提供了活动场所和机会,但在昂贵的价格面前,许多农村的父母不得不限制儿童游玩的次数和种类,儿童无法尽情地游戏,游戏愿望不能得到充分的满足。

三是儿童玩具设计不合理,价格昂贵,导致大多数农村家庭无力购买。首先,儿童玩具的设计不合理,甚至存在有害儿童健康的情形。在形形色色的儿童玩具市场上,我们发现科技给儿童玩具带来诸多变化的同时,也发现许多玩具的设计和生产存在某些缺陷。比如,儿童玩具手枪能够发射出豌豆大小的塑料子弹,在游戏中很容易误伤其他儿童甚至成人。又如有些儿童玩具的内部填充物是废弃的垃圾,达不到儿童用品的健康标准。其次,市场上的儿童玩具价格昂贵,令人咋舌。笔者曾陪同女儿到超市去购买儿童玩具,发现许多玩具的标价超出了一般人的承受能力。比如一个书本尺寸宽的盒子装的芭比娃娃,标价200多元。这在农村,需要约200斤水稻才能换取这样的玩具。由于儿童玩具设计得不合理以及可能存在的有害于儿童健康的安全隐患,加上价格上的不合理,导致农村地区玩具品种的不健全,影响了儿童游戏的质和量。

(二)中国儿童游戏权法律保障的完善思路

1. 树立正确的儿童游戏观,还儿童真正的游戏权

众所周知,游戏对于儿童的全面和谐发展具有无可替代的价值。当前,无

论是作为家庭中的父母、学校中的教师,还是作为教育主管部门的领导,均需要改变传统的陈旧观念,树立正确的儿童游戏观,将真正的游戏权归还给儿童。对于正在成长发育的儿童来说,游戏不仅不会妨碍他们的学习,反而可以成为一种天然的学习途径。儿童在游戏中学会与他人沟通、交流、处理各种难题。在游戏中,儿童可以获得各种社会技能,体验愉悦、紧张、失望等各种情绪反应。正如有学者提出:"文明是在游戏中并作为游戏而产生和发展起来的。"[1]儿童游戏权作为儿童的一项特殊权利,要像儿童其他权利一样受到重视,成人社会不能用自己的一套价值标准来衡量游戏权的价值。只有当成人社会普遍树立起尊重儿童、尊重儿童游戏权利的观念,儿童享有真正的游戏权就为期不远了。

2. 完善相关法律制度,明确规定儿童游戏权

如前所述,我国现有法律和政策并未明确规定儿童享有游戏权。对于这样一种儿童特殊权利,我们不能仅仅依靠国家的政策来保障,而要注重通过专门性的儿童立法来加以保障。当前,我们可以通过修改未成年人保护法等相关法律法规,将儿童游戏权明确纳入法律的调整范围。同时,我们要注意各种法律法规之间的协调性。游戏权的保障不是某一部单行法律法规能够完成的,它需要一系列相关法律法规才能完成。因此,我们要借鉴国外经验,通过完善相关法律制度,以保障我国儿童依法充分享有游戏的权利。

3. 消除城乡间的差异,保障所有儿童均能平等享有游戏权

解决城乡之间的不平等差异,关键还是要发展农村经济。针对农村地区普遍存在的游戏场地不足、游乐设施简陋的现状,政府部门要加大财政支持力度,修建更多的游乐场所,安装更好的游乐设施,以满足农村儿童游戏的需求。同时,政府要加强对儿童游乐设施的监管,对于存在安全隐患的游乐设施,要及时修理或更换。对于生产不合格的游戏产品,要坚决阻断其进入市场流通领域。针对现代游戏产品价格昂贵的现状,我们建议,大力发展一些传统的游戏项目,使农村儿童不因买不起昂贵游戏产品而丧失充分游戏的权利。另外,无论是对于农村儿童还是城市儿童,其游戏产品的健康标准始终要强化,要坚

---

〔1〕 〔荷〕约翰·胡伊青加:《人:游戏者——对文化中游戏因素的研究》,成穷译,贵州人民出版社1998年版,第17页。

决杜绝有害于儿童健康的游戏产品进入市场。令笔者担忧的是,作为儿童游戏主要形式的网络游戏,由于没有分级制度,许多游戏充满了性和暴力等不健康内容,严重毒害了儿童纯洁的心灵,这需要我们借鉴国外的立法经验来保障儿童健康的游戏环境[1],否则,儿童享有充分游戏的权利就会成为一句空话。

---

[1]　在这方面,我们可借鉴美国的经验,美国于 1996 年制定了《电信法》,要求广播公司、电报公司及电影公司为基于暴力程度及两性内容的电视节目实施自动分级制度。1998 年又制定了《儿童在线保护法》来约束儿童获取网络色情。

第六章
儿童免受虐待权

儿童免受虐待已经成为国际社会的基本共识。但近年来,我国有关儿童受虐的新闻仍不绝于耳,如"父亲性侵亲生女儿 10 年"[1]"教师用熨斗烫幼儿"[2]"11 岁女孩惨遭'烙刑'"[3]"男童臀部被割数 10 刀"[4]等。这些荒诞不经、骇人听闻的"虐童"事件尽管引来无数媒体的热切关注,甚至也引发了全社会为儿童权利的呐喊,但终究只是停留于道德层面的谴责,最多只是对虐童者予以一定的处罚[5],而鲜有从儿童法治建设视角反思如何杜绝此类悲剧的发生。其实,许多虐童事件发生前已有征兆,但因我们没有专门儿童虐待[6]防治法,无法实施有效的介入处理,终而让无可挽回的憾事发生。于此,笔者试图通过对儿童虐待的含义、体罚的法律界定及禁止体罚之例外、儿童免受虐待权的法律规定及域外儿童免受虐待权的立法保障等问题的分析,就我国儿童免受虐待权法律保障存在的问题提出相应的完善建议,以期对我国儿童权利保护有所裨益。

一、儿童虐待的含义[7]

(一)儿童虐待的概念

近年来,学界对儿童虐待概念的探讨非常深入。在我国台湾地区,有许多

---

〔1〕 魏徽徽:《父亲性侵犯亲生女儿 10 年,母亲担心声誉选择沉默》,《信息时报》2010 年 8 月 3 日第 3 版。

〔2〕 鲁岳凌:《江苏用熨斗烫 7 名幼儿,老师被拘 10 日罚款 500 元》,《扬子晚报》2010 年 12 月 19 日第 2 版。

〔3〕 吴高栋、钟炼守:《11 岁女孩惨遭"烙刑"》,《贵州都市报》2011 年 3 月 13 日第 3 版。

〔4〕 沈惠忠:《河北 15 岁男孩打工被虐》,《京九晚报》2012 年 2 月 27 日第 2 版。

〔5〕 如江苏某幼儿园老师易某,先后用熨斗烫 7 名幼儿,只是被处以 10 日拘留和罚款 500 元的处罚。

〔6〕 世界卫生组织于 1999 年对儿童虐待作了如下描述:儿童虐待是指对儿童有义务抚养、监管及有操纵权的人作出的足以对儿童的健康生存、生长发育及尊严造成实际的或潜在的伤害行为,包括各种形式的躯体和情感虐待、性虐待、忽视及对其进行经济性剥削。

〔7〕 原文题为《我国儿童虐待防治法律制度的完善》,《法学杂志》2012 年第 10 期。

学者对此予以了分析。在社会学、心理学者的研究文献中，有学者认为，儿童虐待通常是指父母或负有照管责任之人，因故意或疏忽，造成儿童之身体、生理、心理以及基本权益之损失与伤害，甚至造成死亡或难以恢复之损害结果。[1] 有学者认为，儿童虐待是指父母或监护人，或有责任照顾儿童者，有意无意暴力殴打儿童身体的"身体虐待"或阻碍儿童情绪发达之侮辱、冷淡、歧视等态度与言行的"心理虐待"，或为作为性欲发泄对象的"性虐待"，以及疏忽或拒绝养育、保护医疗的"生存虐待"或其他如疏于管教、督导等，使儿童一再遭受生理或心理上的威胁或伤害行为，或有受到威胁之虞者。[2] 世界卫生组织于 1999 年对儿童虐待作了如下描述：儿童虐待是指对儿童有义务抚养、监管及有操纵权的人作出的足以对儿童的健康生存、生长发育及尊严造成实际的或潜在的伤害行为，包括各种形式的躯体和情感虐待、性虐待、忽视及对其进行经济性剥削。

（二）儿童虐待的分类

1. 家庭虐待、机构虐待、社会虐待

依据虐待发生的场域之不同，我们可将儿童虐待细分为家庭内虐待、机构内虐待和社会式虐待三种类型。第一类是家庭内虐待。这里的家庭既包括原生家庭也包括收养家庭和同居家庭等。虐待行为的实施者可能是孩童的父母、兄弟姐妹、家属或主要照管者。主要的虐待形式包括身体上的虐待、精神上的虐待、性的虐待以及疏于照顾等。虐待的具体行为表现为殴打、烫伤、撞、砸、冷嘲热讽、口语暴力、性侵害、强迫性交易、漠视以及不满足儿童基本需求等。第二类是机构内虐待。这里的机构主要包括中小学校、托儿所、幼儿园、儿童福利院等。施虐者主要包括机构工作人员、主要照顾者、其他受安置者或其亲友等。虐待的具体行为表现为不当管教、体罚、单独禁闭、嘲弄、有损儿童人格的谩骂、不当使用药物、未提供足够食物或衣物、性侵害或性剥削等。第三类是社会式虐待。所谓社会式虐待是指受虐情境发生于儿童所处的周围社会中，由于社会的行动、普遍的信念、社会的价值等对儿童虐待有不正确的观

---

〔1〕　邓瑞隆：《儿童虐待与少年偏差》，心理出版社 2006 年版，第 1 页。
〔2〕　江亮演：《儿童虐待与处遇》，《中华文化双周报》1993 年试刊 1 号，第 82 页。

念,对儿童的健全成长产生不利之影响。主要的不当社会行为包括不适宜的教养文化、性别刻板印象、默许以暴力方式管教儿童等。[1]

2. 身体虐待、精神虐待、性虐待、疏忽

依据虐待行为之模式,我们可将儿童虐待区分为身体虐待、精神虐待、性虐待与疏忽四种类型。第一类是身体虐待。身体虐待是指通过作为或不作为的方式导致儿童死亡、受伤、健康受损、生理功能受损或衰减,或者指孩童身体因受暴力而留下临床可检验的伤害。[2] 从外部身体与内部脏器的损害指标来看,有瘀伤、烧烫伤、割伤、擦伤、刺伤、骨折以及脏器伤等,一般人可以通过外部观察予以发现。第二类是精神虐待。精神虐待可细分为主动精神虐待和被动精神虐待两种情形。前者主要来自家庭和教育机构,其表现是对儿童进行威胁、贬损、侮辱、过度惩罚、戏弄刁难等;而后者则主要表现为没有满足儿童的情感需求、对儿童漠不关心。第三类是性虐待。性虐待主要包括性妨碍和性剥削。有学者指出,两者的不同在于,性剥削着眼于不断榨取儿童或少年之性活动及其劳力,而性妨碍乃是基于其意思自主决定或者行为方面有所伤害。性妨碍与性剥削有程度上之不同,且性剥削存有反复继续性之特性,因此其防治手段也应当有所不同。[3] 性虐待包括的行为通常有性胁迫、强暴、猥亵、性行为展示、恋童癖、娼妓以及让孩童从事色情交易等。第四类是疏忽。疏忽主要是指儿童照顾者没有提供孩童最基本的维持生存必须或正常身心发展所需的照顾程度。比如,照顾者因疏忽没有提供必需的食物、衣服、居住环境、医疗,或者将儿童放置在危险环境里,对儿童的身心健康或福祉有害,而未能适度避免该危险。疏忽又可细分为生理需求疏忽、教育需求疏忽和情感需求疏忽三种类型。生理需求疏忽包括拒绝或延迟提供或不提供食物、医疗等生理需求品,或遗弃儿童。教育需求疏忽包括未协助儿童注册就学,放任儿童逃学或者中途辍学。情感需求疏忽包括拒绝或者延迟给予感情需求的照顾、允许儿童从事非行等。[4]

---

〔1〕 余汉仪:《儿童虐待:现象检视与问题反思》,巨流出版公司1996年版,第25页。

〔2〕 余汉仪:《儿童虐待:现象检视与问题反思》,巨流出版公司1996年版,第28页。

〔3〕 林宜桦:《受虐子女权益暨亲权之研究:以民事保护令、保护安置为中心》,2007年国立台北大学法学系硕士学位论文,第11页。

〔4〕 孙奇芳:《建构保护受虐儿童权益之法制研究:以儿童保护请求权为中心》,2009年国立高雄大学法律学系研究所硕士学位论文,第13—14页。

二、体罚的法律界定及禁止体罚之例外

(一)体罚的法律界定

对儿童的虐待包括体罚。关于"体罚"的含义,目前我国国内法对此并没有明确界定。根据联合国儿童权利委员会之定义,所谓体罚是指凡是施用身体力量,以造成儿童某种程度痛苦或不适感为意图之惩罚,不论其程度多轻微。此种施用身体力量之方式,包括行为人以徒手或使用工具等直接或间接的作为。其施用的行为人,不论是亲自作为或指示他人或指示儿童自己行使,均视为行为人本人之作为。通常的惩罚方法主要有掌掴、拍打、鞭打、踢踹、摇晃或丢掷、抓括、捏、咬、拉扯、刮打、烧烫、强迫吞灌喂食及罚跪、罚站、罚跑步等,足以侵入身体的各种不当手段。通常使用的工具主要有针管、皮鞭、竹杖、棍棒、皮带、鞋子、木汤匙等,足以侵入身体的任何器物工具。对儿童的体罚最经常发生的场所是学校和家庭。令人吃惊的是,迄今为止,全世界仅有区区15个国家彻底废除了体罚。[1] 禁止对儿童实施体罚至少有以下两点理由:第一,对待身心尚未成熟的儿童来说,由于犯错就以体罚的方式对待他们,这显然是一种不文明的野蛮行为,因为对于身心成熟的成人在其所触犯的法律与损害的利益比儿童更值得非难之情况下并不会受到此类体罚对待。第二,社会一旦让体罚成为一种对待儿童的习惯,就很容易使人误以为只要年幼、心智不成熟就可以以此种方式对待他们,那么他们日后也会以同样的方式对待他们的后代,以致形成另一种制度性暴力。[2]

(二)体罚与相关概念间的区别

辅导是以非权力性的咨商、恳谈、建议、说明、劝诱等方式,针对个别学生施以心理上之影响,借此改变学生的观念或行为。从此定义来看,教师采用辅导的手段,不是基于上下级之间的关系,而是将学生视为朋友,对学生进行引导。管教则是以具权力性的惩罚、制裁等强制手段或非权力性的建议、劝道、

---

〔1〕　这15个国家分别是奥地利、芬兰、拉脱维亚、克罗地亚、德国、挪威、塞浦路斯、以色列、瑞典、丹麦、冰岛、乌克兰、罗马尼亚、保加利亚、匈牙利。

〔2〕　张爱宁:《国际人权法专论》,法律出版社2006年版,第344—345页。

纠正、指示等手段来管理学生外在的行为,以事先避免或事后矫正偏差行为之产生。[1] 而惩戒涉及的是权力性手段之管教,其为学校或教师实现教育目的,借由物理上或心理上的强制力,对于违反特定义务之学生,所采取的非难性或惩罚性措施,学生因此受到不利益或精神上、身体上的痛苦。从上述分析来看,辅导是以非权力性手段来引导学生,管教则包含了权力性与非权力性手段。因而,辅导和管教有其交叉之处。至于管教与惩戒间的区别在于:管教不一定会导致学生不愉快,而惩戒则会给学生造成痛苦感;惩戒仅为管教的方式之一。可见,体罚实质上属于事实惩戒的范围,只是其所涉及的范围较惩戒更窄一些。惩戒是管教的一部分,而体罚又是惩戒的一部分。

(三)禁止体罚之例外

联合国儿童权利委员会定义指出,在特殊情形下,可能因为面对危险行为,而有正当理由以适当的管束行动来控制该行为,则可阻却违法而不被认定为体罚行为。此项正当理由是以"出于保护儿童或其他人而使用强制力"为限,此与为了惩罚而使用强制力是明显不同的。但是,强制力的使用必须遵守"在最短期间和使用最低必要强制力的原则",并有详细的导引与训练,使尽量"降低使用强制力的必要性、确保使用时的环境是安全且合乎比例原则且不可故意将痛苦加诸他人"三个要件。

三、儿童免受虐待权的法规范分析

(一)国内法规范

目前,我国已经制定了不少保障儿童权利的法律、法规,但尚未有规制儿童虐待的专门立法,有关防治儿童虐待的立法分散在宪法、未成年人保护法、义务教育法、民法、婚姻法、刑法等法律中。具体而言,儿童虐待防治立法主要包括以下法律。

1. 专门性儿童法律

我国专门性儿童法律有三部,即未成年人保护法、预防未成年人犯罪法和

---

[1] 周志宏:《教育法与教育改革》,稻乡出版社1997年版,第407页。

义务教育法。其中预防未成年人犯罪法主要是从如何预防未成年人犯罪着手，对未成年人的不良行为进行预防和矫治。该法并未对儿童虐待防治作出规定。义务教育法是保障儿童受教育权得以实现的专门性儿童立法。该法仅有一个条款涉及儿童虐待防治问题，即第29条第2款规定："教师应当尊重学生的人格，不得歧视学生，不得对学生实施体罚、变相体罚或者其他侮辱人格尊严的行为，不得侵犯学生合法权益。"可见，义务教育法只是对教师体罚学生的行为作出禁止性规定。

未成年人保护法被誉为我国儿童权利保护宪章。该法就如何防范儿童虐待作了较全面规定。第一，规定了儿童虐待的举报主体。如第6条第2款规定："对侵犯未成年人合法权益的行为，任何组织和个人都有权予以劝阻、制止或者向有关部门提出检举或者控告。"第二，明令禁止父母或其他监护人虐待儿童。如第10条第2款规定："禁止对未成年人实施家庭暴力，禁止虐待、遗弃未成年人，禁止溺婴和其他残害婴儿的行为，不得歧视女性未成年人或者有残疾的未成年人。"第三，禁止教师虐待、体罚儿童。如第21条规定："学校、幼儿园、托管所的教职员工应当尊重未成年人的人格尊严，不得对未成年人实施体罚、变相体罚或者其他侮辱人格尊严的行为。"第四，禁止儿童救助机构、儿童福利机构等社团或个人虐待儿童。如第41条第1款规定："禁止拐卖、绑架、虐待未成年人，禁止对未成年人实施性侵害。"第43条第3款规定："未成年人救助机构、儿童福利机构及其工作人员应当依法履行职责，不得虐待、歧视未成年人；不得在办理收留抚养工作中牟取利益。"第五，设立监护人撤销制度来保护受虐儿童。如第53条规定："父母或者其他监护人不履行监护职责或者侵害被监护的未成年人的合法权益，经教育不改的，人民法院可以根据有关人员或者有关单位的申请，撤销其监护人的资格，依法另行指定监护人。……"第六，设定法律责任来阻止儿童虐待行为的发生。如第62条规定："父母或者其他监护人不依法履行监护职责，或者侵害未成年人合法权益的，由其所在单位或者居民委员会、村民委员会予以劝诫、制止；构成违反治安管理行为的，由公安机关依法给予行政处罚。"第63条第2款规定："学校、幼儿园、托儿所教职员工对未成年人实施体罚、变相体罚或者其他侮辱人格行为的，由其所在单位或者上级机关责令改正；情节严重的，依法给予处分。"

2. 非专门性儿童法律

除上述法律对儿童虐待防治作出规定外,我国还有宪法、民法、刑法等在内的非专门性儿童法律也对此作出明确规定。宪法第49条第4款规定:"……禁止虐待老人、妇女和儿童。"婚姻法第3条第2款规定:"禁止重婚。禁止有配偶者与他人同居。禁止家庭暴力。禁止家庭成员间的虐待和遗弃。"婚姻法第27条第1款规定:"继父母与继子女间,不得虐待或歧视。"刑法第260条规定:"虐待家庭成员,情节恶劣的,处二年以下有期徒刑、拘役或者管制。犯前款罪,致使被害人重伤、死亡的,处二年以上七年以下有期徒刑。第一款罪,告诉的才处理……"。可见,非专门性儿童法律只是对儿童虐待作出一般性禁止规定。

(二)国际法规范

让儿童在和平、尊严、宽容、自由、平等和团结的精神下成长是《儿童权利公约》的重要思想。《儿童权利公约》首次确认儿童享有免受虐待的权利。《儿童权利公约》第19条第1款要求缔约国采取一切适当的立法、行政、社会和教育措施,保护儿童在受父母、法定监护人或其他任何负责照管儿童的人照料时,不致受到任何形式的身心摧残、伤害或凌辱、忽视后照料不周、虐待或剥削,包括性侵犯。公约第2款要求缔约国采取的保护性措施应酌情包括采取有效程序以建立社会方案,向儿童和负责照管儿童的人提供必要的支助,采取其他预防形式,查明、报告、查询、调查、处理和追究前述的虐待儿童事件,以及在适当时进行司法干预。

另外,2000年联合国大会通过的《〈儿童权利公约〉关于买卖儿童、儿童卖淫和儿童色情制品问题的任择议定书》专门对儿童遭受性虐待作出了明确的禁止性规定。该任择议定书第10条第1款要求缔约国采取一切必要步骤,加强国际合作,作出多边、区域和双边安排,以防止、侦察、调查、起诉和惩治涉及买卖儿童、儿童卖淫、儿童色情制品和狎童旅游行为的责任者。第3款要求缔约国应当促进加强国际合作,以消除贫困和发展不足等促使儿童易受买卖儿童、儿童卖淫、儿童色情制品和狎童旅游等行为之害的根源。

2002年儿童问题特别联大通过了题为《适合儿童生长的世界》之成果文件,其中《行动计划》就保护儿童不受虐待、剥削和暴力等作出了详细规定。

《行动计划》明确宣示,儿童有权受到保护,免遭一切形式的虐待、忽视、剥削和暴力,社会必须消除对儿童的一切形式的暴力。特别是要求紧急采取协调一致的国家和国际行动,制止对儿童进行性剥削和性虐待,包括利用儿童从事色情、卖淫和恋童癖活动,取缔现有的市场。[1]

四、儿童免受虐待权立法保障的域外考察

(一)美国《儿童虐待防治与处遇法案》

美国素有"儿童天堂"的美誉,有关儿童权利保护的立法相当完备。就儿童虐待防治立法而言,主要有《儿童虐待防治与处遇法案》《收养扶助与儿童福利法》《收养与安全家庭法》《妇女暴力防治法》等。其中《儿童虐待防治与处遇法案》是专门防治儿童虐待的法律,这部法律对保护受虐儿童的权益起到了很大作用。

《儿童虐待防治与处遇法案》是 1974 年由国会通过的,为美国第一个处理儿童虐待的联邦法律。该法于 1978 年、1984 年、1988 年、1992 年、1996 年和 2003 年经过 6 次修订,扩大并细化了法律的内容。美国联邦政府依据这个法案成立儿童虐待防治的专门机构,负责主导规划和协调各部门内外机关的儿童虐待和疏忽防治工作。其工作内容主要包括[2]:(1)设立儿童虐待与疏忽部门,负责协调和统一规划全国各防治机构有关儿童虐待的防治工作。(2)设立儿童虐待与疏忽咨询委员会。该委员会由一群在儿童虐待防治、处遇及研究上具有专业知识的人士组成,负责提出或协调全国有关儿童虐待防治活动的报告,提出法案的修改建议以及整理分析来自全国有关儿童虐待的各种资料等。(3)设立国家儿童虐待信息交流中心,负责保存、协调和宣传所有相关获得的信息与有用的资料,如有关儿童虐待防治、评估、鉴定和处遇计划等资料。(4)从事各领域有关儿童虐待防治工作的研究、资助各州预防虐待和忽视儿童及处理的项目等。(5)辅助州政府制定和执行有关儿童虐待和疏忽的防

---

〔1〕　全国妇联国际部编:《联合国妇女儿童重要文件汇编》,中国妇女出版社 2008 年版,第 236—242 页。

〔2〕　孙云晓等主编:《当代未成年人法律译丛》(美国卷),中国检察出版社 2006 年版,第 20—70 页。

治计划。(6)同意并辅助有关儿童虐待和疏忽案件的处理、调查和起诉的改进计划。(7)向国会相关委员会提出儿童虐待和疏忽防治计划的成果报告。

(二)日本《儿童虐待防止法》

日本儿童立法也相当完备。就儿童虐待防治立法而言,主要包括《儿童虐待防止法》《儿童福利法》《有关处罚儿童性交易、儿童色情等行为及保护儿童等的法律》等。其中《儿童虐待防止法》是专门立法,对防止儿童虐待、保护儿童权利起了很大作用。

日本《儿童虐待防止法》于 2000 年制定,最终修订于 2004 年。该法主要内容包括以下八个方面[1]:第一,儿童虐待定义的明确化。该法第 2 条对儿童虐待的主体(亲权行使人、未成年监护人及其他正在监护儿童之人),虐待对象(未满 18 岁者)以及虐待行为作了细致的规定。第二,儿童虐待的禁止规定。第 3 条规定:"任何人都不得对儿童实施虐待行为。"第三,关于儿童虐待国家与地方政府的责任。依本法第 4 条由国家及地方政府进行预防与早期发现,且强化各相关省厅间及其他相关机关或民间团体的合作,致力于体制的整合。办理儿童咨询所等相关机构职员的研修及启发活动。第四,儿童虐待的早期发现。列举职务上较多机会接近儿童之关系人,扩大儿童虐待通报义务范围。第五,关于儿童虐待通报。尽管儿童福利法也有规定,但本法第 6 条又规定儿童虐待的义务。第六,受虐儿童的保护。第 8 条规定由儿童咨询所所长对受虐儿童实施临时性保护。第七,对保护者的义务及限制。第 11 条即规定保护者有受指导的义务。第八,行使亲权注意事项。即指不得以行使亲权为由免除暴行罪、伤害罪等其他犯罪的责任。

五、中国儿童免受虐待权的法律保障

(一)中国儿童免受虐待权法律保障存在的问题

1. 儿童虐待防治立法形式分散、系统性不足

如前所述,我国有关儿童虐待防治的法律规范主要体现在未成年人保护

---

[1] 孙云晓等主编:《当代未成年人法律译丛》(日本卷),中国检察出版社 2006 年版,第 36—43 页。

法中,同时,在宪法、民法、刑法、义务教育法等法律中也有零散规定。但是,我国目前并无专门儿童虐待防治法,现有立法较为分散,缺乏系统性。就未成年人保护法而言,尽管该法被誉为中国儿童权利保护宪章,且对儿童虐待防治的规定较为全面,但总体来看,该法对儿童虐待防治的规定显得散乱,系统性差。首先,该法未能对何谓儿童虐待作出界定。其次,该法虽然对儿童虐待的举报人和禁止主体及受虐儿童的保护制度等内容作了规定,但与其他国家相关立法比较,我国立法缺少对儿童虐待防治的系统全面的法律制度设计,导致儿童虐待现象难以从法律层面得到彻底根治。

2. 儿童虐待报告制度不健全

首先,我国立法缺乏对报告人范围的明确界定。如前所述,未成年人保护法第 6 条是我国唯一规定报告制度的条款,但该法第 2 款规定:"对侵犯未成年人合法权益的行为,任何组织和个人都有权予以劝阻、制止或者向有关部门提出检举或者控告。"显然,此处"任何组织和个人"非常笼统,究竟哪些主体应承担报告责任,法律并未作出明确界定。其次,从该款文义表达来看,我国法律中也缺少儿童虐待的强制报告制度。因为"任何组织和个人都有权予以劝阻、制止或者向有关部门提出检举或者控告"是授权性规范,而不是义务性或强制性规范。换言之,向有关部门报告儿童被虐待是报告主体的权利,而不是一种责任。最后,没有对报告人必须报告的内容作出强制性规定,这就必然会给报告之后的调查与处理程序带来诸多困难,从而削弱报告制度的功能。

3. 儿童虐待调查与处理制度有待完善

虐待儿童的行为被举报之后,受理机构应当对该举报内容进行调查、核实,并对受虐儿童作出临时安置。因而,科学合理的调查程序是确保受虐儿童合法权益的重要保证。然而,我国立法对于儿童虐待案件尚未建立起专门调查与处理制度。对于健康乃至生命受到严重威胁的儿童,缺少紧急救助程序与临时安置机构,立法没有规定何种部门有权力、有责任参与,以及应当采取何种措施来对受虐儿童予以救助。对于被临时带走的受虐儿童,立法也没有规定明确的安置场所。

4. 受虐儿童保护制度设计不科学

首先,对于受父母虐待的儿童,其权益保护人究竟由谁来担任,现有立法没有作出明确规定[1]。其次,为受虐儿童提供保护的刑罚制度规定不合理。如我国刑法第 260 条规定:"虐待家庭成员,情节恶劣的处二年以下有期徒刑、拘役或者管制。犯前款罪,致使被害人重伤、死亡的,处二年以上七年以下有期徒刑。第一款罪,告诉的才处理……"即对此类犯罪,法律要求是"告诉才处理"。但儿童作为无民事行为能力人或限制民事行为能力人,几乎无能力自己告诉。对此,虽然刑法对其作出补充规定,但基于"家丑不可外扬"的陈旧观念,受虐儿童的近亲属几乎很少主动向有关部门告发[2]。最后,相关法律未能对受虐儿童提供适当保护。在国外,对于遭受家庭虐待的儿童,迁离家庭后大多数是送入寄养家庭抚养。但在我国,受虐儿童却无法成为寄养的对象。民政部《家庭寄养管理暂行办法》(2003 年)第 4 条规定:"本办法所称被寄养儿童,是指监护权在县级以上地方人民政府民政部门,被民政部门或者民政部门批准的家庭寄养服务机构委托在符合条件的家庭中养育的、不满十八周岁的孤儿、查找不到生父母的弃婴和儿童。"可见,受虐儿童不属于被寄养儿童,得不到寄养家庭的照护。此外,我国现行收养法也没有将受虐儿童列入可收养儿童之范围[3]。

(二)中国儿童免受虐待权法律保障的完善思路

1. 明晰儿童虐待的定义

如前所言,我国儿童虐待防止立法并未对儿童虐待的含义作出明确界定。对此,我们可参考日本的《儿童虐待防止法》,对儿童虐待作出明确的法律规定。该法第 2 条对儿童虐待的主体、虐待对象及虐待行为作了细致规定。儿童虐待定义的明确化使得行政机构的调查及介入程序更为明确,同时也可避免行政机构与儿童父母之间的冲突。

---

[1] 我国未成年人保护法第 53 条规定:"父母或者其他监护人不履行监护职责或者侵害被监护的未成年人的合法权益,经教育不改的,人民法院可以根据有关人员或者有关单位的申请,撤销其监护人的资格,依法另行指定监护人。"

[2] 胡巧绒:《美国儿童虐待法律保护体系介绍及对我国的启示》,《青少年犯罪问题》2011 年第 5 期。

[3] 收养法第 4 条规定:"下列不满十四周岁的未成年人可以被收养:(一)丧失父母的孤儿;(二)查找不到生父母的弃婴和儿童;(三)生父母有特殊困难无力抚养的子女。"

2. 制定儿童虐待强制报告制度

目前,我国儿童虐待案件的披露绝大部分是因儿童受虐过于严重,经新闻媒介报道后才为公众所知晓。因此,应当制定儿童虐待强制报告制度,及时发现并制止儿童虐待现象的发生。我们认为美国此方面的立法值得借鉴。首先,规定强制报告的义务主体。美国立法对于最有可能接触儿童和发现儿童受虐的人群规定了强制报告的义务。具体而言,强制报告人主要包括幼儿园和中小学教职员工、社会工作者、医务工作者等与儿童接触密切的从业人员。其次,规定强制报告的具体内容。在美国,立法不仅要求报告儿童身体的虐待,如遭受残暴殴打或身体伤害等,而且还要求报告其他情况,如儿童处于人身危险、儿童没有受到必要照顾和监管、儿童毫无必要地经历着严重的情绪问题等。[1]

3. 设立儿童代理人制度

从代理种类来看,一般有法定代理、指定代理和意定代理三种类型。然而,我们要建立的儿童代理人制度,不同于上述三种代理,是一种新的特殊代理制度。笔者认为,我们可从美国立法制度中汲取经验。具体做法是,依照美国《儿童虐待防治及处遇法案》的立法例,建立儿童代理人的角色与定位,以期使儿童在各个保护程序中均能有人为其维护最大利益。无论儿童在上诉、申请安置、解除安置等程序中均有人为其主张利益。这种代理人与律师、诉讼代理人或特别代理人的角色并不相同。[2]　此外,在与律师的分工上是以儿童代理人的意见优于律师,律师必须遵从儿童代理人所为之意见来决定,且儿童代理人所提供的意见必须基于儿童最大利益。

4. 改革儿童收养与寄养法律制度

对于遭受家庭虐待的儿童,安置他们的最好方式也许是寄养在另一个家庭里,甚至是被他人收养。但在我国现行收养法律制度中,收养的一个重要原则是必须征得原生父母的同意。而这样一个原则的设立,在儿童虐待的案件中,如果得不到施虐原生父母的同意,则受虐儿童只能继续留在原生父母的家

---

〔1〕　[美]马克·哈丁:《美国关于保护被虐待和忽视儿童的法律》,《人权》2008 年第 5 期。

〔2〕　林宜桦:《受虐子女权利暨亲权之研究——以民事保护令、保护安置为中心》,2007 年国立台北大学法学系硕士学位论文,第 151 页。

庭中。[1] 这种规定显然违背了儿童最大利益原则,不利于受虐儿童的权利保护。此外,要完善我国儿童寄养方面的立法。如前所述,我国《家庭寄养管理暂行办法》并未将受虐儿童纳入可寄养儿童之范围,导致受虐儿童得不到替代家庭照护。所以,应改革相关立法,将受虐儿童纳入寄养儿童之范围,以最大限度地保护其合法权益。

5. 设立儿童虐待调查与处理制度

前已述及,我国法律只是规定"对虐待儿童的行为,任何组织和个人都有权予以劝阻、制止或向有关部门提出检举或者控告",但对于检举或控告之后如何开展调查与处理却语焉不详,这显然不利于儿童权利的保护。因此,设立儿童虐待调查与处理制度是完善我国儿童虐待防治法律制度的关键一环。笔者认为,美国的做法可供我们参考。在美国,社会服务机构是主要的调查机构。在很多州,社会服务机构被要求在通知的 24 工作小时内开展调查。在大多数案件中,社会服务机构将对家庭做工作,试图让儿童和家庭成员待在一起。但在一些案件中,根据怀疑虐待的严重程度,如果认为儿童处于进一步的虐待或忽视的实质性危险中,儿童会迁离家庭被安置于紧急保护监护机构,一般是儿童庇护所。如果儿童很小,他们会立刻放到事先批准的紧急寄养家庭。当儿童被置于保护性监护后,官员或社会服务机构工作者通常会立刻通知父母或其监护者。在大多数州,社会服务机构并没有独立将儿童送到保护监护机构的权利,他们往往需要得到法院的命令或者法律执行部门的要求才能将儿童从家庭中迁出。[2]

---

〔1〕 李环:《建立儿童虐待的预防和干预机制——从法律和社会福利的角度》,《青年研究》2007 年第 4 期。

〔2〕 胡巧绒:《美国儿童虐待法律保护体系介绍及对我国的启示》,《青少年犯罪问题》2011 年第 5 期。

第七章

儿童适当生活水准权

儿童适当生活水准权既是儿童人权的重要内容,又是维护儿童有尊严生活的重要保障。但是,从全球范围来看,目前世界上尚有许多国家,囿于经济水平或制度问题而不能为本国的儿童提供适当的生活条件。[1] 现阶段,中国儿童约有 3 亿之巨,儿童适当生活水准权实现不容乐观。一方面,我国儿童营养状况存在着明显的城乡差异和地区差异[2];另一方面,"儿童流浪乞讨在现今中国成为常见现象"[3],流浪乞讨儿童以绝对多数呈现快速上升趋势。然而,令人遗憾的是我国儿童适当生活水准权不但法律保障制度尚处在起步阶段,立法规范基本处于缺位状态,而且有关儿童适当生活水准权的研究也极其薄弱[4]。由此可见,儿童适当生活水准权保障理论研究和制度完善在当下的中国显得尤为重要。

一、儿童适当生活水准权的内涵与外延

一般而论,适当生活水准权是指公民免于匮乏和维持满意之生活水准的

---

[1] 根据 D. Gordon 等提出的 Bristol 方法估测,全球 22 亿儿童中,大约有 10 亿儿童生活在贫困中,6.4 亿儿童缺少足够的住房,4 亿儿童没有安全用水,2.7 亿儿童无法获得基本卫生服务。参见魏乾伟等:《儿童贫困与儿童早期发展》,《中国儿童保健杂志》2014 年第 11 期。

[2] 《中国 0—6 岁儿童营养发展报告(2012)》报告显示:儿童营养状况存在显著的城乡和地区差异。1990—2010 年,农村地区 5 岁以下儿童低体重率和生长迟缓率约为城市地区的 3—4 倍,而贫困地区农村又为一般农村的 2 倍,2010 年贫困地区尚有 20% 的 5 岁以下儿童生长迟缓;2006 年卫生部调查显示,中部、西部地区儿童低体重率和生长迟缓率约为东部地区的 2—3 倍。

[3] 陈雄:《流浪儿童乞讨权规制的法理思考》,《法学杂志》2012 年第 4 期。

[4] 笔者以"儿童适当生活水准权"作为主题词在中国知网搜索发现,目前尚无专门研究儿童适当生活水准权研究的期刊论文与硕士学位论文、博士学位论文(搜索时间:2015 年 1 月 13 日)。在国内有关儿童权利的专著当中,"适当生活水准权"更多的是作为儿童一项权利被提及,并未得到系统的论述。

权利[1]。就儿童而言,适当生活水准的保障对于其健康、快乐、幸福的成长至关重要。因此,《儿童权利公约》首次明确了儿童享有适当生活水准权[2],即每个儿童均享有足以促进其生理、心理、精神、道德和社会发展的生活水平的权利,涵盖儿童发展所需生活条件,尤其是在营养、衣着和住房方面。基于规范文本的理解,儿童适当生活水准权包括以下几层含义:首先,儿童适当生活水准权是儿童应有的人权,因此,其权利主体包括全体儿童。其次,儿童适当生活水准权的义务承担者是父母和国家,其中父母是首要义务人,国家是辅助义务人[3]。具而言之,父母在其能力和经济条件许可范围内负有确保儿童发展所需生活条件之首要责任;国家负有采取适当措施帮助父母实现此项权利,并在需要时提供物质援助和资助方案。最后,儿童适当生活水准权的主要内容包括食物权和住房权。

儿童之食物权,是指政府、社会及家庭有义务确保儿童在其任何发展阶段均能平等地获得适足食物及均衡营养的权利,包括四方面的内涵:一是儿童享有适足的食物,也就是儿童不仅仅享有"the right to food",免于饥饿的权利,即一般食物权;还享有"the right to adequate food",免于营养不良的权利,即适足的食物权。二是儿童享有均衡的营养。儿童正处于发育成长的旺盛阶段,营养的摄入不足或过剩均将严重阻碍其身心发育与体格发展,因此营养必须全面均衡,这是儿童食物权的应有之义。三是食品安全,即"食品的生产(种植、养殖)、加工、储藏、运输、包装、销售、消费等环节符合国家强制性质量安全标准和要求,不存在可能损害或给消费者本人及其后代的健康造成潜在风险的有毒、有害物质"[4]。四是满足可持续发展,一方面要保障儿童食物长期可获得及易获得,另一方面要满足当代及将来人们能获得适足、安全的食物。概括而言,食物权核心内容恰如联合国人权委员会指出的那样,"食物在数量和质量上都足以满足个人的饮食需要,无有害物质,并在一定的文化中可以接受;此类食物可以持续、不妨碍其他人权的享受的方式获取"[5]。实质就是食物

---

[1] 郑智航:《适当生活水准权"适当标准"的确定》,《公法研究》(第八辑),浙江大学出版社2010年版,第387页。

[2] 吴鹏飞:《儿童权利一般理论研究》,中国政法大学出版社2013年版,第54页。

[3] 白桂梅、王雪梅:《人权知识未成年人权利读本》,湖南大学出版社2012年版,第49页。

[4] 涂永前:《食品安全权及其法律构造》,《科技与法律》2014年第1期。

[5] 黄金荣:《〈经济、社会、文化权利国际公约〉国内实施读本》,北京大学出版社2011年版,第87页。

的提供与获取的适足性与持久性。

儿童之住房权,是指儿童安全、和平及有尊严地居住于某处的权利。住房权不仅仅意味着头上有一个遮瓦的住处,也不应该将住所完全视为一种商品而已,应当将其视为安全、和平及有尊严地居住于某处的权利。包括:(1)每个儿童均享有平等住房权——住房权适用于全体儿童;(2)每个儿童均享有适当的住房权,数量充足、质量保障及文化上可接受;(3)每个儿童均享有获得不断改进住房条件的权利;(4)每个儿童均有不被强迫迁离的权利,国家、社会和家庭要保证儿童在熟悉的住房环境下成长。总之,儿童之住房权范围涵盖卫生、交通、环境、文化、教育等领域,不仅在于满足儿童生存之需求,更主要的目标在于促进儿童健康与全面的发展。

二、儿童适当生活水准权保障的法理基础

毋庸置疑,儿童是社会共同体中的弱者[1],这是由人之成长的自然规律所决定的,是人类无法回避且应直面的事实。因此,去追问儿童为什么具有柔弱性、依赖性、不成熟性和易受侵害性等特点和处于弱者地位背后的原因是毫无意义的。正如有学者所论证的那样,儿童是由于自然规律所造成的弱者,既是生理上的弱者,也是法律上的弱者,其弱者地位应当得到法律补足[2]。亦如《儿童权利宣言》所示:"儿童因身心尚未成熟,在其出生前和以后均需要特殊的保护和照料,包括法律上的适当保护。"[3]

然而,此种特殊的保护和照料,不仅仅是源于儿童的弱者地位,而且还源于儿童福利原则是社会生活所必不可少的共同准则。儿童是家庭的瑰宝,民族的希望,国家的未来,也是人类文明发展和延续的基础。倘若一个共同体想要可持续生存与发展下去,它就不能忽视下一代的福利。因此,作为社会共同体的利益所在,应该通过各项措施充分提供各种儿童福利,包括保障最大限度地生存与发展,提供健康与保健服务,组织和维持教育,确保适当生活条件,安

---

〔1〕　周永坤:《公民的权利》,人民出版社 2010 年版,第 145 页。

〔2〕　胡玉鸿:《"个人"的法哲学叙述》,山东人民出版社 2008 年版,第 523 页。

〔3〕　胡志强:《中国国际人权公约集》,中国对外翻译出版公司 2004 年版,第 368 页。

排和照顾困境儿童等。[1] 具而言之,儿童福利原则要求共同体成员的所有儿童均必须得到照顾直至其成年并能够照顾自己;所有的组织采取不与该要求违背的方式来从事活动。可见,这一原则赋予了儿童受照顾的权利,且此项权利是无可选择的。与此项权利相对应的义务,首当其冲的是由其父母来承担的。不过,倘若是孤儿或在父母不能履行其义务时,共同体承担一种剩余的义务,负责对儿童有权得到的照顾作出安排。概言之,家庭和社会必须尽其可能,使儿童能够获得相应的物质和精神保障,从而维持适当的生活水准。

实质上,适当生活水准权是儿童的一项基本人权。在全球化、城市化、信息化急速推进的过程中,社会风险骤增,儿童的生存与发展受到的威胁与日俱增,单一的衣、食、住、行已无法满足儿童健康成长之所需,儿童自由而全面的发展还有赖于更高层次的生活条件的提供。从人权理论来说,儿童适当生活水准权之所以被人权化是因为儿童的生存不仅是一种生理意义上的生存,更是一种社会意义上的有尊严的生存。儿童的成长既包括免于因疾病、缺少食物、衣物、居所等威胁的生存状态,也包括精神、情感、认知、社会、文化方面的发展[2]。可见,儿童适当生活水准与儿童生存尊严息息相关,儿童适当生活水准权是儿童人权的重要内容。如果一个儿童被否认享有此项权利,那么他或她也就被否弃了踏入成年生活的希望,也绝无可能有尊严地成长。当然,任何一项权利也只有转化为法定权利之后,才能更好地获得保障。正是基于此,诸多国际公约和国家宪法对儿童适当生活水准权予以了明文规定[3]。

三、儿童适当生活水准权保障的制度模式与国际标准

(一)儿童适当生活水准权保障的制度模式

落实儿童适当生活水准权的方法和手段可依国家不同而不同,每个国家

---

[1] [英]A. J. M. 米尔恩:《人的权利与人的多样性——人权哲学》,夏勇、张志铭译,中国大百科全书出版社 1995 年版,第 57 页。

[2] 张爱宁:《国际人权法论》,法律出版社 2008 年版,第 336 页。

[3] 有关儿童适当生活水准权的国际公约见本文第三部分。笔者研究发现,世界上逾三分之一的国家在其宪法中直接或间接地规定了适当生活水准权。例如,《南非共和国宪法》(1996 年制定,2012 年修正)第 28 条规定,每个儿童享有适当的营养、住房、基本医疗服务和社会服务的权利;《菲律宾共和国宪法》(1987 年)第 15 条第 3 款规定,国家保护儿童获得适当的关心和营养的权利。

均有选择本国办法的酌处空间。因此,也就形成了保障儿童适当生活水准权的不同制度。除去少数直接承认上文所论及的国际条约的内容,通过缔结参加国际公约,使得有关适当生活水准权在国内发生效力,或者更确切地说在国内直接适用国际公约有关儿童适当生活水准权规定的保障方式之外,倘若以宪法文本为考察对象,那么保障儿童适当生活水准权采取的模式主要有以下几个方面。

一是在宪法序言或具体条款中明确规定适当生活水准权或有尊严地活着并适用于全体国民。西班牙、厄立特里亚、特立尼达和多巴哥等国就在其序言中明确提出推动文化和经济的进步以保证所有人良好的生活质量;德国、荷兰、俄罗斯、巴西、孟加拉、哥伦比亚等国在具体条款中规定国民享有适当生活水准之权利,保护人的尊严。如《德意志联邦共和国基本法》第1条规定,人的尊严不可侵犯。尊重和保护人的尊严是全部国家权力的义务。

二是在宪法序言或具体条款中明确规定适足食物权或适当住房权并适用于全体国民。(1)厄瓜多尔、圭亚那、海地、伊朗、巴拿马等国宪法明确提及了适足食物权和适当住房权,如《伊朗伊斯兰共和国宪法》(1979年制定,1989年修正)第3条、第43条规定:建立公正、合理的经济体制以创造福利、消除贫困,消灭在食品、住宅等方面的剥削,为全体公民提供住房、食品、衣物等必需品。(2)墨西哥、葡萄牙、俄罗斯、乌拉圭、比利时等国宪法中明确提及了适当住房权,如《墨西哥宪法》(1917年制定,1983年修正)第4条规定,每个家庭都享有体面和适当住房的权利,法律应规定各种工具和必要的支持,以实现所述目标。《葡萄牙共和国宪法》(1976年制定、1997年修正)第65条第2款规定,所有人包括个人及其家庭,均有权居住在满足卫生和舒适标准且保持个人和家庭隐私的面积适当的住房中。(3)孟加拉国、朝鲜、埃塞俄比亚、尼日利亚、巴基斯坦、乌克兰等国的宪法直接提及食物权,适用于全体国民,如《埃塞俄比亚联邦民主共和国宪法》(1994年)第90条规定,国家资源利用和政策实施都应当以为所有的国民提供食品、社会保障为出发点。

三是在宪法文本中直接规定儿童享有适足食物权、适当住房权以及其他适当生活水准的权利,如《南非共和国宪法》(1996年制定,2012年修正)第28条规定,每个儿童享有适当的营养、住房、基本医疗服务和社会服务的权利;如《菲律宾共和国宪法》(1987年)第15条第3款规定,国家保护儿童获得适当的关心和营养的权利;等等。

　　四是宪法文本中既没有关于适当生活水准权等社会权利的规定,也没有特别针对儿童权利保护的特别条款,儿童适当生活水准权主要是通过国家立法的形式予以确认与保障。此类形式典型的国家就是美国,其关于儿童适当生活水准权的保护主要是体现在其先后颁布的儿童营养法案(The Child Nutrition Act)、健康—无饥饿法(Healthy Hunger－Free Act)、健康无饥饿儿童法(Healthy Hunger－Free Kids Act)等法案[1] 基于这些法案,美国实施了 WIC 项目(The Special Supplemental Nutrition Program for Women, Infants, and Children),为低收入家庭的妇女、婴儿(0—1 岁)和 5 岁以下的儿童提供营养食品、在饮食中补充营养元素、进行营养教育及相关卫生保健和其他社会服务以保障其健康。换言之,凡是居住在美国收入不高于联邦贫困线的 185% 且存在营养风险的以上三类群体均可申请 WIC 援助。迄今为止,美国已有将近 50% 的婴儿和 25% 的 5 岁以下儿童参加到此项目中来,该项目对降低低体重婴儿出生率以及减少患病率,提高美国人口质量发挥着非常重要的作用。[2] 此外,美国还开展了儿童营养改善专项计划[3],包括全国学校午餐计划、学校早餐计划、团体营养计划、特殊奶计划等,保障各地区儿童营养的全面改善。

　　显然,与儿童适当生活水准权相关的权利在大部分国家得到确认,且此种承认往往是与《经济、社会及文化权利国际公约》《儿童权利公约》等对于儿童享有适当生活水准权的承认是建立在同一基础上的。然而,在现实层面对此种权利的尊重、保护和实现还不甚明朗,大多数国家在立法层面尚缺乏对这些权利内容的清晰界定,更遑论对儿童适当生活水准权本身清晰的司法认定。为全方位地实现儿童适当生活水准权,迫切需要制定框架法等具体法律从程序上予以保障。

---

[1]　蔡佳音:《我国 5 岁以下儿童营养问题及影响因素研究》,北京协和医学院 2013 年硕士学位论文,第 38 页。

[2]　刘娟:《美国 WIC 项目及对我国妇女儿童救助制度的启示》,《人口学刊》2011 年第 6 期。

[3]　1946 年,美国对国家学生午餐计划(NSLP)立法。这个首创的全国学校午餐计划是由美国农业部直接管理,负责为全美国 85000 个公立医院(占全部的 93%)和 6500 个私立学校以及 6000 个幼托机构提供餐饮服务。1961 年,美国国会通过的农业法规定,继续补助学生营养供给。1966 年,学生午餐计划有了进一步发展。学校除了提供学生午餐,还根据儿童营养法实施早餐计划(SBP),并与学生奶计划(SMP)相配合。1975 年,美国联邦政府制订了长期营养计划以加强学生生长营养所需。参见[美]卡尔·韦伯:《吃不消食品工业化如何侵蚀我们的餐桌和健康》,顾洁、王苗译,清华大学出版社 2010 年版,第 169—171 页。

（二）儿童适当生活水准权保障的国际标准

适当生活水准权作为一项基本人权不仅在《世界人权宣言》(1948 年) 第 25 条；《经济、社会及文化权利国际公约》(1966 年) 第 11 条；《儿童权利公约》(1989 年) 第 27 条等国际公约之条款中得到了确立,而且还在《德黑兰宣言》(1968 年)、《各国经济权利和义务宪章》(1974 年)、《维也纳宣言和行动纲领》(1993 年)、《北京宣言》和《行动纲领》(1995 年) 及《千年发展宣言和发展目标》(2000 年) 等国际规范性文件中得到了彰显。此外,经济、社会、文化权利委员会通过的第 4 号(1991 年) 和第 12 号(1999 年) 一般性意见对于适当住房权和适足食物权提供了明确的保障标准。

就适足食物权而言,其保障的标准为:一是食物提供与获取的适足性,包括三方面的内容:第一,满足身心发展和体力运动等各方面的饮食需要;第二,食物质量安全,无有害物质;第三,食物能为某一特定文化所接受。二是食物的提供与获取的持久性,也包括三方面的内容:第一,社会能够持续地提供食物供给;第二,个人或家庭在经济上的可获取性;第三,包括婴儿、青少年在内的所有人均必须能够取得食物。就适当住房权而言,其保障的标准为:一是住房权应具有非歧视性,实现人人有权得到和平、有尊严地生活的安全之地;二是住房应具有可提供性,不论使用何种形式,所有人均应该有一定程序的使用保障;三是住房应具有可获得性,即住房费用与收入水平相当,负担得起;低收入或无收入者、特殊群体能够通过国家设立的住房补助制度获得住房;四是住房应具有可接受性,住房应为人们安居的场所。[1] 简言之,政府应当采取一切措施确保其辖区内所有人免于饥饿,享有足够的具有充分营养的、安全的和最低限度的基本粮食;免于流离失所,享有安全、和平及有尊严地居住某处的权利。

毫无疑问,从法理上看,上述国际标准当然适用于儿童适当生活水准权。除此之外,《儿童权利公约》对于儿童适当生活水准权作了较为详细的规定。首先,国家确认每一个儿童均有权享有足以促进其生理、心理、精神、道德和社

---

〔1〕　徐爽编:《人权指南:国际人权保护机制、标准与中国执行情况汇编手册》,法律出版社 2011 年版,第 156 页、第 177—178 页。

会发展的生活水平;其次,父母或其他负责照顾儿童的人负有在其能力和经济条件许可范围内确保儿童发展所需生活条件的首要责任;再次,政府应采取适当措施帮助父母或其他负责照顾儿童的人实现此项权利,并在需要时提供物质援助和资助方案,特别是在营养、衣着和住房方面;最后,政府应采取一切适当措施,向在本国境内或境外儿童的父母或其他对儿童负有经济责任的人追索儿童的抚养费。

概言之,儿童适当生活水准权的国际标准主要体现在国家尊重、保护和实现义务上。一是国家应当尊重儿童现有的获得适当生活水准的机会,避免采取任何可能会妨碍此种机会的措施;二是国家负有保护儿童已获得适当生活水准的权利免受第三方侵害之义务,如防止弱势群体的土地、住房权益受到侵害,保障市场粮食安全和食品价格合理;三是国家应当积极切实地开展活动,加强人们取得和利用相关资源及谋生手段的机会,确保儿童享受适当生活水准。

四、儿童适当生活水准权保障制度的分析

既然我国业已签署并批准加入《经济、社会及文化权利国际公约》及《儿童权利公约》等国际性人权公约,那么就应当履行保障儿童获得适当生活水准权之义务。考究此义务的履行,主要是诉诸以下努力。

(一)宪法关于儿童适当生活水准权的回应

我国1982年宪法并没有对公民适当生活水准权给予明确表达,只是在第44条、第45条确认了国家发展社会保险和社会救济事业之义务。直到2004年宪法修正案在第14条增加规定"国家建立健全同经济发展水平相适应的社会保障制度";第33条中增加规定"国家尊重和保障人权",才奠定了建立健全公民适当生活水准权制度的宪政基础[1]。但此种回应,也仅是广义上的。

(二)法律法规关于儿童适当生活水准权的规定

在我国与适当生活水准权最为密切的立法是有关儿童基本生活保障的法

---

〔1〕 王伟奇:《最低生活保障权的性质及其保障模式》,《时代法学》2008年第2期。

律法规,主要有:1999 年颁布的《城市居民最低生活保障条例》规定,城市居民最低生活保障标准,按照当地维持城市居民基本生活所必需的衣、食、住费用,并适当考虑水、电、燃、煤(燃气)费用以及未成年人的义务教育费用。2003 年制定的《城市生活无着的流浪乞讨人员救助管理办法》规定,公安机关和其他有关行政机关的工作人员在执行职务时发现未成年人流浪乞讨时应及时引导、护送救助站;救助站应当根据受助人员的需要提供符合食品卫生要求的食物以及符合基本条件的住处。2006 年实施的《农村五保供养工作条例》规定,各级政府应当给无劳动能力、无生活来源又无法定赡养、抚养、扶养义务人,或者法定赡养、抚养、扶养义务人无赡养、抚养、扶养能力的未成年人提供:粮油、副食品和生活用燃料;服装、被褥等生活用品和零用钱;符合基本居住条件的住房;疾病治疗与照料;依法接受义务教育所需费用。2014 年 2 月 21 日公布的《社会救助暂行办法》整合了农村和城市居民最低生活保障制度,进一步规定对获得最低生活保障后生活仍有困难的未成年人,县级以上地方人民政府应采取必要措施给予生活保障,并重申了国家对无劳动能力、无生活来源且无法定赡养、抚养、扶养义务人,或者其法定赡养、抚养、扶养义务人无赡养、抚养、扶养能力的未成年人提供基本生活条件的义务。但是,从严格意义上讲,这些有关最低生活保障之规定并非是直接关于适当生活水准权的规定。换言之,我国尚无儿童适当生活水准权的直接法律规定,关于儿童适当生活水准权的法律法规主要体现在有关儿童营养均衡、食品安全、住房保障等方面。

在儿童营养均衡方面,未成年人保护法(2006 年修订)作出了卫生部门和学校应当对未成年人进行营养指导与教育,如有需要应及时提供必要协助的规定;1994 年颁布的母婴保健法作出了孕产期保健服务应包括为孕产妇提供营养指导和咨询,为新生儿生长发育、哺乳和护理提供医疗保健服务等规定。随后,又颁布了《母乳代用品销售管理办法》(1995 年)等法律法规,指导儿童营养改善工作。此外,还通过《托儿所幼儿园卫生保健管理办法》(2010 年)来促进托幼机构卫生保健人员对儿童营养改善的重视程度,规范其工作内容,并要求托幼机构加强饮食卫生管理,为儿童提供安全、科学、合理的营养膳食。

在儿童食品安全方面,未成年人保护法作出了凡生产、销售不符合国家标准或行业标准的儿童食品、药品,相关主管部门应当给予相应的行政处罚;2009年实施的食品安全法作出了"食品安全标准应当包括专供婴幼儿和其他特定人群的主辅食品的营养成分要求"和"禁止生产经营营养成分不符合食品安全标准的专供婴幼儿和其他特定人群的主辅食品"等有关儿童食品的规定。

在儿童住房保障方面[1]主要有:(1)1995年实施的城市房地产管理法明确指出了国家对改善居民居住条件方面的地位与作用,要求"国家根据社会、经济发展水平,扶持发展居民住宅建设,逐步改善居民的居住条件"。(2)《经济适用住房管理办法》、《廉租住房保障办法》、《廉租住房保障资金管理办法》以及《住房公积金管理条例》等通过帮助那些单纯依靠自身努力无法通过市场途径解决住房困难的家庭逐步改善住房条件的行政法规。

(三)部门规章关于儿童适当生活水准权的保障

这方面的部门规章主要有:卫生部2007年出台的《婴幼儿喂养策略》,提出保护、促进和支持母乳喂养与及时合理的添加辅助食品等策略与措施以实现儿童营养改良之目标;卫生部2009年发布的《国家基本公共卫生服务规范》《全国儿童保健工作规范》,将婴幼儿喂养、辅食添加指导等工作纳入0—6岁儿童健康管理服务的内容之中且制定了相应的标准。教育部2012年制定的《农村义务教育学生营养改善计划实施细则》就农村义务学校供餐内容与模式、食堂建设与管理、食品质量与安全等问题作出了明确规定,为切实改善农村学生营养状况,提高农村学生健康水平提供了准则。民政部2008年制定了《流浪未成年人救助保护中心建设标准》和2011年制定的《儿童福利院建设标准》明确了儿童救助站和福利院的房屋、场地、建筑及相关设备的具体内容,保证了福利院的舒适度。

(四)公共政策关于儿童适当生活水准权的保障

保护儿童享有充足食品、衣着、住房等适当生活水准权是我国儿童公共政策的重要内容。为保障食物有效供给,优化食物结构,强化居民营养改善,国务院先后于1993年、2001年、2014年发布了《九十年代中国食物结构改革与发

---

〔1〕 2008年11月全国人大常委会已经将制定住房保障法纳入其五年立法规划。该法由住房城乡建设部负责起草,至2010年已形成了一个住房保障法(征求意见稿)。然而,至今也未获通过。

展纲要》《中国食物与营养发展纲要(2001—2010 年)》和《中国食物与营养发展纲要(2011—2020 年)》三个发展纲要,明确以婴幼儿、儿童和青少年为重点对象,解决其食物与营养问题。为保护儿童生存、发展、受保护和参与的权利,促进儿童健康、全面发展,国务院先后于 1992 年、2001 年和 2011 年发布了《九十年代中国儿童发展规划纲要》《中国儿童发展纲要(2001—2010 年)》及《中国儿童发展纲要(2011—2020 年)》等,制定了儿童适当生活水准的工作目标及相应措施。与此同时,为预防婴幼儿、儿童营养不良和贫血,先后启动了"农村义务教育学生营养改善计划",实施了"消除婴幼儿贫血活动"[1]、"贫困地区儿童营养改善项目"[2]等项目。

五、中国儿童适当生活水准权的法律保障

(一)儿童适当生活水准权法律保障存在的问题

目前,我国有关儿童适足食物权和适当住房权的立法主要散见于未成年人保护法(1991 年制定,2006 年修订)、母婴保健法(1994 年)、《城市居民最低生活保障条例》(1999 年)、《廉租住房保障办法》(2007 年)以及《中国儿童发展纲要(2001—2010 年)》等诸多规范中,体系结构分散,标准不一。从保障儿童适当生活水准权的法律制度来看,主要存在下述问题。

1. 儿童适当生活水准权的法律内涵与外延不明确

从文义来看,首先,儿童适当生活水准权为表征"儿童"之适当生活水准权,但何谓法律上的儿童,无论是立法上还是理论研究中仍旧莫衷一是,易混淆权利保护之主体。其次,何谓"适当",我国法律未予以明确。笔者研究发现,虽然我国对保障适当生活水准权给予了基本肯定,但该项权利尚未在我国

---

〔1〕 "消除婴幼儿贫血行动"主要是通过动员社会力量,募集社会资金,以发放"爱心营养包"即婴幼儿辅食营养补充品的形式,帮助农村贫困地区 6—36 个月的婴幼儿改善营养状况,提升健康素质。http://news. cctf. org. cn/sys/html/lm_172/2011 -12 -28/163815. htm,浏览时间:2014 年 11 月 22 日。

〔2〕 "贫困地区儿童营养改善项目"主要是为 6 个月至 2 岁的婴幼儿每天提供 1 包富含蛋白质、维生素和矿物质的营养包,同时开展儿童营养知识的宣传和健康教育,努力改善贫困地区儿童营养健康状况。2012 年 10 月开始,优先选择 8 个贫困片区的 10 个省的 100 个县作为试点。2013 年项目范围已经扩大到 21 个省的 300 个县,中央财政专项补助经费也增加到 3 亿元。参见赵玲:《40 万贫困儿童受益营养改善项目》,《中国医药报》2014 年 2 月 14 日第 1 版。

法律体系之文本中明确提出,唯一出现在官方文件中是依据《经济、社会及文化权利国际公约》第16条和第17条提交该公约的执行报告,即使是儿童适当生活水准权最为重要的子权利——适足食物权与适当住房权——法律之规定也是蜻蜓点水。可想而知,作为儿童适当生活水准权最为核心的词汇——"儿童"和"适当",尤其是"适当"标准缺乏具体、明确的规定,不利于具体操作和适用,也就意味着儿童适当生活水准权法律制度的构建成了无本之木。由此,也就引发了第三个问题,适当生活水准权与基本生活水准权有何不同?两者法律制度之建构是否一致?倘若这些问题在法律上不能妥善处理好,儿童适当生活水准权法律保障也就成了众喙哓哓、空言无补。

2. 儿童适当生活水准权保障之法律体系不健全

正是因为我国现行宪法没有直接规定适当生活水准权,其权利内涵只能从宪法其他条款中推导出来,权利保障缺乏明确的宪法依据,导致获得适当生活水准权相关内容的保护规定散落在各种法律法规中。适当生活水准权,主要包括享有适足食物权、适当住房权以及其他满足适当生活之权利。儿童适当生活水准权理应包括这些内容,相应的儿童适当生活水准权保障法律体系应当包括儿童适足食物权保障法律体系、儿童适当住房权保障法律体系及儿童其他适当生活水准权保障法律体系等。如前所述,儿童食物权是指儿童享有免于饥饿,获得营养均衡、食品安全之权利。目前,首先,我国儿童适足食物权法律体系还停留在如何保障儿童免于饥饿之构建期,儿童营养改善和儿童食品等方面还主要是停留在国家政策保障层面,尚未有专门的儿童营养改良和儿童食品安全保障之立法;其次,保障公民适当住房权之规范大多是关注私权层面的住房权的保护,国家有义务保障公民获得住房权本身的法律规定却是寥寥无几、难成体系,更遑论儿童适当住房权法律保障体系的完善,且这些规范主要是以国务院各部门和地方政府规章及地方政府的内部文件、通知的形式发布的,并不能形成统一的住房适当标准。

3. 儿童适当生活水准权缺乏法律程序保障

儿童适当生活水准权不仅在我国实体法上没有得到明晰的、全面的保护,在程序法上也缺乏相应的保障机制。就我国目前保护最为全面的儿童基本生活权利而言,一般儿童基本生活权利的保障主要是依赖我国民法通则及婚姻法等私法规定的监护、抚养等制度,当监护人不履行监护职责,父母不履行抚养义务之时,相关主体可提起撤销、变更监护人和请求给付抚养费之诉讼保障未成年人的基本生活。可见,此程序只是提供了监护人不履行监护职责、父母不履行抚养义务的救济路径,一旦监护人或父母在其经济范围内履行了监护职责和抚养义务,那么哪怕其保障未成年子女生活是不适当的,未成年人也无法在私法上找到获得适当生活水准权之保障程序。此时,实现儿童之适当生活必然需要依靠国家之力量——最低生活保障制度的构建,而根据我国现有法律规定,获得最低生活保障不仅需要符合最低生活保障的条件,还要经过"向户籍所在地的乡镇人民政府、街道办事处提出书面申请,或委托村民委员会、居民委员会代为提出申请"之申请前置程序,这就意味着即使儿童生活在基本生活线以下,如果其家庭成员或本人没有提出申请,儿童基本生活就得不到相应的保障,孤儿、单亲等困境儿童更是如此。此外,倘若国家有能力保障儿童的适当生活水准权却没有履行相应的义务,我国并没有相关的司法程序强制这一义务的履行。

(二)儿童适当生活水准权法律保障的完善思路

儿童适当生活水准权实现是儿童独立尊严之根本,其保障与实现,离不开法律上的尊重、法律规范的保护和法律程序的救济。

1. 儿童适当生活水准权之"尊重":明确儿童适当生活水准权法律概念

在现代法治国家下,一项权利若要得到真正的尊重,不仅需要整体社会在道德上予以认可,更需要从法律上予以明确,这是因为只有受到法律尊重的权利,才不会沦为"无齿之虎"。因此,要保障儿童适当生活水准权,首先就要明确适当生活水准权的法律内涵与外延。

一是明确"儿童"的法律含义与"适当"的法律标准。从全球视野来看,"法律上的儿童是指18周岁以下的所有人,包括婴儿、幼儿、少年、少年儿童、未成年人或未成年子女等不同的称谓"[1],未来的立法应当做到统一。在此,可借鉴联合国经济、文化和权利委员会以对大量国家审查为基础并采用"恩格尔系数"确定的适足食物权和适当住房权的最低适当标准,参考适当生活水准权的国际标准,在法律上明确儿童适当生活水准权的标准,为权利保护提供具

---

〔1〕　吴鹏飞:《儿童权利一般理论研究》,中国政法大学出版社 2013 年版,第 25 页。

体参照。此外,立法也应当承认儿童身心的特殊性,因而,儿童适当生活水准权之最低标准应当高于普通成人适当生活水准权之最低标准。

二是将儿童适当生活水准权纳入人权法保障体系,转化为可践行的具体权利。适当生活水准权进入国际人权公约保障的视野,不单单是因为人类社会对于人权认识和保护的深化,更重要的是因为适当生活水准权的实现与否直接关乎人之尊严。国际人权法体系昭示着,具体人权的保障只有列入人权法的保障体系和规范当中,才能作为在权利受到侵害时请求给予法律保障的依据。同时,应遵循德国法学家耶林关于权利保障之建议,"权利通过立法得到保护,也必须由立法加以罗列"[1],应在宪法、法律、法规中予以承认儿童适当生活水准权,同时将其转化为可操作、易理解的儿童适足食物权、适当住房权等国内法可践行的权利予以保障。因此,"在具体操作层面上,可以考虑将宪法第45条第1款的内容修改为适当生活水准权,规定人人有权维持适当生活水准,有权获得适足的食物、衣服和住房等"[2]。

三是区分儿童适当生活水准权与其他儿童人权的界限,尤其是与最低生活保障权的边界。倘若我们对儿童适当生活水准权的理解仅止于摆脱贫困线,那么儿童适当生活水准权与社会救助权、最低生活保障权就没有实质上的区别,它们之间的界限也就不存在了。事实上,儿童适当生活水准权低层次、外在地表现是维持儿童免于匮乏之物质需求的权利,而高层次、内在地体现是满意生活水准,是儿童之为人的尊严感或者被尊重感,两者相得益彰,缺一不可。就此意义而言,适当生活水准权包括社会救助权、最低生活保障权。此外,适足食物权不同于食物安全权,适足食物权的内容多于食物安全权。适当生活水准权立法时应当厘清这些概念之间的关系。

2. 儿童适当生活水准权之"保护":健全儿童适当生活水准权法律体系

大陆法系国家关于权利保护最鲜明、最根本的措施就是立法,我国也延续这一传统。因此,当人们谈及权利的保护时,必然会讨论到关于权利保护的法律体系是否完备,儿童适当生活水准权之保护也不例外。那么,何为儿童适当生活水准权保护之完备法律体系?我们认为应当从法律的内容和形式两方面

---

[1] [德]鲁道夫·冯·耶林:《为权利而斗争》,胡宝海译,中国法制出版社2004年版,第217页。
[2] 宁立标:《论食物权的宪法保障——以宪法文本为分析对象》,《河北法学》2011年第7期。

予以考量。

　　所谓儿童适当生活水准权法律体系内容上的完备,是指儿童适当生活水准权的有关立法涵盖了儿童适当生活水准权之全部内容,包括权利的主体、客体、内容以及遭受侵犯时的救济路径。简言之,就是儿童适当生活水准权"有法可依"。按照此要求,采取上文之措施,在宪法中明确适当生活水准权并确定其权利基本内容,为保障儿童适当生活水准权提供宪法上的依据;然后,根据宪法确定的儿童适当生活水准权之内容,在法律上明确其各项子权利的内容以及保护措施,如儿童适足食物权,在立法上我们就应该涵盖儿童免于饥饿、营养均衡、食品安全等权利内容。基于我国儿童适当生活水准权立法内容之现状,借鉴国外的经验,我国应当健全儿童免于饥饿的法律制度,制定儿童营养均衡、食品安全、适当住房等法律法规,并通过立法设立相应的保障措施,如设立儿童营养专项资金法律制度,保障各地区儿童营养的全面改善,在国务院食品安全委员会下专设儿童安全委员会,修复儿童食品监管过程中的漏洞等。此外,全国人大常委会应当重启住房保障法立法计划,尽快对城乡基本住房保障标准、保障范围、保障方式,城乡基本保障性住房的规划、建设与管理,城乡基本住房租赁补贴、土地、财政、税收与金融支持,基本住房保障的组织落实,农村保障住房制度等方面予以立法,为儿童适当住房权提供强有力的法律依据。

　　所谓儿童适当生活水准权法律体系形式上的完备,是指保护儿童适当生活水准权有关的规范涵盖宪法、法律、法规、规章等诸多层级,各类规范间衔接顺畅、错落有致,结构合理。如前所述,我国儿童适当生活水准权保障存在政策和规章多、法律法规少,儿童最低生活保障规范多、适当生活保障规范少之局面。概言之,与儿童适当生活水准权有关的法律法规政策分散、凌乱,不能从宏观上形成系统的儿童适当生活水准权保障制度,而缺乏系统的儿童适当生活水准权保障制度将会出现以下问题:一是儿童适当生活水准权保护的滞后性;二是分散的规定和相对独立的政策不利于实践中的执行;三是现有儿童适当生活水准权规范层级太低,不能有效解决儿童适当生活水准权保障面临的现实问题;四是不能覆盖儿童适当生活水准权之全部内容,权利保障留有空白。为此,我们应及时清理现有的规范,将不合时宜的内容,或废弃不用或作出适当的修改。未来完善的儿童适当生活水准权保障法律体系应当是以宪法为根本,法律法规为核心,规章政策为辅助。总之,儿童适当生活水准权保护之根本,必然需要完备的儿童适当生活水准权法律体系。唯有如此,儿童的适当生活才有坚实的法律基础。

3. 儿童适当生活水准权之"实现":完善儿童适当生活水准权法律程序

法律程序的重要性不仅在于对法律行为的抑制、导向、缓解、分工及感染之作用,而且在于它是约束适用法律者权利的重要机制,是进行理性选择的有效措施。就儿童适当生活水准权而言,法律程序是其权利得以实现的重要保障。

首先,要健全儿童适当生活水准权保障的申请程序。就目前来看,我国设置的程序是基于国家保护公民基本生活水准之消极义务,也即只有当公民主动申请之时,国家才会开始履行其基本生活保障之义务,这样的程序显然降低了公民获得保障之概率。当儿童遭遇生活不适当之风险时,倘若监护人或父母并未履行申请与报告义务,甚至没有监护人或父母之时,那么国家就不可能介入保障其适足食物权、适当住房权等适当生活水准的保护之中。显然,这样的前置程序是不利于降低儿童不适当生活之风险的。因此,法律应当进一步明确儿童获得适当生活水准之程序。具言之,当儿童处于不适当生活状态时,其监护人或父母,甚至近亲属有向儿童福利部门报告之义务,同时也有代为申请之职责。与此同时,民政部门等政府之儿童权利保护机构有了解本辖区内儿童生活状况之义务,一旦发现有儿童处于适当生活水准之下且符合国家保障的情形时,应当列入适当生活水准保障对象,并予以保障。此外,社会公益组织发现儿童生活有不适当之风险时,也可代为向相关部门申请予以消除儿童不适当之风险。简言之,国家启动保障儿童适当生活水准权之义务,既可依申请,也可依职权。

其次,要畅通儿童适当生活水准权的司法救济程序。众所周知,"一种无法诉诸法律保护的权利,实际上根本就不是什么法律权利"。[1] 当儿童及其家庭的生活处于适当生活水准之下时,儿童及家庭能否通过司法程序予以救济? 这关键在于儿童适当生活水准权是否具有可裁决性,能否成为法官援引的规范? 如前论及,适当生活水准权通过强调政府责任的方式实现从形式意义的平等到实质意义平等的转变,"它不但保证了人作为生物学意义上的人的基本性的物质性需要,而且或者更为主要的是使资源在社会中得到了二次分

---

[1] 程燎原、王人博:《赢得神圣——权利及其救济通论》,山东人民出版社 1993 年版,第 349 页。

配,从而体现了人作'类存在'的本质属性"。〔1〕 因而,儿童适当生活水准权是关乎儿童之尊严的权利。倘若国家或政府违背其保障儿童适当生活水准权应尽的义务,其本身就是对儿童尊严的一种冒犯,是对儿童人权的不尊重、不保护,显然违反了宪法关于"国家尊重和保障人权"的规定。"在现代社会,权利救济作为保障公民合法权益、衡平社会成员利益的调节器,越来越成为完善国家公正机制和人权保护的一项重要内容"。〔2〕 此外,南非格鲁特布恩案件〔3〕、瑞士难民案、印度食物权运动〔4〕等司法实践说明适当生活水准权是具有可裁决性的。因此,"无论是在理论上还是在实践中,适当生活水准权都具有可裁决性"。〔5〕应当指出的是,这种可裁决性是以国家或政府违背其应尽义务为前提,其功能在于鉴定国家或政府是否履行了法律文本中关于适当生活水准权的承诺,而不是去检验国家或政府适当生活水准本身是否具有合宪性或合法性。有鉴于此,我们认为,当国家或政府未履行保障儿童适当生活水准权之义务时,儿童及其利益代表享有相应的请求保障该儿童适当生活水准的权利,有权通过司法程序获得救济。

常言道:儿童是祖国的花朵,是民族的未来和希望。但是,儿童一旦处于食不果腹、营养不良、衣不遮体、无家可归、住不适足等状态,还配得上这些美好的词汇吗? 面对诸如河南救助站儿童被绑树上、贵州毕节流浪儿童闷死垃圾箱、南京女童饿死家中等悲剧的发生,我们需要的不仅仅是道德上的谴责、情感上的怜悯,更重要的是实现对儿童法律上的悉心呵护。儿童适当生活水准权理论研究和制度实践的落后并不能成为我们推卸责任的借口,相反却应该成为我们为儿童的健康成长而努力奋斗的不竭之源。

---

〔1〕 郑智航:《适当生活水准权适当标准的确定》,《公法研究》(2010 年卷),浙江大学出版社 2010 年版,第 389 页。

〔2〕 林喆:《公民基本人权法律制度研究》,北京大学出版社 2006 年版,第 93 页。

〔3〕 黄金荣:《司法保障经济和社会权利的可能性与限度——南非宪法法院格鲁特布姆案评析》,《环球法律评论》2006 年第 1 期。

〔4〕 详见联合国粮食及农业组织:《在国家一级承认食物权》,http://www.fao.org/docrep/meeting/007/j0574c.htm,浏览时间:2014 -11 -22。

〔5〕 郑智航:《论适当生活水准权的救济》,《政治与法律》2009 年第 9 期。

第八章
残疾儿童特别照顾权

残疾儿童特别照顾权是其自由而全面发展之根本保证。正如《儿童权利公约》和《残疾人权利公约》所示：每个残疾儿童均有权得到维护其尊严、促进其最大限度自立、保障其在参与社会生活方面过上适当而充实的生活之特别照顾的权利。我国政府先后签署并加入了上述公约，并实施了一系列的残疾儿童特别照顾之保障措施。但目前我国残疾儿童人口基数大，康复服务水平落后、教育发展缓慢、就业准备缺失，以及环境保障粗疏等不足严重阻碍了其特别照顾权的实现；残疾儿童特别照顾权保障制度尚存公平性差、福利资源失衡、有效性不足等诸多问题，难以满足残疾儿童生存与发展的特殊需求。所以，如何尊重和满足残疾儿童个体的差异和特殊需求，保障残疾儿童在接受教育、保健服务、康复服务、就业准备等领域获得特别照顾的权利成为当下迫切需要解决的问题。

一、残疾儿童特别照顾权的法理基础

通常而言，残疾儿童享有特别照顾权是基于这样的客观事实：他们是"弱势中的弱势"——他们是儿童，具有幼弱性、依赖性、易受伤害性以及缺乏自我保护能力等特点[1]；他们又是生理、心理、智能或情绪等方面存在缺陷或功能障碍的残疾人。从更深层次而言，残疾儿童享有特别照顾权还是我们人性中根深蒂固之增进自由、平等和安全的意向所驱使的。正如美国法学家博登海默所言，"通过法律增加自由、平等和安全，乃是由人性中根深蒂固的意向所驱使的"[2]。

---

〔1〕 吴鹏飞：《儿童权利一般理论研究》，中国政法大学出版社 2013 年版，第 25—28 页。
〔2〕 ［美］博登海默：《法理学：法律哲学与法律方法》，中国政法大学出版社 2004 年版，第 322 页。

现代社会,个人之所以平等地享有权利,是因为人的自然属性彰显了人的平等性,人的目的性突出了人的主体性,人的尊严所必然包含的人的伦理性。换言之,现代法律应当以统一的尺度来规范全体民众的行为,保障人们在独立的地位之下可以追求自己的自由,整合社会上不同的各色人达致法律所意欲实现的道德境界。然而法律规范、保障和维护的前提是法律制度上人人平等,且此种平等是实质意义上的平等,其主要是通过法律上对弱者的调控来实现的。弱者是"由于自然的、社会的、政治的、法律上的剥夺,从而在心理上、生理上、能力上、机会上、境遇上处于相对劣势的人"[1]。由此可见,残疾儿童显然属于典型的弱者,是法律上的弱者,这是"自然剥夺"的结果,无法依靠自身的力量来自我补足。因此,国家应当提供必需的救助,维护其在法律制度上的平等。

当然,此种平等的依据是人的尊严,目标也是人的尊严。所以,它不仅仅是美国法学家德沃金眼中的资源之平等,更应该是美国经济学家阿玛蒂亚·森研究的能力上的平等。虽然德沃金强调人们不是在福利方面平等,而是在他们所支配的资源方面的平等,[2]但是其资源平等理论恰恰忽视了不同的人把资源转化为能力的差别。阿玛蒂亚·森认为,"社会上处于劣势的一方,他们已被教会——或许通过悲伤的经历——不对生活有什么期望,可能早已学会有易于满足的期望以及在稍微的怜悯中感受快乐。但是难以想象,出于那样的原因,这种人会得到许多的幸福;或者同样难以想象,如果这些被束缚的期望得到满足,那么他或她就会有一种极好的待遇"[3]。法律上的救助不能仅着眼于人在消费和享用基本福利时体验到的快乐,而是人的能力上的优势均衡。这就意味着,平等就是要做到保证每个残疾儿童有发挥其与经济发展水平相适应的能力的机会,正如亚里士多德所言:"人的幸福不在于得到什么,而在于人能做什么,人的潜能的发挥是人的根本福利。"[4]倘若要维护和促进残疾儿童的尊严、实现残疾儿童的根本福利,就必须保障残疾儿童享有的资源

---

〔1〕 胡玉鸿:《"个人"的法哲学叙述》,山东人民出版社 2008 年版,第 505 页。

〔2〕 [美]罗纳德·德沃金:《至上的美德:平等的理论与实践》,冯克利译,江苏人民出版社 2003 年版,第 341 页。

〔3〕 [印度]阿玛蒂亚·森:《资源、价值与发展》,杨茂林、郭婕译,吉林人民出版社 2008 年版,第 25 页。

〔4〕 汪行福:《分配正义与社会保障》,上海财经大学出版社 2003 年版,第 143 页。

平等,发挥潜能的机会平等,这些均需依靠残疾儿童特殊照顾权的确认、保护来实现。

除了个人的法哲学基础外,社会公平及人力资源可持续发展也要求赋予弱者特别照顾之权利,实现残疾儿童自由而全面的发展。根据罗尔斯社会正义论,对于社会和经济不平等的安排,应是这种不平等既适合于地位最不利者的最大利益,又要依照公平的机会均等条件,使之与那些向所有人开放的地位和职位联系在一起。[1] 可见,弱者的特别照顾是人类追求社会公平的必然选择,是社会制度设计合理的应有之义。因此,"政府在制度的设计上不仅要确保权利平等,消除不同群体之间的'身份'等级差异,还要消除由于个人资质、禀赋等自然属性的差异和社会资本的社会性差异所导致的起点不公平,维护经济社会中的机会公平,以促进结果公平"。[2] 换言之,实现整体社会公平,需要有专门的制度安排。一方面,从全社会视角来调整个体间的不平等,尽量消除社会历史和自然方面的偶然因素对人们生活前景的影响。残疾儿童身心存在缺陷,成长和发展需求较为特殊,接受教育、保健服务、康复服务、就业准备等领域获得特别照顾权之法律制度安排,是实现这个群体在社会中公平、自由生活的必然要求。另一方面,从人力资源投资角度而言,凡是有利于改善残疾儿童劳动力素质,提高残疾儿童人力资本利用效率的费用和活动,均属于人力资本投资。而此种投资,或者说残疾儿童福利服务,政府历来将其视为一种负担,殊不知此种投资虽不能带来明显的经济效益增长,但却带来了巨大的社会效益和个人效益增长。例如,对残疾儿童的教育投资有利于提高残疾儿童的收入,也有利于增强他们的能力。促进他们的社会适应能力,让他们参与社会并最终回归社会,是一项高收益的活动,尤其是对于残疾儿童而言,这比纯粹获得经济收入本身更为重要。[3] 由是观之,对于残疾儿童而言,给予其能力平等关注和投入,有利于提升人力资源开发的效果,降低社会成本。"保障残疾儿童权利,不仅是实现社会正义的迫切要求和重大任务,更是体现社会正义

---

〔1〕 [美]约翰·罗尔斯:《正义论》,何怀宏等译,中国社会科学出版社1988年版,第7—8页。

〔2〕 郑功成:《中国社会保障改革与发展战略——理念、目标与行动方案》,人民出版社2008年版,第18页。

〔3〕 高圆圆:《中国残疾儿童福利研究》,中国劳动社会保障出版社2014年版,第26页。

的显著标志和重要内容。"[1]故法律上赋予残疾儿童特殊照顾权,政府、社会及家庭保障残疾儿童的生存条件、维护其受教育权和康复权,促进其平等地参与社会活动,是社会公平理论和人力资源可持续发展的题中之义。

二、残疾儿童特别照顾权的法律内涵

残疾儿童是指在心理、生理及人体结构上,某种组织、功能丧失或不正常,全部或部分丧失以正常方式从事某种活动的能力,可能阻碍其在与他人平等的基础上充分和切实参与社会活动的未满 18 周岁的人。[2]　首先,根据卢梭不平等理论可知,残疾儿童之身体障碍、生理残疾或精神残疾是自然上的不平等,要实现其平等参与社会生活,就应在制度上给予残疾儿童特殊的照顾[3];其次,残疾儿童是"弱势中的弱势"——他们是儿童,又是生理、心理、智能或情绪等方面存在缺陷或功能障碍的残疾人。因此,《儿童权利公约》和《残疾人权利公约》均确认了残疾儿童的特别照顾权。

从残疾儿童照顾理论来看,此权利至少包含三个层次:第一个层次是获得经济供养的权利,即对于残疾儿童,尤其是丧失劳动能力的残疾儿童而言,最基本的或最佳的办法是由政府、社会出资将他们供养起来,实现对他们的责任和关爱;第二个层次是回归社会的权利,简言之就是残疾儿童应当回归到社会中去,在社会中得到康复和照顾,也就是让残疾儿童从福利院回归到社区,使其在社区中获得照顾,让他们生活在一般的社会环境中而得到康复和发展;第三个层次是增强能力的权利,也就是说残疾儿童不仅仅应当被视为脆弱群体,且应当重视这一群体本身所具有的各种潜能,残疾儿童享有此种能力有得到开发和利用的权利。[4]　此三个层次分别是残疾儿童特别照顾权的基础、方法和目标追求。

从特殊儿童照顾实践来看,已经建立起残疾儿童社会福利制度的国家,虽然在福利项目的名称、具体内容和范围等方面有所差异,但总体而论,主要是

---

〔1〕　许巧仙、丁勇:《试论残疾儿童权利的形成与发展》,《中国特殊教育》2014 年第 9 期。

〔2〕　唐久来等:《中国残疾儿童康复事业发展 60 年》,安徽科学技术出版社 2009 年版,第 1 页。

〔3〕　[法]卢梭:《论人类不平等的起源》,高修娟译,上海三联书店 2009 年版,第 18 页。

〔4〕　成海军:《中国特殊儿童社会福利》,中国社会出版社 2003 年版,第 57—59 页。

根据残疾儿童的特殊需求,在基本生活、康复服务、接受教育、就业准备和环境保障等方面给予其特别扶助。可见,残疾儿童特殊照顾权至少涵盖基本生活保障、康复福利、教育福利、就业福利和环境福利五项福利内容,这意味着残疾儿童特别照顾权体系包括这五方面内容。第一,基本生活保障是最低要求,它强调的是残疾儿童基本物质需求方面的保障,包括各种需要残疾人缴费的社会保险及国家给予残疾人的各种津贴、救助,实质是前文所述的残疾儿童特殊照顾权的第一个层次。第二,康复福利是核心内容,也是残疾儿童平等参与社会活动的重要手段,具有不可替代性。它指的是国家和社会应当在经济、实物和服务等方面予以援助,保障残疾儿童享有医疗康复、教育康复、职业康复和社会康复等权利。第三,教育福利是保障残疾儿童特殊照顾权最直接的制度体现,不仅要求保障患有残疾的儿童与健全儿童平等地接受教育机会,且应当在教育方式、教学内容、考试程序及入学年龄等方面予以特殊照顾,真正做到因需施教、因材施教。第四,残疾儿童特殊照顾另一项重要内容就是确保残疾儿童能有效地获得就业准备,主要是就业前教育培训和能力养成的准备。第五,残疾儿童之环境照顾是指国家和社会保证残疾儿童进出和享用公共建筑、设施、公共住房和公共交通工具,并通过宣传等方式促进公众对残疾儿童的理解,消除种种妨碍残疾人参与社会生活的障碍,包括两方面的照顾:一是"硬环境"照顾,即物质环境的无障碍保障;二是"软环境"照顾,即人文环境的无障碍保障,这是残疾儿童特殊照顾权的应有之义。

三、残疾儿童特别照顾权保障的规范依据

权利的正当性不仅源自人的尊严,也源自法律的规定。残疾儿童享有特别照顾权是其生存所拥有之不可侵犯的尊严,是《儿童权利公约》《残疾人权利公约》等国际法所确认之权利,也是我国宪法、残疾人保障法等法律所保护之权利。

(一)国际法依据

1948 年联合国颁布了《世界人权宣言》,它规定:"残疾人有接受社会保障的权利。"随后,联合国及有关国际会议陆续通过了一系列国际规范性文件保障残疾人的权利:《禁止一切无视残疾人的社会条件的决议》(1969 年),《弱智

人权利宣言》(1970 年),《智力迟钝者权利宣言》(1971 年),《精神发育迟滞者权利宣言》(1971 年),《残疾人权利宣言》(1975 年),《盲聋者权利宣言》(1977年),《关于残疾人的世界行动纲领》(1982 年),《残疾人职业康复和就业公约》(1983 年),《保护精神病患者和改善精神保健的原则》(1991 年),《儿童权利公约》(1989 年),《残疾人机会均等标准规则》(1993 年),《经济、社会及文化权利国际公约》(1994 年),《残疾人权利公约》(2006 年)。除此之外,保障残疾人权益的规范还包括《关于残疾人恢复职业技能的建议书》(1955 年)、《社会进步和发展宣言》(1969 年)、《消除对妇女一切形式歧视公约》(1979 年)、《残疾预防及残疾人康复的决议》(1981 年)等。其中,《残疾人权利公约》和《儿童权利公约》详尽地规定了残障儿童的权利,承认残疾儿童有受特别照顾之权利,给予残疾人的协助应保障其全面参加社会活动。

《残疾人权利公约》不仅开篇明义地规定"残疾儿童应在与其他儿童平等的基础上充分享有一切人权和基本自由",而且将尊重残疾儿童逐渐发展的能力并尊重残疾儿童保持其身份特性的权利作为公约八项原则之一。该公约既在第 7 条概括规定了残疾儿童享有的一切人权和基本自由,要求缔约国予以保障;也在第 23 条、第 24 条、第 25 条及第 30 条等条款中进一步明确了残疾儿童在教育、健康、康复等方面享有的权利。如果说《残疾人权利公约》是从残疾人视角保障残疾儿童之权利,那么《儿童权利公约》就是以儿童为中心来保障残疾儿童之权益。

《儿童权利公约》是第一个具体提及残疾问题和专门规定残疾儿童的权利和需求的单独条款的人权条约。[1] 公约第 23 条涉及残疾儿童特别照顾权,第2 款规定,缔约国确认残疾儿童有接受特别照顾的权利,应鼓励并确保在现有资源范围内,依据申请斟酌儿童的情况和儿童的父母或其他照料人的情况,对合格儿童及负责照料该儿童的人提供援助。第 3 款还规定:"鉴于残疾儿童的特殊需要,考虑到儿童的父母或其他照料人的经济情况,在可能时应免费提供按照本条第 2 款给予的援助,这些援助的目的应是确保残疾儿童能有效地获得和接受教育、培训、保健服务、康复服务、就业准备和娱乐机会,其方式应有

---

〔1〕　儿童权利委员会,第 9 号一般性意见:残疾儿童的权利,第四十三届会议(2007 年),载于 CRC/C/GC/9(2007)号文件。

助于该儿童尽可能充分地参与社会,实现个人发展,包括其文化和精神方面的发展。"

此外,1995 年联合国第四次世界妇女大会通过的《北京宣言》和《行动纲领》特别关注女童的权利,并指出残疾女童面临着诸多障碍,各国政府、国际组织和非政府组织应协助为残疾女童提供平等的适当服务和设施,确保残疾女童能够获得适当的教育和技术,以便她们不受歧视并享有一切人权和基本自由。《适合儿童生长的世界》(2002 年)在行政计划中提出,我们将采取一切措施,确保残疾儿童能够全面和平等地享有所有人权和基本自由,包括享受保健、教育和娱乐服务;确保他们的尊严;促进他们自力更生;并帮助他们积极参与社区活动。在战略和行动中明确,我们将确保残疾儿童切实获得包括康复和保健在内的综合服务,推动家庭内照顾,并为这些儿童的父母、家人、法定监护人和看护者提供适当的支持制度;向精神或心理失常的儿童提供特别帮助等。[1]

(二)国内法依据

残疾儿童作为儿童同时又是残疾人,他们的生存权、受教育权及健康与保健服务权等受我国宪法法律保护。如前所述,我国宪法明确了儿童权利主体的地位(第 46 条、第 49 条),规定国家和社会帮助和安排盲、聋、哑和其他有残疾的公民的劳动、生活和教育(第 45 条)。基于宪法的规定,伴随着我国法制建设的不断深化,残疾儿童权利的内容不断拓展,残疾儿童特别照顾权逐渐被法律所确认。

我国的民法通则、刑法、刑事诉讼法、民事诉讼法等基本法特别指出儿童和残疾人的合法权益受到法律保护,并设置了相应的保护程序。此外,教育法、婚姻法、收养法、继承法等法律也与残疾儿童的教育和生活密切相关。但是,全面体现残疾儿童权利保护的规范主要是体现在未成年人保护法、义务教育法、残疾人保障法、体育法等法律之中。首先,未成年人保护法确认并保护儿童的生存权、发展权、受保护权、参与权等权利,要求政府、家庭、学校、社会

---

[1] 全国妇联国际部编:《联合国妇女儿童重要文件汇编》,中国妇女出版社 2008 年版,第 124—225 页。

根据未成年人身心特点给予儿童特殊、优先保护,不得歧视有残疾的未成年人。其次,义务教育法要求各级政府应当在为视力、听力、语言、智力等方面有残疾的适龄儿童、少年举办特殊教育学校(班),保障残疾的适龄儿童、少年接受义务教育。再次,体育法规定各级政府应当采取措施为残疾人参加体育活动提供方便;学校应当为病残学生组织适合其特点的体育活动创造条件;公共体育设施应向社会开放,并对学生、残疾人实行优惠办法。最后,对残疾儿童特别照顾权规定最为具体的当属残疾人保障法,2008 年我国签署《残疾人权利公约》后,为进一步保障包含残疾儿童在内的残疾人权利而对该法进行了修改,它明确提出国家应采取辅助方法和扶持措施,对残疾人给予特别扶助,减轻或消除残疾影响和外界障碍,保障残疾人权利的实现。残疾儿童除了适用残疾人在文化生活、社会保障、无障碍环境等方面的特殊保障之外,还在康复和教育等方面享有较一般残疾人之特殊关照,规定我国残疾人康复工作应当从实际出发,以实用、易行、受益广的康复内容为重点,优先开展残疾儿童抢救性治疗和康复;首次提出要对残疾儿童实施学前教育,还对残疾儿童免费教育或获得资助进行了具体规定。

与此同时,为贯彻落实法律关于残疾儿童在接受教育、保健服务、康复服务、就业准备等领域的特别照顾权的保护和实现的规定,国务院先后制定了《残疾人教育条例》(1994 年)、《社会救助暂行办法》(2014 年)等相关法规,迄今编制了五个残疾人事业发展"五年"规划纲要、三个儿童发展"十年"纲要,两个国家人权行动计划,2014 年 1 月 8 日国务院还发布了《特殊教育提升计划(2014—2016 年)》等政策文件;民政部、教育部、建设部等部门发布一系列规章制度,如《关于进一步发展孤残儿童福利事业的通知》(民福发〔1997〕3 号)、《关于关注残疾儿童生存状况维护残疾儿童权益的通知》(残联〔2013〕1 号);各省、自治区、直辖市人民代表大会制定的残疾人保障法实施办法等。这些行政法规、部门规章和地方性法规极大地夯实了儿童特别照顾权的法规范基础,有助于切实保障残疾儿童的合法权益。

总之,无论从残疾儿童享有的人格尊严,社会所追求的公正,还是国际人权法及其规范性文件、国内法及其实施的政策规范,残疾儿童享有特别照顾权均有其正当性与合法性。概言之,每个残疾儿童均有权得到维护其尊严、促进其最大限度自立、维护其在参与社会生活方面过上适当而充实的生活之特别照顾。

四、残疾儿童特别照顾权制度的问题分析

与残疾儿童在保健服务、康复服务、接受教育、就业准备、环境保障等领域获得特别照顾之权利保障相对应的是,残疾儿童康复保障、残疾儿童教育保障、残疾儿童就业保障、残疾儿童环境保障等制度。因此,下面我们将从这些制度方面来探讨我国残疾儿童特别照顾权保障存在的不足。

(一)残疾儿童康复保障制度存在的问题

从康复服务供求关系来看,在康复需求方面,我国残疾儿童数量众多,数百万的各类残疾儿童迫切需要得到有效的康复服务和指导,康复形式十分严峻;在康复提供方面,除在聋儿康复服务方面已建成 1700 余个康复机构外,其他如视力、智力、肢体、精神残疾儿童的专门康复机构人才极其匮乏,部分领域处于空白阶段。[1] 换言之,供需之间存在严重的不平衡。从接受康复服务形式来看,绝大多数残疾儿童只能依靠家庭或临时性社会救助接受康复服务,接受专门机构及社区机构等康复机构康复服务的寥寥无几,残疾儿童康复现状与需求间存在较大的差距。正如中国残联对残疾儿童抽样调查显示,有近35% 的残疾儿童没有接受过任何形式的康复服务,在接受康复服务的儿童中,多数以家庭自我康复为主,在各级各类康复机构中接受专业服务的仅占14%。[2] 进而言之,从接受康复服务构成来看,残疾儿童接受过的康复服务项目主要是康复知识普及、辅助器具配置和治疗与康复训练,城镇与农村残疾儿童接受残疾康复服务比例差距依然明显。[3] 可见,我国残疾儿童康复工作尚处于康复救助阶段,是一种简单的社会救助,带有明显的医疗模式特点,注重对残疾儿童缺失生理功能的恢复与补助,缺乏持续、稳定的制度支持。具言

---

〔1〕 白桂梅、王雪梅:《人权知识未成年人权利读本》,湖南大学出版社 2012 年版,第 139 页。

〔2〕 李薇薇:《我国 3 成多残疾儿童得不到基本康复服务》,新华网 http://news.xinhuanet.com/newscenter/2005-05/28/content_3013935.htm,浏览时间:2014-11-5。

〔3〕 根据 2013 年年度中国残疾人状况及小康进程监测报告可知,2007—2013 年城乡之间接受过康复服务的残疾人比例差距分别是 13.8 个百分点、17.4 个百分点、10.5 个百分点、7.7 个百分点、6 个百分点、11 个百分点、8.7 个百分点,呈现缩小的趋势,但不能否认,城乡之间差距依然明显。在残疾人接受康复服务整体比例偏低和较大城乡差距的情况下,残疾儿童作为残疾人的重要组成部分,其接受康复服务的状况不可能偏离出残疾人的整体情况。

之,我国残疾儿童康复工作存在如下制度缺陷。

一是残疾儿童康复保障法律制度仍未形成。目前,我国并没有制定残疾人康复服务的专门法律,残疾儿童康复保障的内容散见于现行法律制度之中。一方面,残疾人保障法将康复作为重点内容作了明确规定,但并未提出康复保障的具体措施,且其毕竟是一个综合性法律,对康复的立法主要体现为原则性的规定,可操作性不强。另一方面,我国残疾儿童康复主要是采用"五年"计划、"十年"发展纲要为指导,多以各康复项目为推动力,如"听力助残""彩票公益基金项目",一旦项目结束,康复工作也就完结,且这些项目并未明确列为制度,残疾儿童康复保障可持续性较差不言而喻。[1] 残疾儿童康复保障不可能一蹴而就,企图用政策导向、靠政府重视以及项目推动的康复服务方式来替代以法律法规为主体,规范化、制度化、法制化的残疾儿童康复服务方式,完成需要持续、稳定的政策和资金技术支持的残疾儿童康复大业是极其不现实的,也是不可能的。因此,有必要加强我国残疾儿童康复制度的规范化、制度化、法制化建设。

二是残疾儿童康复尚未全面纳入国家社会保障体系。我国儿童福利制度正处在向适度普惠型福利制度转型期,残疾儿童福利仍然局限于儿童福利机构中的残疾儿童,殊不知原生家庭中的残疾儿童才是残疾儿童的常态,其占残疾儿童群体的九成以上,但其康复服务却往往处于制度的盲点。就社会保障而言,当前我国的医疗保险制度主要是为补偿疾病所带来的医疗费用的制度,医疗救助制度则主要是针对最低生活保障家庭成员和特困供养人员等没有经济能力进行治病的公民提供专门的帮助和支持的制度,两者显然是基于疾病治疗的角度而设置的,并不必然包括基于健康保障理念的康复服务的补足。换言之,我国残疾儿童康复保障并未全面纳入国家社会保障体系,康复服务还未实现残疾儿童的全覆盖,绝大多数只能依靠家庭或临时性社会救助接受康复服务。[2] 由于残疾儿童康复保障制度尚未建立和完善,加之家庭经济收入低,家长的时间、精力有限,残疾儿童治疗和康复很容易被放弃,儿童的康复权难以得到保障。

---

〔1〕　张琪、褚益平:《残疾儿童康复状况研究》,《残疾人研究》2012 年第 2 期。

〔2〕　姚建平、梁智:《从救助到福利——中国残疾儿童福利发展的路径分析》,《山东社会科学》2010年第 1 期。

三是我国残疾儿童康复保障相关配套设施不完善。首先,儿童康复的配套硬件设施不完善。以残疾儿童社区服务为例,我国多数地区的残疾儿童康复服务能力薄弱,存在康复服务场所少、康复设备缺乏的普遍现象。康复站内器材技术含量低,大部分是基本的锻炼器材,难以适应残疾儿童康复的需要。其次,儿童康复配套软件设施不完善,主要体现在康复人才匮乏和管理滞后等方面。"我国目前急需各类康复人才 35 万人,其中康复医师 3 万人,物理疗法师 18 万人,作业疗法师 9 万人,假肢与矫形器制作师 3.5 万人,语言治疗师 1.5万人。但是,目前我国各类康复技术人员不到 2 万人,其中康复治疗师只有5000 多人。"[1] 此外,残疾儿童康复工作一直处于多头管理的状态,如残疾人联合会、儿童福利和收养中心、卫生部下设的精神康复机构,它们之间缺乏合作,未能将有限的资源进行良好的整合,制约了康复工作的效率。因此,唯有保障残疾儿童康复权之"战役"的"粮草"和"兵马"充足供给,才能更好地促进残疾儿童权利的实现。

(二)残疾儿童教育保障制度存在的问题

残疾儿童享有与其他正常儿童一样受教育的权利,并且是在不受任何歧视和机会均等的基础上享有该项权利。为达此目的,必须确保残疾儿童能有效地获得受教育的机会,以促进"最充分地发展儿童的个性、才智和身心能力"。然而根据教育部发布的 2013 年教育事业统计公报显示,"截至 2013 年年底,全国未入学适龄残疾儿童少年约为 8.5 万人,残疾儿童少年义务教育入学率仅为72.7%,远低于普通小学的净入学率(99.71%)和初中的毛入学率(104.1%)。另有调查显示,全国 3—6 岁残疾儿童接受学前教育率仅为 43.92%,其中城市为 61.48%,农村为 26.41%,远低于普通幼儿园入园率(70.55%)"[2] 由是观之,我国残疾儿童接受教育,尤其是早期学前教育与普通儿童相差甚远,残疾儿童在教育机会、教育过程、教育结果等方面的教育不公平现象日益凸显,值得全社会关注。[3] 从法律上来看,残疾儿童教育之所以存在学前教育发展

---

[1] 杨立雄、兰花:《中国残疾人社会保障制度》,人民出版社 2011 年版,第 130 页。

[2] 叶增编:《我国残疾儿童学前教育权益保护政策探析》,《教育与教学研究》2014 年第 1 期。

[3] 孟万金:《全社会都要关注残疾儿童教育——论残疾儿童教育公平》,《中国特殊教育》2006 年第9 期。

缓慢、义务教育尚未普及、教师质量难以保证以及教育模式不够灵活等诸多困境,根本原因在于保障残疾儿童受教育权的法律制度存在诸多不完善之处。

首先,残疾儿童教育法制建设尚处于发育期,难以承受"教育公平"之重。尽管我国残疾儿童教育发展取得了喜人成绩,残疾儿童教育立法经历了从无到有、从起步到发展再到专项立法的出台。但同时我们也应该看到,残疾儿童教育法制建设中还存在着一系列问题:残疾儿童教育法律体系不完备,总体立法层次较低;现行残疾儿童教育法律相对笼统、可操作性不强,如现有的法律法规对于残疾含义的界定不一;残疾儿童教育法定对象范围过窄,仅仅局限于视力、听力、语言和智力残疾;缺乏健全的残疾儿童教育制度,如残疾儿童教育法律监督部门及违法责任不明确;法律效力薄弱等。[1] 这些问题的存在,恰恰说明了我国残疾儿童教育法制建设方面还处于发育时期,要肩负起保障残疾儿童平等接受教育的权利之重任,还有很长的路要走。

其次,政府保障残疾儿童公平接受教育之法律责任的缺失。我国既有的法律业已明确政府、学校、教师、家长及社会侵犯残疾儿童受教育之违法行为应当承担的法律责任,但相比之下政府肩负保障残疾儿童公平接受教育之责任缺失最为严重,主要表现在:一是残疾儿童教育经费投入不足。无论是义务教育阶段还是学前教育阶段,残疾儿童普遍入学不足的根本原因在于政府的财政投入不足,现有的特殊教育机构数量和质量满足不了残疾儿童接受教育的需求,也无法从根本上保证每一个残疾儿童接受义务教育的机会。二是残疾儿童师资力量紧缺。截至 2013 年年底,我国特殊教育学校共有专任教师 4.57 万人,在校残疾学生有 36.81 万(不包括适龄未入学的残疾儿童),师生的配比达到 1∶8,这就意味着每一个特殊教育专业教师需要负担八个残疾儿童的教育,专业教师与急需特殊教育的残疾儿童数量之间的差距可见一斑。然而残疾儿童教师的紧缺问题是社会大众或者慈善机构根本无法自己解决的,因此,亟须政府在特殊教育教师的培养、待遇、编制等方面担当起更多的法律责任。

最后,我国残疾儿童受教育权法律保障措施与救济程序不完善。一方面,残疾儿童受教育权之法律保障措施的执行标准不明确,比如,随班就读学生人数、师生比例、残疾与非残疾儿童比例等标准;特殊教育学校(班)设立的参考

---

〔1〕 李莎:《残疾儿童特殊教育法律问题研究》,西南大学 2012 年硕士学位论文,第12—18页。

标准;因身体原因无法到学校就读的适龄残疾儿童采取"其他适当方式"进行义务教育之"适当方式"的具体标准;残疾儿童义务教育督导主体、内容、程序及后果等标准。但是,我国现行法律对于这些标准或是规定不详或是缺乏规定或是不具有可操作性,严重影响了残疾儿童受教育权的保障。另一方面,相较其他国家[1]而言,我国法律并没有对残疾儿童受教育权的争端解决机制和法律救济途径进行详细的规定,残疾儿童及其监护人与学校之间的争议解决机制和政府等义务主体侵犯残疾儿童受义务教育权行为的救济程序都处于失位的状态,不利于残疾儿童受教育权的法律保障。

(三)残疾儿童就业保障制度存在的问题

需要指出的是,我们所强调的残疾儿童就业保障,并不意味着利用年幼的儿童做工,最终敞开经济剥削的大门,而是对所有残疾人都适宜,无论其年龄大小,进行职业发展和转变的教育,实质是一种确保残疾儿童能有效地获得和接受就业准备进而保障其就业权利的方式。简言之,就是残疾儿童的职业意识和就业技能的培养。

当然,这种职业意识和就业技能的培养主要依赖于残疾儿童职业教育的开展,但就目前而言,我国绝大部分学校并没有把职业技能与技巧、职业态度与习惯等职业教育的内容纳入残疾儿童教育大纲当中,残疾儿童职业教育的实施面临诸多问题:一方面,我国绝大多数对残疾人进行教育的机构为康复教育类的特殊学校,其数量少且每个学校的硬件条件参差不齐,在布局规划上也较为分散,教师队伍良莠不齐,残疾儿童职业教育质量整体不高。另一方面,残疾儿童职业教育主要是通过美术、木工、种植、服装等劳动科目的设置,辅之少许的道德观、职业观和社会服务意识等知识的教育,如果在工艺和技术方面跟不上时代的发展与变化,很容易沦为就业大军中的牺牲品,不利于残疾儿童就业权的保障。[2]

---

[1] 例如,依据美国《残疾人教育法案》,在残疾儿童家长和学校就残疾儿童的教育项目安排发生争议时,如果调整程序未能实施或实施后证明并不成功,任何一方当事人都可以要求依正当程序举行公正的听证。通常,在接到听证请求之后的 45 天之内,听证官员必须作出评判结论。参见[美]坎布朗-麦凯布等:《教育法学——教师与学生的权利(第五版)》,江雪梅等译,中国人民大学出版社 2010 年版,第 206 页。

[2] 袁会英:《新形势下残疾人职业教育发展趋势》,《中国校外教育》2014 年第 11 期。

(四)残疾儿童环境保障制度存在的问题

残疾儿童环境保障既包括物质之"硬环境"的无障碍的保障,也包括人文之"软环境"的无障碍的保障,具体包括建筑设施、信息和交流的无障碍,通过制定相关法规或是宣传人道主义思想和现代文明社会的残疾人观等方式消除对残疾的歧视与偏见,它是促进残疾儿童平等参与社会的重要保障。尽管我国逐渐规范了残疾人无障碍物质环境的建设和设计规范及标准,逐步开始营造扶残助残的社会氛围,保障了残疾儿童参与社会生活的机会。但我国仍存在残疾人环境保障相关立法较为粗疏、缺少健康的社会氛围等问题,不利于对残疾儿童的保护。

第一,残疾儿童环境保障立法不均衡,无障碍法律保障较为粗疏。纵览我国有关残疾儿童环境保障相关法律、法规、规章等规范性条款,梳理其内容可以发现:残疾儿童"硬环境"保障规范多而"软环境"保障规范少,建筑设施无障碍条文多而信息无障碍条文少,残疾人环境保障条款多而残疾儿童专门条款少,残疾儿童环境保障政策规章多而法律法规少,残疾儿童环境保障立法内容上失衡显而易见。同时,就具体规范而言,残疾儿童环境保障内容仍显粗疏。例如,残疾人保障法有"禁止基于残疾的歧视。禁止侮辱、侵害残疾人。禁止通过大众媒介或者其他方式贬低残疾人人格"之规定,但是对于如何处罚违反歧视条款者,却没有详细的规定。这无疑会导致残疾儿童在行使教育、就业等公民权利的时候,仍会遭受歧视的可能,使得残疾儿童环境保障流于形式。《无障碍环境建设条例》仅限于城市道路及建筑物的设施规范上,有关其他方面的无障碍建设涉及的比较少,比如说信息无障碍建设。"现行有关残疾儿童环境保障的法律法规多体现倡导性和道德性,而缺乏规则性和约束性,使得残疾儿童平等参与社会活动的权利得不到真正的保障。"[1]

第二,残疾儿童"软环境"保障缺少健康的社会氛围。中国传统封建思想至今未消失殆尽,残疾儿童在很多人眼里始终与同情、慈善、施舍、负担等词汇息息相关,与权利主体、尊重对象以及特别照顾权等无关,甚至视残疾儿童为不祥之物,肆意虐待与歧视。这种文化上的偏见往往会导致将带有肢体或智

---

〔1〕　赵春力:《有关残疾人无障碍权益保障法律的完善与思考》,《前沿》2012 年第 22 期。

力缺陷的新生儿藏匿或遗弃。同时,残疾儿童自身往往也缺乏权利意识,大多数残疾儿童不愿意融入社会这个大家庭之中,他们感觉自己与其他人相比是残缺不全的,就该受到人们歧视的。[1] 这些不健康的社会氛围不仅在某种程度上影响着现代人、阻碍着人们观念的变革,且对残疾儿童的人格尊严、权利保障构成了严重的挑战与威胁,不利于残疾儿童健康成长,亟待修正和改进。

综上分析,我们认为中国残疾儿童在接受教育、保健服务、康复服务、就业准备等领域获得特别照顾权存在诸多障碍,其主要原因在于残疾儿童特别照顾权保障制度的法律体系不健全,突出表现在法律的强制性和立法质量两个方面;残疾儿童教育、康复、就业准备等制度之间缺乏有效的衔接机制,难以形成残疾儿童特别照顾权保障之合力;政府保障残疾儿童特别照顾权之法律责任的缺失,以及残疾儿童福利资源投入不足、分布不均;残疾儿童特别照顾之软硬件设施较为落后,无法满足残疾儿童康复、教育等需求。

五、中国残疾儿童特别照顾权的法律保障

残疾儿童特别照顾权的实现与否不仅体现了国家的经济社会发展,以及文明程度,更在一定层面上决定了国家的可持续发展。因而,无论从国家立法制度完善的角度,还是从社会经济政策的成本角度考虑,均应该建立健全符合我国国情并促进残疾儿童自由且全面发展的照顾制度。

(一)转变观念,更新残疾儿童特别照顾制度理念

我国现行法律认为残疾儿童问题主要是儿童和残疾本身。因此,残疾儿童特别照顾事业的出发点是基于慈悲怜悯而不是平等,强调的是人道而不是公平正义,关注更多的是残疾儿童的基本生存而不是最大限度的发展,制度的理念更多的是缺陷补偿而忽略潜能的发展[2]。同时,国家承担的仍然是儿童福利机构中的残疾儿童的照顾义务,对于原生家庭中的残疾儿童之照顾义务尚存诸多盲点。但从本质上看,残疾儿童特别照顾权保障是一种全面的社会

---

〔1〕 王思斌:《残疾儿童权利保障的法理分析与机制构建》,《社会保障研究》(北京)2007 年第 2 期。

〔2〕 高圆圆:《中国残疾儿童福利研究》,中国劳动社会保障出版社 2014 年版,第 134 页。

建设[1]。所以,在制度层面看,决不能机械地将其界定为一种国家、社会及家庭对残疾儿童的供养,而应更多的是确保残疾儿童享受均等参与社会生活的机会。进而论之,"残疾儿童问题"最主要的不是"儿童"和"残疾"本身,而是"人为"的外部障碍造成的"机会不平等",从而导致其功能的发挥受到限制。就此而论,残疾儿童特殊照顾之目的不是让残疾儿童"依赖"社会,而是通过全社会赋予残疾儿童同等的发展机会以构建残疾儿童的"新能力体系"。因此,残疾儿童特别照顾权保障制度的构建与完善应回归到注重残疾儿童的能力开发,确保残疾儿童平等参与社会生活之中来。具体体现在残疾儿童特别照顾权利保障上,要坚持完全平等、满足特殊需求、反对歧视等法律原则[2]。

(二)完善立法,修正残疾儿童特别照顾法律体系

目前,我国残疾儿童特别照顾权保障还处于发育时期,存在康复尚未纳入国家社会保障体系、受教育权保障措施和程序不够完善、环境保障立法粗疏等诸多困境,难以适应残疾儿童特别照顾权保障的需要。残疾儿童特别照顾权的实现必须有赖于规范化、体系化的制度,而法律是制度最为规范化的体现。因此,针对我国残疾儿童特别照顾权法制化相对落后的现状,建立健全残疾儿童特别照顾权保障法律制度迫在眉睫。一方面,鉴于我国迄今为止尚无一部儿童福利方面的综合性法律的缺陷,要加紧出台儿童福利法,设置残疾儿童福利专章,将残疾预防、早期干预、融合教育、治疗康复等内容纳入其中,使每一个残疾儿童接受教育、康复服务、保健服务等方面的福利得到法律保护。另一方面,基于残疾儿童教育和康复服务缺乏保障、社会歧视普遍存在的现状,一是要秉承全纳教育理念[3],整合残疾人保障法、教育法、义务教育法、职业教育法、残疾人教育条例等法律法规关于残疾人教育的内容,制定残疾人教育法,实现残疾儿童接受教育的零障碍;二是要坚持医学康复与教育、职业和社

---

[1]　周莹:《残疾儿童社会保障制度的研究》,《当代青年研究》2012 年第 8 期。

[2]　黎建飞:《残疾儿童权利保障的法律原则》,《河南省政法管理干部学院学报》2008 年第 2 期。

[3]　全纳教育是 1994 年 6 月 10 日在西班牙萨拉曼卡召开的《世界特殊需要教育大会》上提出的一种新的教育理念和教育过程。它容纳所有学生,反对歧视排斥,促进积极参与,注重集体合作,满足不同需求,是一种没有排斥、没有歧视、没有分类的教育。同时,全纳教育是一个不断变化的过程,通过政府和社会各方面的推动,使学习者越来越多地参与教育、培训和文化活动,反映所有学习者的不同需要。

会康复相结合的原则,加紧出台残疾人康复法,将残疾儿童康复服务纳入普通教育机构的日常活动之中,使残疾儿童在受教育的同时也能得到身体功能的康复。此外,为了保障残疾儿童的无障碍权益,应当拓展《无障碍环境建设条例》的保护范围,强化对软环境无障碍权益的促进。

(三)加大投入,完善残疾儿童照顾相关配套设施

残疾儿童特别照顾权的实现关键在于持续性、稳定性、发展性的财政支持。首先,完善儿童福利财政预算,扩大残疾儿童福利经费方面的财政预算。一是建议增加我国儿童福利预算在总福利预算中的权重,大幅提升残疾儿童福利经费支出的水平;二是建议设立残疾儿童福利的中央专项资金,以有效保障残疾儿童的生存与发展;三是建立合理的转移支付制度,在保持现行纵向支付的基础上,适当地推行直接向特殊县级行政机构的特殊支付,适宜地发展横向财政支付制度,实现区域之间、城乡之间残疾儿童福利服务的均等化[1]。其次,加大资金投入以强化康复、特殊教育及社会工作等专业人才的培养,实现残疾儿童特殊照顾的正规化、专业化、职业化。为解决我国残疾儿童照顾专业人才与残疾儿童照顾需求之间的供需矛盾:一是应当在高等院校培养残疾儿童教育、护理、康复等多层次的高级人才;二是尽快建立健全相关专业人才的培养体系和资格认证制度;三是建立健全残疾儿童照顾人才的评聘程序以完善各层次科研人员的培养机制;四是探索建立行业津贴制度,实行残疾特殊教育、康复工作补助,减少因待遇问题的人才流失。

(四)健全制度,构建多元化的残疾儿童照顾体制

福利社会化和福利多元化理论[2]强调残疾儿童福利服务的提供应当由残疾儿童照顾的不同主体分担,残疾儿童照顾不仅需要国家强有力的支持,更需要政府、社会、学校以及家庭的齐心协力。毋庸置疑,国家或公共团体负有

---

〔1〕 石光:《促进基本公共服务均等化的财政转移支付制度研究》,《特区经济》2011年第5期。

〔2〕 罗斯首次对福利多元主义予以了界定,而伊瓦斯则系统总结了福利多元主义思想。福利多元主义从宏观上关注福利的来源、供给以及保障等问题,认为福利应由国家、市场、家庭以及社会组织等多元主体共同提供,只有在发挥各主体福利供给优势的基础上,取长补短,才能实现福利供给的合理与可持续。参见彭华民等:《西方社会福利理论前沿:论国家、社会、体制与政策》,中国社会出版社2009年版,第3页。

培育儿童身心健康成长的责任,但我国目前有大量生活在贫困家庭中的残疾儿童,国家对这些残疾儿童的支持力度远远不够,残疾儿童照顾法制化过程中必须强调各级政府给付教育、康复、保健等福利服务之责任。为落实此项责任,政府需要积极探索建立残疾儿童津贴法律制度[1],如残疾儿童教育津贴、康复津贴、家庭支持津贴等。应加强国家对残疾儿童其他照顾主体法律上或政策上的引导,实现残疾儿童照顾社会各部门之间的通力协作。通过简化社会组织的登记程序及准入机制,采取免除或返还税收等税收优惠措施,激励社会组织提供儿童福利服务[2]。此外,还可以考虑实施儿童福利服务购买制度,以提升残疾儿童照顾质量。

---

〔1〕　姚建平、梁智:《从救助到福利——中国残疾儿童福利发展的路径分析》,《山东社会科学》2010年第1期。

〔2〕　王素芬:《非营利组织参与社会保障的理论基础与实现路径》,《当代法学》2012年第3期。

下篇 实践篇

第九章
中国儿童立法体系的完善路径

众所周知,《儿童权利公约》(以下简称《公约》)于 1989 年 11 月 20 日由联合国大会通过,是迄今为止内容最全面、最广泛的规范儿童权利的国际公约[1]。我国政府不仅于 1991 年批准加入了该公约,而且还高度重视保护儿童权利,并认真履行该公约。如我国政府于 1991 年制定了未成年人保护法、1992 年制定了《九十年代中国儿童发展规划纲要》、1999 年制定了预防未成年人犯罪法、2001 年发布了《中国儿童发展纲要(2001—2010 年)》等。为进一步改善儿童的生存发展状况,我国政府又于 2011 年颁布了《中国儿童发展纲要(2011—2020 年)》(以下简称"新儿纲"),对儿童权利保护事业提出了更高的标准和要求。这些举措充分表明我国政府在促进和保护儿童权利方面取得了巨大成就。与国家积极出台儿童保护政策形成鲜明对照的是,我国通过立法手段来促进和保障儿童权利略显滞后,已经难以满足当前国内儿童权利保护的现实需求。于此,本文拟对我国当下儿童立法体系作全面的梳理,分析其存在的问题,并在借鉴域外经验的基础上,提出若干完善之建议,以期对我国儿童权利的保护有所助益。

一、儿童的法律界定

儿童是一个法律上的概念。从各国立法看,有关儿童年龄的界定并未有统一规定,但大多以年满 18 岁为上限。国际立法也普遍以 18 岁为儿童年龄的上限,如《公约》第 1 条规定:"为本公约之目的,儿童系指 18 岁以下的任何人,除非对其适用之法律规定成年年龄低于 18 岁。"我国未成年人保护法第 2 条规定:"本法所称未成年人是指未满十八周岁的公民。"可见,《公约》规定的儿

---

〔1〕 迄今为止,除美国外,已经有 196 个国家加入了《儿童权利公约》。

童与我国法律中的未成年人具有同样的含义。然而在我国,由于现有立法并未对儿童的定义作出明确界定,因此,有关儿童年龄的界定,历来存在很大争议。有学者认为,不满 14 周岁者称为儿童,其中未满 12 周岁者简称为年幼儿童,12 周岁以上未满 14 周岁者简称为年长儿童。[1] 也有学者认为,我国儿童年龄的上限确定为 14 岁为宜,参考义务教育年限,可以延长到 15—16 岁。[2]还有学者认为,儿童是指 18 岁以下的所有人,即婴儿、幼儿、少年、少年儿童、青少年、未成年人等不同称谓,其法律上的权利义务关系与儿童的无异。[3] 笔者以为,尽管目前我国尚无法律上的儿童界定,但在 2011 年国务院出台的“新儿纲”中,我国政府却采用了《公约》中的年龄标准。[4]从比较法视野看,儿童的年龄界定为 18 岁以下之人,是世界各国的通行做法。因此,本书所指的“儿童”,就是指 18 岁以下的所有人,具体包括婴儿、幼儿、少年、少年儿童、未成年人或未成年子女等不同称谓。

二、中国儿童立法体系的现状[5]

立法体系是指制定法律文件所组成的体系,它与法律文件的效力等级有关。[6] 我国儿童立法,从效力层次上可分为宪法、法律、行政法规、地方性法规、规章和司法解释。这些立法,在形式上又可分为专门性儿童立法和非专门性儿童立法。具体而言,我国儿童立法体系包括以下内容。

(一)宪法

世界各国立法大多对儿童在宪法上的地位及享有的权利等内容作出明确规定,我国宪法也不例外。宪法不仅对一般公民的基本权利作了规定,还特别对包括儿童等在内的特殊群体的基本权利作了规定。如我国宪法第 46 条规

---

[1] 姚建龙:《少年刑法与刑法改革》,中国人民公安大学出版社 2005 年版,第 15 页。

[2] 管华:《儿童权利研究:义务教育阶段儿童的权利与保障》,法律出版社 2011 年版,第 18 页。

[3] 李双元等:《儿童权利的国际法律保护》,人民法院出版社 2004 年版,第 3 页。

[4] 在该纲要中提出儿童健康的主要目标时,其中第三个目标为“减少儿童伤害所致死亡和残疾。18 岁以下儿童伤害死亡率以 2010 年为基数下降 1/6”。可见,此处的儿童采用的是《儿童权利公约》的标准。参见:《中国儿童发展纲要(2011—2020 年)》,人民出版社 2011 年版,第 5 页。

[5] 原文题为《我国儿童法律体系的现状、问题及其完善建议》,《政治与法律》2012 年第 7 期。

[6] 周永坤:《法理学——全球视野》(第三版),法律出版社 2010 年版,第 80 页。

定了儿童享有受教育的基本权利[1]，第49条规定了儿童享有受保护的权利、受抚养的权利及免受虐待的权利[2]等。另外，宪法第48条对女童享有的平等权利作了明确规定，特别强调在就业领域与担任国家公职等方面确保男女平等[3]。可见，宪法为儿童权利保护提供了坚实的法律依据，从而为建立我国儿童立法体系奠定基石。

(二)专门性儿童法律、法规、规章与司法解释

概言之，我国专门性儿童法律较少，专门性儿童法规、规章数量较多，有关儿童方面的司法解释屈指可数。具体来看，主要有如下法律、法规、规章及司法解释。

1. 法律

目前，我国专门性儿童法律仅有三部。第一部是1991年制定的未成年人保护法(2006年修订)。该法被誉为我国儿童权利保护宪章，从家庭、学校、社会与司法保护等层面为儿童权利提供了全方位保障。第二部是1999年制定的预防未成年人犯罪法。该法主要包括预防未成年人犯罪的教育、对未成年人不良行为的预防、严重不良行为的矫治及未成年人对犯罪的自我防范等内容，以保障儿童身心健康、培养儿童良好品行、有效预防儿童犯罪为目的。第三部是1986年制定的义务教育法(2006年修订)。该法主要包括学生权利、学校与教师的责任、经费保障及法律责任等内容，以保障儿童的受教育权。

2. 行政法规

行政法规是指国务院依据宪法和法律制定的规范性法律文件。我国专门性儿童行政法规主要有：《学校卫生工作条例》(1990年)、《疫苗流通和预防接种管理条例》(2005年)等对儿童卫生、医疗保健提供法律保障；《禁止使用童

---

[1] 我国宪法第46条规定："中华人民共和国公民有受教育的权利和义务。国家培养青年、少年、儿童在品德、智力、体质等方面全面发展。"

[2] 我国宪法第49条规定："婚姻、家庭、母亲和儿童受国家的保护。夫妻双方有实行计划生育的义务。父母有抚养教育未成年子女的义务，成年子女有赡养扶助父母的义务。禁止破坏婚姻自由，禁止虐待老人、妇女和儿童。"

[3] 我国宪法第48条规定："中华人民共和国妇女在政治的、经济的、文化的、社会的和家庭的生活等各方面享有同男子平等的权利。国家保护妇女的权利和利益，实行男女同工同酬，培养和选拔妇女干部。"

工规定》(2002年)禁止任何单位和个体工商户招用不满16周岁的儿童,为保护儿童身心健康,杜绝任何企业和个人雇用不满16周岁童工提供了法律依据。此外,《幼儿园管理条例》(1989年)确立了政府对幼儿阶段的儿童接受国家照护、确保幼儿健康成长承担的责任。

3. 地方性法规

地方性法规是指享有立法权的地方人大及其常委会制定的规范性法律文件。就目前来看,我国31个省、自治区、直辖市都制定了专门的未成年人保护地方性法规,名称多采用《未成年人保护条例》,仅有广东、湖北、江苏、辽宁等少数省采用《青少年保护条例》的提法。从预防未成年人犯罪法的地方性法规制定来看,目前只有陕西、安徽、湖南、广东四个省的地方立法已经生效,且都是2004年之后制定生效的。[1]

4. 部门规章

部门规章是指国务院各部委依据宪法、法律、行政法规,在权限内发布的各种行政性的规范性法律文件。此类规范覆盖了社会的方方面面,其中专门性儿童部门规章主要有:公安部颁布的《公安机关办理未成年人违法犯罪案件的规定》(1995年),该法的内容主要包括讯问违法犯罪的未成年人应当通知合适成年人到场;实行分押、分管制度;对戒具的使用予以限制;予以宽免的处罚规定;对治安拘留处罚的慎用等。司法部颁布的《未成年犯管教所管理规定》(1999年)对保障未成年犯的合法权益作出明确规定。民政部颁布的《儿童社会福利机构基本规范》(2001年)、《流浪未成年人救助保护机构基本规范》(2006年)等对残疾儿童、流浪儿童的生存与发展提供充分的法律保障。卫生部颁布的《托儿所、幼儿园卫生保健管理办法》(1994年)、《学生集体用餐卫生监督办法》(1996年)等对幼儿卫生保健、在学儿童饮食安全等作出明确法律规定。

此外,劳动部颁布的《未成年工特殊保护规定》(1994年)对年满16周岁不满18周岁未成年工的合法权益提供特殊保护,保障其在生产劳动中的身心健康。教育部颁布的《流动儿童少年就学暂行办法》(1998年)将流动儿童享有受教育的权利法定化。

---

〔1〕 张文娟主编:《中国未成年人保护机制研究》,法律出版社2008年版,第32页。

5. 司法解释

目前,有关儿童方面的司法解释主要包括最高人民法院颁布的《最高人民法院关于审理未成年人刑事案件的若干规定》《最高人民法院关于审理未成年人刑事案件具体应用法律若干问题的解释》及最高人民检察院颁布的《人民检察院办理未成年人刑事案件的规定》等。现有司法解释对儿童提供了许多保护措施。如对不满 16 周岁的未成年人进行不公开审理;未成年人不适用死刑;对未成年人从轻、减轻处罚;在审判阶段为没有聘请律师的未成年人指定辩护律师等。

(三)非专门性儿童法律、法规与规章

1. 非专门性儿童法律

(1)儿童医疗保健与食品安全方面的法律

这方面的立法主要有三部:第一部是 1989 年制定的传染病防治法(2004年修订),该法规定国家对儿童实行预防接种证制度,国家免疫规划项目的预防接种实行免费。同时要求医疗机构、疾病预防控制机构与儿童的监护人应当相互配合,保证儿童及时接受预防接种。第二部是 1994 年制定的母婴保健法,该法为婴儿获得国家医疗保健服务,保障其健康,为提高我国出生人口素质提供了法律保障。第三部是 2009 年制定的食品安全法,该法对婴幼儿等特定人群的食品安全标准应包括的内容作了明确规定,并明令禁止生产经营营养成分不符合食品安全标准的专供婴幼儿和其他特定人群的主辅食品。

(2)儿童收养与受教育方面的法律

这方面的立法主要有:1991 年制定的收养法(1998 年修正),该法为儿童的抚养、成长提供了法律保障,尤其是有利于保障丧失父母的孤儿、查找不到生父母的儿童及生父母有特殊困难无力抚养儿童的合法权益。1995 年制定的教育法规定儿童有权接受学前教育、初等教育、中等教育、甚至高等教育。1996年制定的职业教育法为儿童接受各级各类职业学校教育和各种形式的职业培训提供了规范基础。2002 年制定的民办教育促进法为儿童进入民办学校接受教育提供了法律根据。

(3)儿童司法方面的法律

有关此方面的法律,目前尚无专门立法[1],主要散见于刑法、刑事诉讼法

---

[1]　然而在我国台湾地区,1997 年修订出台了"少年事件处理法",该法是专门规定如何就审理终结之少年(12—18 岁)予以个别处遇及执行保护处分的法律,是刑法与刑事诉讼法的特别法,适用于一般少年之犯罪案件及虞犯事件的处理。

与治安管理处罚法等有关条文中。1979 年制定的刑法(1997 年修订)对犯罪儿童的刑事责任作了较细致的规定,体现了国家对儿童这一特殊权利主体的尊重:第一,对于儿童刑事责任年龄的规定[1];第二,对于儿童犯罪从轻或减轻处罚的规定[2];第三,对于未达刑事责任年龄的儿童实施犯罪行为的处理[3];第四,对于儿童不适用死刑的规定[4]。我国刑事诉讼法(2012 年修正)对儿童权利的规定主要包括:一是在讯问和审判未成年犯罪嫌疑人或被告时,应当通知其法定代理人[5];二是未成年人在诉讼阶段未聘请律师的,法院、检察院、公安机关应通知法律援助机构指派律师为其提供辩护[6];三是对于未成年人犯罪的案件的公开受理之禁止或受限制[7]。2005 年制定的治安管理处罚法(2012 年修正)对于儿童违反治安管理的行为,给予同成人区别对待的规定[8]。

(4)其他儿童保护方面的法律

除上述立法外,其他儿童保护方面的法律主要有:1980 年制定的婚姻法

---

[1] 刑法(1997 年修订)第 17 条第 1 款、第 2 款规定:"已满十六周岁的人犯罪,应当负刑事责任。已满十四周岁不满十六周岁的人,犯故意杀人、故意伤害致人重伤或者死亡、强奸、抢劫、贩卖毒品、放火、爆炸、投毒的,应当负刑事责任。"

[2] 刑法(1997 年修订)第 17 条第 3 款规定:"已满十四周岁不满十八周岁的人犯罪,应当从轻或者减轻处罚。"

[3] 刑法(1997 年修订)第 17 条第 4 款规定:"因不满十六周岁不予刑事处罚的,责令他的家长或者监护人加以管教;在必要的时候,也可以由政府收容教养。"

[4] 刑法(1997 年修订)第 49 条规定:"犯罪时候不满十八周岁的人和审判的时候怀孕的妇女,不适用死刑。"

[5] 刑事诉讼法(2012 年修正)第 270 条第 1 款规定:"对于未成年人刑事案件,在讯问和审判的时候,应当通知未成年犯罪嫌疑人、被告人的法定代理人到场。无法通知、法定代理人不能到场或者法定代理人是共犯的,也可以通知未成年犯罪嫌疑人、被告人的其他成年亲属,所在学校、单位、居住地基层组织或者未成年人保护组织的代表到场,并将有关情况记录在案。到场的法定代理人可以代为行使未成年犯罪嫌疑人、被告人的诉讼权利。"

[6] 刑事诉讼法(2012 年修正)第 267 条规定:"未成年犯罪嫌疑人、被告人没有委托辩护人的,人民法院、人民检察院、公安机关应当通知法律援助机构指派律师为其提供辩护。"

[7] 刑事诉讼法(2012 年修正)第 274 条规定:"审判的时候被告人不满十八周岁的案件,不公开审理。但是,经未成年被告人及其法定代理人同意,未成年被告人所在学校和未成年人保护组织可以派代表到场。"

[8] 治安管理处罚法第 12 条规定:"已满十四周岁不满十八周岁的人违反治安管理的,从轻或者减轻处罚;不满十四周岁的人违反治安管理的,不予处罚,但是应当责令其监护人严加管教。"

(2001 年修正)第 2 条第 2 款规定:"保护妇女、儿童和老人的合法权益。"1985 年制定的继承法第 28 条规定:"遗产分割时,应当保留胎儿的继承份额……。"1992 年制定的妇女权益保障法明确了对女童权利的保护。2001 年制定的人口与计划生育法肯定了女婴的合法权益,并明令禁止歧视、虐待、遗弃女婴。1994 年制定的劳动法规定禁止用人单位招用未满 16 周岁的未成年人。《全国人民代表大会关于严禁卖淫嫖娼的有关决定》《全国人民代表大会关于严惩拐卖、绑架妇女、儿童的犯罪分子的决定》等对女童的身心健康与被拐儿童的人身安全提供法律保护。

2. 非专门性儿童行政法规

此方面的立法主要有:《食盐加碘消除碘缺乏危害管理条例》《艾滋病防治条例》等保护了儿童的身体健康。《互联网上网服务营业场所管理条例》《出版管理条例》等保护儿童免受不良信息的侵害。《法律援助条例》规定了儿童有权获得法律援助。

3. 非专门性儿童部门规章

此方面的立法主要有:卫生部颁布的《妇幼卫生工作条例》《母婴保健监督员管理办法》《母婴保健专项技术服务许可及人员资格管理办法》《母婴保健医学技术鉴定管理办法》《母婴保健法实施办法》等对婴幼儿的卫生、医疗保健作了细致规定。民政部颁布的《中国公民收养子女登记办法》《外国人在中华人民共和国收养子女登记办法》等规定了儿童收养的条件与程序。民政部颁布的《残疾人社会福利机构基本规范》等保障了残疾儿童的合法权益。

三、中国儿童立法中存在的问题

(一)儿童法律的立法理念落后

如前所述,就目前来看,我国现有儿童立法存在搭便车的现象。除上文所提及的专门性儿童立法外,绝大多数儿童立法都淹没在成人立法中,与成人立法并无不同。例如,无论成人还是儿童,只要涉及犯罪案件的处理,均一律适用刑法与刑事诉讼法,基本采用共通的程序规则。反观我国台湾地区,早在 1962 年就制定了区别于成人司法的"少年事件处理法",是专门针对儿童的身心需求而设计的一种司法制度。众所周知,儿童不同于成人,他们在心理和生理上尚未成熟,是需要呵护的对象,缺乏自我保护能力,较成人更易受到伤害。尽管如此,儿童并不是权利的客体,而是享有权利的主体。因此,儿童立法的理念必须建立在对儿童具有特殊身心需求的科学认识基础上,而不是将儿童视为成人的附属品,或者当成小大人来看待。

(二)儿童法律的立法技术粗糙

立法技术的精良有助于保障立法的质量,从而达致立法之目的。然而,考察我国儿童法律,笔者发现尚存以下立法技术上的不足:第一,许多法律概念的使用呈现混乱状态,各概念之间存在内涵交叉,甚至发生冲突。如现有儿童法律中大量使用了"婴儿""幼儿""婴幼儿""儿童""未成年人""少年""青少年"等概念,但这些概念的含义存在交叉,除未成年人含义明确外,其他概念的含义仍无法在法律上加以确定。第二,立法中的语言文字含糊不清,可操作性差。以未成年人保护法为例,该法被视为我国儿童权利保护的宪章,但就是这部被寄予厚望的儿童权利保护法,也存在条文过于粗疏,可操作性差以及对未成年人享有哪些具体权利实际语焉不详等问题。如未成年人保护法第 3 条第 1 款规定:"未成年人享有生存权、发展权、受保护权、参与权等权利,国家根据未成年人身心发展特点给予特殊、优先保护,保障未成年人的合法权益不受侵犯。"这里的"生存权、发展权、受保护权、参与权"等用语均非常笼统和模糊,儿童究竟享有哪些具体权利,该法未能作出明确规定。另外,此处的"优先保护"与《公约》所规定的最大利益原则之间存在较大差异,但却被许多学者解读为中国特色的"最大利益原则"[1],这显然是立法语言上的含糊不清所导致的结果。第三,各法律之间的协调性差,重复性立法较多。最突出的例子莫过于各地的未成年人保护条例照搬我国的未成年人保护法,导致我国有限的立法资源得不到合理利用。

---

[1] 例如柳华文教授在《儿童利益最大化原则的国内实施》一文中认为,"我国相关立法中规定的儿童优先原则与公约中的儿童最大利益原则具有一致的内涵"。参见柳华文主编:《儿童权利与法律保护》,上海人民出版社 2009 年版,第 15 页。

(三)儿童法律的立法形式分散、立法层次普遍不高

如前所言,当下我国制定了以宪法为基础,包括未成年人保护法、义务教育法、禁止使用童工规定等一系列法律、法规,形成了较完整的儿童立法体系。但是,儿童立法体系中专门性儿童立法较少,目前仅有未成年人保护法、预防未成年人犯罪法、义务教育法3部法律以及《幼儿园管理条例》《禁止使用童工规定》《未成年工特殊保护规定》《未成年犯管教所管理规定》4部行政法规或部门规章。许多涉及儿童权利的规范非常零散地分布在刑法、刑事诉讼法、民法通则、婚姻法、继承法等法律法规中。同时,现有专门性儿童立法,如《禁止使用童工规定》《幼儿园管理条例》等属于国务院制定的行政法规,立法层次低,不利于儿童权利的保护。

(四)儿童法律尚存诸多立法空白

儿童立法的空白之处主要表现在:第一,对于受虐待儿童、受忽视儿童、受遗弃及受违法行为侵害的儿童,现有立法未能建立起有效的预防干预机制。同时,缺少对危机家庭的干预、辅导及亲职教育的法律规定。第二,就贫困家庭儿童、单亲或失去双亲儿童、残疾儿童及流浪儿童等弱势儿童群体而言,尚未有给予社会救助的专门性立法。第三,尽管目前我国也有大量针对儿童卫生、医疗保健等内容的法律法规,但因这些立法缺乏系统性,且分散在不同位阶的法律规范中,不利于儿童权利的保护。我国儿童人口数量巨大,需要国家通过专门立法来保障其最基本的生存与发展权。但是,由于我国尚未有专门的儿童福利法,缺少对儿童福利的宗旨、原则及儿童的健康、教育、生存环境等基本生活条件的规定[1],导致儿童发展面临诸多困境。第四,对于不良行为的儿童及涉嫌犯罪的儿童,缺少专门的法律从实体与程序等方面对儿童权益加以保障。目前仅是在我国治安管理处罚法、刑法、刑事诉讼法、《公安机关办理未成年人违法犯罪案件的规定》及两院的司法解释中作了零散规定。第五,对于如何防范儿童接触各类不良信息,如互联网上的色情,电视电影中的暴力、色情等,现有立法对此束手无策,往往导致儿童正常获取信息的权利受到侵害甚至被完全剥夺。

---

[1]　刘金霞主编:《未成年人法律制度研究》,群众出版社2007年版,第433页。

四、儿童立法理念与立法体系的域外考察

(一)《公约》中体现的儿童赋权理念

《公约》认为,每一个儿童都是自己权利的拥有者,他们的权利并非源于或依赖于他们的父母或任何成人。这就是儿童赋权概念的基础。儿童赋权使每个儿童成为受尊重的个体,挑战和改变人们对于儿童的局限及歧视的观点和期望[1]。我们承认,儿童对成人有所依赖。但是,对儿童权利的承认并不会导致一个新的"具有特权的社会群体"。不仅如此,对儿童权利的认可提升了儿童的社会地位,使他们可以获得与成人平等对话的资格。在《公约》中,儿童赋权的一个重要体现是儿童拥有参与的权利,即根据儿童年龄与成熟度,儿童被赋权以使其参与影响他们的决策和行动。儿童参与对其自身发展十分重要。通过参与,儿童可以学习重要的生活技能和知识并采取行动防止和解决虐待与剥削,可以增强社会责任感,提高迎接挑战的能力等。

(二)儿童立法体系的域外考察:以美国、德国、日本为例

1. 美国儿童立法体系

由于人权观念上的分歧,美国迄今未能加入《公约》。但是,我们绝不可据此认为美国不重视儿童权利的保护。相反,美国是世界上对儿童权利保护做得最好的国家之一。1899 年美国伊利诺伊州通过了《少年法庭法》,开创了儿童司法的先河。1930 年的《社会保障法》确认了政府对残疾儿童的资助责任,该法后几经修改,日益完善。1946 年的《全国学校午餐法案》、1955 年的《脊髓灰质炎疫苗援助法案》、1963 年的《社区综合心理卫生中心法案》对儿童营养、生理健康与心理卫生等确认了政府的保护责任。1990 年的《儿童电视法案》、1998 年的《儿童网络隐私保护法案》《学校网络过滤法案》《儿童在线保护法案》及 2001 年的《儿童互联网保护法案》等保护儿童免受不良信息的伤害。2003 年的《预防虐待儿童及处理法案》《少年司法和犯罪预防法案》等对预防儿童虐待和预防少年犯罪作出规定。1984 年的《最低饮酒年龄法案》《美国未

---

[1] "人的安全网络"编:《人权教育手册》,李保东译,三联书店 2005 年版,第 288 页。

成年人保护法》规定了在未成年人饮酒方面的社会责任,也规定了未成年人本
身及其监护人的义务[1]。

2. 德国儿童立法体系

在大陆法系国家中,德国儿童立法体系相当完备。《改革儿童权利法》确
保非婚生子女得到平等对待。《非婚生子女平等继承法》规定婚生子女与非婚
生子女享有平等继承权。《抚养费固定金额条例》保障了未成年人获得抚养
费。1924 年的《青少年福利法》规定了儿童受教育的权利以及家庭教育在学前
教育中的优先地位。《少年扶助法》规定了国家、学校、家庭与社会对少年承担
的义务。《少年法院法》(2000 年修正)是集实体与程序为一体的综合性少年
法。《少年劳动保护法》(2003 年修正)对未成年人劳动保护作了详细规定。
《关于在公共场所保护青少年法》《禁止传播危害青少年作品法》《少年保护
法》等规定未成年人要远离烟酒、含有色情或暴力内容的媒体以及其他社会不
良因素[2]。

3. 日本儿童立法体系

自日本《宪法》(1946 年)颁布以来,日本制定了一套系统完整的儿童立法
体系,这些法律涵盖了儿童从出生到成年的各阶段,几乎可以保障儿童的所有
权益。1947 年的《儿童福利法》设立了禁止酷使儿童的条款,保障所有儿童在
福利、医疗、教育等方面的生活条件。1947 年的《教育基本法》与《学校教育
法》将儿童受教育的权利法定化。《儿童津贴法》《儿童抚养津贴法》《有关特
殊儿童抚养津贴支付等的法律》对儿童津贴的支付制度作了规定。《未成年人
吸烟禁止法》《未成年人饮酒禁止法》保障儿童远离烟酒。1999 年的《有关处
罚儿童性交易、儿童色情等行为及保护儿童等的法律》、2003 年的《关于规制使
用网络介绍异性业务引诱儿童等行为的法律》对儿童可能遭受性剥削及性虐
待作出了预防性规定。[3] 另外,《少年法》(2004 年修订)、《少年法院》(2002
年修订)、《少年院处遇规则》(2002 年修订)等对儿童司法作出了规定。

4. 小结

美国与德国、日本两国的立法分属于英美法系与大陆法系,基本代表了当

---

〔1〕　刘金霞主编:《未成年人法律制度研究》,群众出版社 2007 年版,第 389 页。

〔2〕　孙云晓等主编:《当代未成年人法律译丛》(德国卷),中国检察出版社 2005 年版,第 2—4 页。

〔3〕　孙云晓等主编:《当代未成年人法律译丛》(日本卷),中国检察出版社 2006 年版,第 2—7 页。

今资本主义国家的立法水平。因而,考察上述国家的儿童立法体系,可窥见世界儿童立法体系之全貌。总体而言,上述三国均非常重视儿童权利的保护,制定了较为系统全面的儿童立法体系,尤其注重对儿童福利的保护、儿童免受不良信息的预防以及区别于成人的儿童司法制度的建设。

五、中国儿童立法体系的完善路径

儿童作为一个独立的法律主体已为世人所共识。我国儿童群体庞大,18岁以下儿童有 3.67 亿[1]。他们的权利拥有与行使状况是权衡我国人权整体状况的重要指标。为保障我国未来公民的身心健康成长,维护其合法权益,我们可借鉴西方国家的有益经验,逐步健全与完善我国儿童立法体系。

(一)更新儿童立法理念,树立现代儿童权利观

首先,要更新儿童立法理念。的确,儿童天性柔弱、不成熟,需要成人社会的保护。但儿童不仅需要来自成人社会的关爱与保护,更需要在不断试错的环境中健康成长。这就需要在立法上不仅贯彻儿童保护的理念,而且还要贯彻儿童赋权的理念。如果一味强调对儿童的保护,而忽略了对儿童的赋权,那么,儿童可能永远无法长大。因此,我们应该将《公约》中的赋权理念引入到我国儿童立法中,使我国儿童法律成为真正的权利之法。其次,要树立现代儿童权利观。传统儿童观认为,儿童是父母或家庭的私有财产,是权利的客体,儿童拥有权利是不可接受的。显然,这种儿童观与《公约》的精神格格不入。因而,我们要树立现代儿童权利观,把儿童看作是一个真正的权利主体,唯有如此,才可避免种种在"爱的名义下"侵夺儿童权利的现象发生。

(二)尽快制定儿童福利法

正如前文所言,美国、日本等西方国家无不把制定儿童福利法作为衡量儿童权利保护的重要指标。我国虽然也有许多保护儿童健康、食物安全、卫生等方面的儿童福利法律,但因这些立法极其分散、缺乏系统性,难以起到全面保护儿童权利的目的。可喜的是,2011 年国务院在其制定的"新儿纲"中明确提

---

[1] 刘声:《我国出生人口性别比继续拉大》,《中国青年报》2005 年 8 月 16 日第 2 版。

出"继续完善保护儿童的法律体系。推进儿童福利、学前教育、家庭教育等立法进程"。可见,我国政府已把儿童福利列入国家立法规划。笔者认为,当前我国完全有财力来制定儿童福利法。针对我国国情,儿童福利的立法理念应由补缺型向适度普惠型转变。这部法律如刘继同教授所建言,应包括儿童福利局的设立、儿童财政和儿童公共福利财政的设立、儿童福利津贴和家庭津贴的设立等诸多内容。

(三)落实并完善儿童出生登记制度和儿童监护监督制度

儿童出生登记制度关乎儿童身份权的保障。没有进行出生登记的儿童,永远是黑户儿童。由于我国实行的计生政策导致大量超生儿童无法获得出生登记,这种做法无疑违背了《公约》精神,侵犯了儿童基本权利。我们呼吁,不能让无辜儿童为成人社会的错误决策买单,儿童获得出生登记的合法权利理应得到切实保障。同时要改革与完善出生登记相关制度与政策,加强各部门间的协调与信息共享,简化、规范出生登记程序。就儿童监护监督制度来说,要提高儿童父母和其他监护人的责任意识,完善并落实不履行监护职责或严重侵害被监护儿童权益的父母或其他监护人资格撤销的法律制度。与此同时,逐步建立以家庭监护为主体,以社区、学校等有关单位和人员监督为保障,以国家监护为补充的新型监护制度。

(四)完善具有严重不良行为儿童的矫治制度和涉嫌违法犯罪的儿童处理制度,适时出台"儿童违法行为矫治与处理法"

我们每个人曾经都是儿童,都是在不断试错的环境中长大成人。况且,儿童的违法或犯罪行为有许多是因其心智未臻成熟而导致的。为此,笔者建议,首先要建立家庭、学校、社会共同参与的运作机制,对有不良行为的儿童实施早期介入、有效干预及行为矫治。其次是加强对具有严重不良行为儿童的教育与管理,探索专门学校教育和行为矫治的有效方法。对于涉嫌违法犯罪的儿童来说,主要是对其贯彻教育、感化、挽救的方针,坚持"拯救而不是惩罚"的处理原则,依法从轻、减轻或免除对他们的处罚。在条件成熟时,我们可借鉴台湾地区的立法经验,制定专门针对儿童特殊身心需求的儿童司法制度,即"儿童违法行为矫治与处理法",以最大限度保护儿童权利。

（五）完善我国的媒体管理制度，设立针对儿童这类特殊群体的媒体管理规范，以保护儿童免受不良信息的危害

依据中国青少年研究中心 2001—2002 年对全国在押未成年犯的抽样调查，未成年犯接受正面传媒影响少，而对言情片、武打片、警匪片等则情有独钟。这样，在充满暴力、色情、庸俗、失真的媒体下生活的儿童将无可避免地沦为成人社会的受害者。尽管我国制定了《互联网上网服务营业场所管理条例》《出版管理条例》等行政法规，但对于如何避免儿童接触上述有害信息，还是捉襟见肘。对此，笔者认为，德国的做法值得我国借鉴。德国通过《少年保护法》和《广播电视与电信媒体中人格尊严保护及少年保护国家合同》两部法律对大众传媒的内容和载体进行了规范。德国对媒体传播内容的管理主要有两种路径：一是州最高机关或自愿独立审查组织可以在电影、电视和娱乐节目上分别用下列字样标识：(1)不限制年龄的开放；(2)对 6 岁以上年龄开放；(3)对 12 岁以上年龄开放；(4)对 16 岁以上年龄开放；(5)不得对少年开放。二是成立联邦危害少年媒体检察署，负责管理和维护危害少年媒体的目录，将无道德、具有野蛮影响、引起暴力、犯罪和种族仇恨的媒体列入目录，按照 A、B、C、D 四类进行管理[1]。

综合上述的分析，我们可以看到，我国已初步建立并形成以宪法为基础，以未成年人保护法为重点，包括义务教育法、预防未成年人犯罪法、母婴保健法、婚姻法、《禁止使用童工规定》等法律、法规、规章在内的有关儿童生存、保护和发展的完整的立法体系，为保护儿童权益、促进儿童事业发展提供了有力的法律保证。尽管如此，与西方许多国家相比，我国儿童立法缺乏系统性，整体立法水平有待提升，且留有诸多立法空白。因而，笔者认为，只要我们正视并积极应对儿童立法所面临的挑战，采取科学合理的措施来完善我国儿童立法体系，儿童权利的实现才会有可靠的保障。

---

〔1〕　孙云晓等主编：《当代未成年人法律译丛》(德国卷)，中国检察出版社 2005 年版，第 92—95 页。

第十章

中国儿童免受不良信息侵害立法的完善路径

鉴于信息对儿童成长与发展的两面性及儿童本身又缺乏识别力和自制力的特点,联合国《儿童权利公约》第 17 条(E)明确规定:"鼓励根据第 13 条和第 18 条的规定制定适当的准则,保护儿童不受可能损害其福祉的信息和资料之害。"自此,保护儿童免受不良信息侵害遂成为各缔约国之责任与义务,如何保护则成了世界各国政策制定者和社会公众普遍关注的问题。[1]虽然我国政府自 1991 年批准加入该公约以来积极立法,努力履行国家义务,但收效甚微而饱受诟病。一方面,儿童遭受不良信息侵害的事件频频见诸报端,不良信息日益成为儿童成长与发展的"危险因素",如 2 岁半儿童效仿"光头强"挥斧自伤手指;5 岁儿童效仿"红太狼"拿平底锅见人就打;6 岁男童效仿"奥特曼"从楼上"飞"下命悬一线;9 岁男孩模仿"灰太狼"把小伙伴绑树上烤酿惨剧。[2]另一方面,我国保护儿童免受不良信息侵害立法不完善,"对于如何防范儿童接触各类不良信息,如互联网上的色情、电视电影中的暴力、色情内容等,现行法律尚存不少空白"[3],儿童获得适当信息的权利无法得到立法保护。于此,笔者拟对我国儿童免受不良信息侵害立法予以梳理,分析其不足,在汲取域外相关立法经验的基础上,提出我国儿童免受不良信息侵害立法之完善措施。

---

[1] 匡文波,高岩:《新媒介环境下西方国家保护未成年人免受不良信息侵害的策略分析》,《国际新闻界》2010 年第 1 期。

[2] 孙旭辉:《看了"熊出没",模仿"光头强"两岁半男孩玩斧头砍伤两根手指》,《现代快报》2014 年 3 月 22 日第 A10 版。

[3] 吴鹏飞:《我国儿童法律体系的现状、问题及其完善建议》,《政治与法律》2012 年第 7 期。

一、不良信息之立法概念厘定[1]

(一)国外不良信息立法概念分析

从国外来看,不良信息立法概念并无统一的表述。美国立法认为不良信息是对未成年人有害的信息,是指能够引起未成年人对裸体、性或分泌物的欲望;或是以某种明显令人厌恶的方式对未成年人传递出与性相关的信息;或整体上对未成年人缺乏严肃的文学、艺术、政治或科学价值的任何图片、影像、图形影像文件或其他视觉图像。[2] 显然,其将不良信息主要界定为"色情信息",范围略显狭窄;而所谓的"严肃的文学、艺术、政治或科学价值"是难以判断且操作性不强的。德国《禁止传播危害青少年作品法》第 1 条规定:"本法所称危害青少年的作品,主要是指有伤风化、具有粗野影响、助长青少年使用暴力和犯罪、煽动种族仇恨,以及美化战争的作品。"[3]基于此逻辑,凡是含有伤风化、具有粗野影响、助长青少年使用暴力和犯罪、煽动种族仇恨及美化战争等内容之信息皆为不良信息,很明显此界定过于宽泛。日本《不良网站对策法》对"不良信息"作如下界定:(1)直接且明确地约定、中介或引诱他人犯罪或违反刑罚法令的行为;直接且明确地发表引诱他人自杀的信息;(2)对人的性行为或性器官等的猥亵描写或其他明显地使人产生性欲、刺激性欲的信息;(3)发表杀人、死刑、虐待等场面的令人毛骨悚然的描写或其他非常残酷内容的信息。[4] 换言之,有关性、暴力、滥用毒品、欺辱、诱发青少年犯罪等内容信

---

〔1〕 原文题为《论我国保护儿童免受不良信息侵害立法的完善》,《中国立法学研究会 2013 年学术年会会议论文集》(下册),2013 年 11 月。

〔2〕 美国《儿童互联网保护法案》第 1703 条(b)(2)。参见孙云晓等主编:《当代未成年人法律译丛(美国卷)》,中国检察出版社 2005 年版,第 16 页。

〔3〕 另外,德国在《少年媒体保护国家合同》第 4 条中对不良信息作了更详细的界定和分类。包括反对自由民主基本制度或民族和解的;违宪组织的标识;煽动种族仇恨的;对公共和平的妨碍、否认或者藐视的;颂扬或美化某种残暴行为的;对违法行为进行指导的;颂扬战争的;侵犯人格尊严的;展示儿童或者少年非自然的强调性别的身体姿态的;以色情或者残暴对儿童或者少年的性虐待或者人与动物的性交为内容的;明显会在传播媒介的特定作用形式下严重危害儿童人格培养的;属于其他形式色情的。参见孙云晓等主编:《当代未成年人法律译丛(德国卷)》,中国检察出版社 2005 年版,第 110—112 页。

〔4〕 韩景芳:《日本防止青少年接触不良网站的法律保护》,《传媒观察》2010 年第 1 期。

息即为不良信息,实质是认为不良信息主要为"诱发青少年犯罪的信息",同样存在着界定过窄的问题。总体而言,国外不良信息之立法概念界定或宽或窄,或操作性不强,这些都值得引以为戒。

(二)我国不良信息之立法概念分析

从我国来看,法律并未对不良信息作出精准的界定,仅是在《计算机信息网络国际联网安全保护管理办法》和《互联网文化管理暂行规定》等规范性文件中规定[1],任何单位和个人不得制作、复制、查阅和传播以下信息:反对宪法基本原则的;危害国家统一、主权和领土完整的;泄露国家秘密、危害国家安全或损害国家荣誉和利益的;煽动民族仇恨、民族歧视,破坏民族团结,或侵害民族风俗、习惯的;宣扬邪教、迷信的;散布谣言,扰乱社会秩序,破坏社会稳定的;宣扬淫秽、赌博、暴力或教唆犯罪的;侮辱或诽谤他人,侵害他人合法权益的;危害社会公德或民族优秀文化传统的;有法律、行政法规和国家规定禁止的其他内容的。可见,这些法规或规章认为不良信息是指不符合法律规定、有违社会公共秩序与道德、对社会产生有害影响的信息。不难看出,我国存在与德国立法对于不良信息规定笼统且认定困难等类似的问题。

法律概念是对法律事实共同特征概括而形成的权威性范畴,是"法律规范和法律制度的建筑材料"[2],具备明确性、规范性、统一性等特点。因而法律上界定不良信息就得考量这些特点,界定既不能过宽,也不能过窄;既要考虑立法技术,又要顾及司法实践。基于此,我们认为不良信息是指任何单位或个人为了牟取利益或实现其他目的,利用通信工具、计算机网络、广播、电影、电视、出版物等信息媒介散布的,通过程序、图像、文字、声音等一种或多种形式呈现的,含有危害儿童思想、道德、心理和行为等方面健康发展的信息。倘若以儿童为主体划分的话,既包括以儿童为接受对象的不良信息,也包括以儿童为传播内容的有害信息。具体而言,包括但不限于以下类型:淫秽色情、封建

---

〔1〕 有关不良信息的范围界定主要有:《关于加强通过信息网络向公众传播广播电视类节目管理的通告》第4条;《中华人民共和国电信条例》第57条;《互联网信息服务管理办法》第15条;《教育网站和网校暂行管理办法》第18条;《互联网文化管理暂行规定》第17条;《计算机信息网络国际联网安全保护管理办法》第5条等。

〔2〕 [德]伯恩·魏德士:《法理学》,丁晓春、吴越译,法律出版社2005年版,第91页。

迷信、凶杀暴力、赌博诈骗、吸毒贩毒、教唆犯罪、宣扬仇恨和歧视等。质言之，凡是严重危害儿童身体、精神、心智和道德等方面发展的信息，均为法律规制的对象。

二、中国儿童免受不良信息侵害之立法现状

我国现行有关儿童免受不良信息侵害的规定主要体现在宪法、未成年人保护法、预防未成年人犯罪法等法律法规中，具体内容如下：

（一）宪法

宪法是公民权利的保障书，明确规定了儿童的宪法地位与基本权利。我国宪法第 49 条规定儿童受国家保护，禁止虐待儿童。就文本而言，似乎并没有保护儿童免受不良信息侵害的条款，但从文义上看，保护儿童免受不良信息侵害是儿童健康权的应有之义，是儿童权利的基本内容。可见，事实上我国宪法确立了保护儿童免受不良信息侵害的原则性规定，并为其立法提供了根本法依据。

（二）未成年人保护法

我国儿童权利保护宪章——未成年人保护法为儿童在家庭、学校、社会与司法等领域的权利提供了全方位的保障。其中，有不少条款是保护儿童免受不良信息侵害的内容。首先，该法第 4 条、第 11 条、第 19 条、第 33 条、第 45 条明确了国家、社会、学校和家庭承担着保护儿童不受资本主义的、封建主义的和其他的腐朽思想侵蚀的职责。其次，该法第 34 条和第 64 条规定，禁止任何组织、个人制作或者向未成年人出售、出租或者以其他方式传播淫秽、暴力、凶杀、恐怖、赌博等毒害未成年人的图书、报刊、音像制品、电子出版物以及网络信息等。最后，该法第 36 条和第 66 条要求营业性歌舞娱乐场所、互联网上网服务营业场所等不得开设在中小学周边，且要在显著位置设置未成年人禁入标识。此外，该法第 37 条和第 67 条规定，禁止向未成年人出售烟酒，否则将承担行政处罚的法律后果。

（三）预防未成年人犯罪法

预防未成年人犯罪法包括预防未成年人犯罪的教育、对未成年人不良行

为的预防和矫治等内容。其中,有关保护儿童免受不良信息侵害的规定主要集中在第三章对未成年人不良行为的预防和第七章法律责任中。在家庭方面,该法第 14 条、第 15 条、第 18 条等明确未成年人的父母或其他监护人有教育儿童不要有接触色情、淫秽等不良行为的职责。在学校方面,该法第 24 条、第 25 条、第 26 条要求学校净化校内外环境,避免学生遭受不良信息侵害。在社会方面,该法第 33 条、第 55 条要求营业性歌舞厅、营业性电子游戏场所应设置明显的未成年人禁入标志,并禁止未成年人进入;该法第 30 条、第 31 条、第 52 条及第 53 条规定,任何单位和个人不得通过读物、音像制品、电子出版物、通信、计算机网络向未成年人传播不良信息;该法第 32 条、第 54 条规定广播、电影、电视、戏剧节目,不得有渲染暴力、色情、赌博、恐怖活动等危害未成年人身心健康的内容,否则将受到处罚。此外,该法第 29 条、第 56 条规定任何人不得教唆、胁迫、引诱未成年人实施不良行为,或为未成年人实施不良行为提供条件,违者将面临治安处罚或追究刑事责任。

(四)其他相关法律、法规与规章

除前述两部专门保护儿童权利的规范性文件外,保护儿童免受不良信息侵害相关的规范性文件还有《关于出版少年儿童期刊的若干规定》《中华人民共和国计算机信息网络国际联网管理暂行规定》《中华人民共和国电信条例》《出版管理条例》《中小学生幼儿园安全管理办法》等。其中,《关于出版少年儿童期刊的若干规定》和《出版管理条例》在个别条款[1]中原则性地规定以未成年人为对象的出版物不得夹杂或宣扬不良信息。《中华人民共和国电信条例》和《中华人民共和国计算机信息网络国际联网管理暂行规定》没有任何一条涉及儿童或青少年保护的专门条款,只是前者在第 13 条规定不得制作、查阅、复制和传播妨碍社会治安的信息和淫秽色情等信息;后者在第 57 条规定任何组织或者个人不得利用电信网络制作、复制、发布、传播违反法律或道德的

---

[1] 《关于出版少年儿童期刊的若干规定》第 3 条规定:少年儿童期刊刊载的作品要适合中国的国情和少年儿童的特点,要有利于少年儿童的身心健康;不得夹杂淫秽色情内容,不得宣扬封建迷信和伪科学,不得宣扬凶杀暴力等内容。《出版管理条例》第 26 条规定:以未成年人为对象的出版物不得含有诱发未成年人模仿违反社会公德的行为和违法犯罪的行为的内容,不得含有恐怖、残酷等妨害未成年人身心健康的内容。

信息。此外,《中小学生幼儿园安全管理办法》第 13 条、第 52 条、第 53 条明确文化、新闻出版、工商等部门净化校园周边环境,确保青少年成长的良好环境之义务,却未设置相应的责任条款。

三、中国儿童免受不良信息侵害之立法缺陷

尽管上述立法为我国儿童免受不良信息之侵害发挥了积极作用,但不可否认的是,这些法律法规尚存诸多亟待完善之处,主要表现在以下四个方面。

(一)立法内容滞后

"无论什么时代的法律制度,都是人们为了一定需要而创设的。"[1]因而,无论哪个领域的立法均应反映当代同步或超前的需要,否则,立法就会存在滞后性。据报道,全国 581 家出版社中竟有 523 家在出版经营少儿读物。2007—2012 年的 5 年间,少儿出版物由 10460 种增加到 31059 种,每年增幅均为 40% 以上。[2] 然而,我国规制少儿出版市场的法律仅有《出版管理条例》和《关于出版少年儿童期刊的若干规定》。其中后者还是 1995 年制定的,立法步伐滞后。同时,我国青少年手机网民已接近 1.5 亿人,然而对于如何应对手机不良信息的传播,目前尚无系统的应对策略和措施[3],相应立法相对滞后。

(二)立法形式分散

立法形式分散主要体现在两个方面:其一,立法相对不集中。如前所述,儿童免受不良信息侵害的规范性文件各式各样,涵盖了法律、法规、规章等诸多法源。这就造成规制不良信息的规定必然散落其中,那么当儿童遭受不良信息侵害时也只能在这些分散的法律法规中才能找到可援引的法

---

〔1〕 葛洪义:《法理学》(第三版),中国人民大学出版社 2011 年版,第 38 页。
〔2〕 贾梦雨:《莫让少儿读物"少儿不宜"》,《新华日报》2013 年 9 月 17 日第 B5 版。
〔3〕 温凤鸣,侯晓慧:《手机不良信息对青少年的影响及媒介素养教育对策》,《东南传媒》2012 年第 12 期。

条。其二,立法缺乏针对性。[1] 事实上,规制不良信息的诸多法规、规章均是为了加强行业管理与规范业务而制定的,并非基于保护儿童获得适当信息权的宗旨。即便是未成年人保护法和预防未成年人犯罪法等未成年人保护法律也只是儿童权利综合保护,并没有专门的儿童免受不良信息侵害的立法。

(三)立法技术不完善

立法技术不完善主要表现在:第一,法律概念含混不清。一方面,许多法律概念的使用呈现混乱状态,各概念间存在内涵交叉,甚至产生抵牾。如现有儿童法律中大量使用了"婴儿""幼儿""婴幼儿""儿童""未成年人""少年""青少年"等概念,但这些概念的含义存在交叉,除未成年人含义明确外,其他概念的内涵仍无法在法律上加以厘清。[2] 另一方面,相关法律术语缺乏明确解释,严重削弱了法律法规的可执行性。如不良信息、儿童色情、暴力、淫秽等关键性法律术语在相关规范性文件中找不到系统完整的解释与说明。第二,立法系统性有待改进。突出的问题是各法律法规间作出相同或相似规定的较多,而有机衔接和相互补充的较少。比如未成年人保护法第 34 条和预防未成年人犯罪法第 31 条在内容上几乎就是相同的。

(四)法律制度不健全

法律制度的不健全主要体现在法律责任机制和信息分级制度等方面。首先,法律责任机制存在责罚不均衡,也即是实施传播不良信息行为与受到的处罚不相适应。比如,预防未成年人犯罪法第 52 条、第 53 条、第 54 条、第 55 条规定了向未成年人提供不良信息或不良信息接触机会需要承担没收出版物和违法所得、责令停业整顿或吊销许可证、罚款的责任,然而这些处罚相对于违法成本及带来的危害是完全不匹配的。其次,我国信息分级制度尚付阙如。无论是传统的电视、广播、电影等媒体,还是电脑、手机等新兴信息平台均未形成严格意义上的信息分级制度。既未将成年人与未成年人信息予以区分,也

---

〔1〕 李赞:《保护儿童免受网络侵害的国际法律制度研究》,湖南师范大学 2006 年硕士学位论文,第 59 页。

〔2〕 吴鹏飞:《我国儿童法律体系的现状、问题及其完善建议》,《政治与法律》2012 年第 7 期。

未将未成年人信息根据不同年龄段加以分级。此外,也未能建立起由社会大众参与的监督和保护制度。

四、域外儿童免受不良信息侵害之立法考察

(一)域外儿童免受不良信息侵害之立法

1. 美国的立法

就全球范围而言,美国是目前对儿童网络信息泄露防范最为严密的国家。为保护儿童网络信息安全免受不良信息之影响,美国在立法方面的努力已行之多年。1990 年的《儿童电视法案》规定儿童电视节目不能过度商业化,要满足儿童观众教育和信息要求;要严格限制淫秽、色情或猥亵内容;要加强电视暴力内容管理,实现电视分级制度;违反者可能面临禁止令、罚金、短期续展、不续展或吊销执照处罚。[1] 1996 年颁布的《通信内容端正法》,规定严禁通过互联网向未成年人发布带有色情等内容的信息,否则责任人将受到刑事处罚。[2] 1996 年的《传播净化法案》规定,"故意"向 18 岁以下的接受者传播"猥亵"或"明显侵犯性"的在线内容将被予以罚金或监禁。[3] 1998 年的《儿童在线隐私保护法案》规定出于商业目的传播对未成年人有害的内容要负刑事责任,事先要求用户身份核实(如输入信用卡号、数字年龄身份证)来预防未成年人进入。2000 年的《儿童互联网保护法案》(2012 年修订)规定接受联邦特定资助的图书馆和中小学必须采用网络过滤技术和其他措施,防止未成年人接触不恰当和有害的网络内容,保护未成年人使用电子邮件、网络聊天室及其他电子通信方式的安全,保护未成年人的个人信息等。[4] 2003 年的《禁止奴役当代儿童起诉和其他手段法》明确政府有责任保护儿童免受犯罪分子的骚扰或儿童色情物品制作者所实施的性奴役,打击传播儿童色情物品整个链条的各环节。

---

〔1〕 李盛之:《美国儿童电视节目法律规制初探》,《中国电视》2010 年第 10 期。
〔2〕 郭爽:《美国加强立法保护儿童上网安全》,《广州日报》2012 年 12 月 28 日第 9 版。
〔3〕 张顼英:《〈传播净化法案〉美国对色情网站的控制模式》,《社会科学》2006 年第 8 期。
〔4〕 孙云晓等主编:《当代未成年人法律译丛(美国卷)》,中国检察出版社 2005 年版,第 152—153 页、第 163—167 页。

2. 俄罗斯的立法

俄罗斯十分重视儿童权益的保障,尤其是在儿童免受不良信息方面,其制定了包括联邦法律、总统令和政府决定等在内的一系列规范性文件。1998 年的《俄罗斯联邦儿童权利基本保障法》规定,国家有义务依法采取措施,保护儿童使其免受影响身心健康的不良信息之侵害。2005 年总统普京签署专门针对未成年人的禁酒令,禁止未成年人在学校、体育场所等指定范围内购买和饮用啤酒,否则将面临低额罚款;禁止经销商出售啤酒给未成年人,否则将被处以罚款直至没收酒类专卖许可证。2012 年修订后的禁酒法案规定,对向儿童出售酒精的个人,罚款金额提高到原来的 10 倍,高达 3 万至 5 万卢布(约合 6000元至 8000 元人民币);对商店的罚款额度则提高到 30 万至 50 万卢布(约合 6万元至 8 万元人民币)。[1] 2010 年的《保护儿童免受对健康和发育有害信息法》,按照受众年龄 6 岁以下、满 6 岁、满 12 岁、满 16 岁标准,将有关影响儿童健康和发育的有害信息分为四大类 13 种情况。相应地,俄电影总署将电视、网站、音像制品标识 0 +、6 +、12 +、16 +、18 +进行分级。2013 年通过《有关保护儿童树立传统家庭价值观〈保护儿童免受对健康和发育有害信息法〉及其他相关法修正案》,从国家层面规定在儿童中宣传同性恋属于行政违法行为,其中利用广播、电视、互联网等手段传播非传统性关系的行政违法行为将比以传统手段传播非传统性关系的行政违法行为受到更严厉的处罚,最高罚款额达到100 万卢布。另外,俄罗斯《行政违法法典》规定了电信领域的行政违法行为的处罚,有力地保障了儿童免遭不良信息之侵害。[2]

3. 德国的立法

鉴于社会不良文化泛滥成灾,为保护儿童与少年免受不良文化影响,德国先后颁布了《关于在公共场所保护青少年法》、《禁止传播危害青少年作品法》、《少年保护法》以及《少年媒体保护国家合同》。其中,《关于在公共场所保护青少年法》要求当少年儿童和青年停留在娱乐、赌博等危害其道德或使其产生放纵行为的场所时,有关部门或单位必须向青少年福利局报告。规定少年儿

〔1〕 曹妍:《综述:俄罗斯重罚向未成年人售酒者》,新华网:http://news. xinhuanet. com/world/2012 -10/30/c_113550239. htm,访问时间:2014 -8 -20。

〔2〕 朱冬传:《俄罗斯修法保护儿童免受不良信息侵害》,《法制日报》2013 年 6 月 18 日第 9 版。

童和青年不准参加公共场所的舞会,不准观看杂耍、时事讽刺剧、淫秽歌舞和影响青少年身心健康发展的电影。《禁止传播危害青少年作品法》规定联邦检察署专门对危害青少年内容的作品、录音带、绘画和演出进行注册和公布,经过注册和公布的作品不仅不能向青少年开放,向成年人出售这些作品也要严加控制。对某些明显严重危害青少年的作品,即使没有注册也要受到严格限制。成年人故意或过失未在指定地点和范围内出售和传播此类作品,可给予刑事处分;如果行为人是青少年,则由青少年福利局对其采取相应的措施。《少年保护法》要求保证未成年人远离烟酒、含有色情或暴力内容的媒体及其他社会等不良因素。具体措施包括对自动售烟机进行安全设置;禁止未成年人进入成人舞厅或电影院;违反规定的责任人将被处以刑罚或罚款。为促进该法的实施,政府还通过了《少年保护法实施条例》。《少年媒体保护国家合同》是德国联邦与各州签署的协议,对如何避免未成年人遭受色情、暴力等不良媒体文化影响作了规定。此外,德国《刑法典》专门特别将向未成年人出售色情物品的行为规定为犯罪。[1]

4. 日本的立法

自 1946 年《宪法》颁布以来,日本制定了一套系统完整的儿童法律体系,尤其注重对儿童福利的保护及儿童免受不良信息的预防。《未成年人吸烟禁止法》和《未成年人饮酒禁止法》有效防止了儿童接触烟酒。1998 年的《风俗营业的规制与业务适正化法》明确规定互联网运营商发现服务器中含有拍摄的淫秽影像或儿童色情图片时,有义务阻止色情视频传输和删除色情图像,否则要承担法律责任。[2] 1999 年的《有关处罚儿童性交易、儿童色情等行为及保护儿童等的法律》(2004 年修订)既对儿童可能遭受性剥削及性虐待作了预防性规定,也对介绍和有关劝诱儿童性交易及提供儿童色情物品等危害儿童身心的行为作出了处以有期徒刑或罚款的规定。2000 年的《预防儿童虐待等的法律》(2004 修订)规定禁止儿童虐待、预防儿童虐待与早期发现及国家、各级政府等相关主体的责任,任何人均必须追求良好的家庭环境及近邻社会的

---

〔1〕 孙云晓等主编:《当代未成年人法律译丛(德国卷)》,中国检察出版社 2005 年版,第 2—4 页。

〔2〕 杨传刚:《日本保护未成年人免受不良网站侵害的立法与启示》,《河北青年管理干部学院学报》2011 年第 4 期。

友好关系,保护儿童免受不良信息之侵害。2003 年的《关于规制使用网络介绍异性业务引诱儿童等行为的法律》明确了责任主体,要求儿童的保护人必须为防止儿童利用网络介绍异性业务采取必要措施,规制任何人利用网络介绍异性妨碍儿童健康成长的行为,防止新媒体对儿童的性侵害。2003 年《促进儿童的读书活动法》要求组织者在进行其事业活动时,要努力提供有助于儿童健康成长的书籍;国家及地方政府要保证儿童读书机会和场所,完善相关环境。[1]2008 年的《不良网站对策法》对国家和地方公共团体、行业管理协会、电信服务商、过滤软件开发商、网络内容服务商、民间团体和未成年人监护人等在保障青少年安全上网方面的义务作了详细规定,并要求推广和不断升级过滤软件,尽可能减少青少年通过网络阅读不良信息的机会,从而实现青少年安全上网。[2]

(二) 立法经验

　　总体而论,上述四国的立法基本代表了当今世界在儿童免受不良信息之侵害的立法水准,也基本能反映出当今世界对于儿童免受不良信息侵害立法之概貌,因而颇有借鉴意义。概言之,至少有以下一些经验值得我国效仿:第一,通过制定专门的立法,为儿童免受不良信息之侵害提供法制保障。比如俄罗斯的《保护儿童免受对健康和发育有害信息法》、德国的《禁止传播危害青少年作品法》及《少年保护法》等为儿童免受不良信息侵害构筑了比较完善的保护体系;第二,上述四国对有关法律术语作出了非常清晰、明确、详尽的解释,为相关执法与司法部门适用法律提供了便利;第三,各国立法对不良信息进行了较为详细的分类与管理,尤其是建立了一整套严格的信息分级制度,强制安装信息过滤系统以规避新媒介下的不良信息;第四,各国立法均设立了保护儿童免受不良信息侵害的专门机构,明确了组织职责、人员构成及工作程序等内容。如美国的儿童福利局、俄罗斯的出版与大众传媒署、德国的联邦危害少年媒体检察署、日本的少年指导委员会等;第五,各国立法设定了比较严厉的法律责任条款,以保护儿童免受不良信息之侵害。

---

〔1〕 孙云晓等主编:《当代未成年人法律译丛(日本卷)》,中国检察出版社 2005 年版,第3—7 页。
〔2〕 钟婉颜:《日本普及过滤软件,确保未成年人上网安全》,人民网:http://world. people. com. cn/GB/57507/12301606. html,访问时间:2013 -10 -29。

五、中国儿童免受不良信息侵害立法的完善路径

(一)坚持立法科学性原则,提高法的系统性及可操作性

科学性原则要求在立法过程中,注重立法的科学化与现代化,这样有助于保障立法的质量,从而实现立法之目的。我国保护儿童的立法内容滞后、形式分散等问题的存在,其根源在于立法不科学。因此,儿童免受不良信息侵害立法需要遵循立法的科学性原则。首先,立法要与时俱进。要及时总结国内立法实践,审慎借鉴域外立法经验,同时要把握国际立法趋势,在内容上保障儿童立法的与时俱进,避免法的滞后性。其次,明晰法律概念。即以科学的方法、严谨的态度界定诸如不良信息、儿童色情、暴力、淫秽等关键性法律术语,增强法的可操作性。例如,美国的《儿童网络保护法》和《儿童网络隐私保护法》用相当大的篇幅对有关概念、术语予以了界定,对法的理解和适用起到了很关键的作用。最后,增强法的系统性。要强化各规范性文件之间的有机协调,提高立法效率,而不是机械性的重复或仅作相类似的表述,避免立法资源的浪费。

(二)尽快制定儿童免受不良信息侵害法

如前所述,美、俄、德、日等国均制定或颁布了专门的统一立法来保障儿童免受不良信息之侵害,促进儿童思想、道德、心理和行为的良好发展。比较而言,我国尽管制定了未成年人保护法、预防未成年人犯罪法等法律、法规对不良信息的传播予以规制,但保护理念相对滞后,法律规定比较分散,这极大地制约了儿童权益保护的最大化。应当承认,新媒介下信息获取的便捷性及信息内容的广泛性,使得人们依靠一般性的儿童权利保护法来对此予以规范,可能难以有效地保护儿童权利。正确的做法是既要使儿童能够利用科学技术革命所带来的新技术成果,从而更加有利于儿童发展权的行使与保障,又要有效地防范儿童免受新技术可能带来的不利后果。因此,加强儿童免受不良信息侵害的立法具有重大而积极的现实意义。鉴于此,我国应当借鉴国外制定专门的儿童免受不良信息侵害之立法模式,考虑将此项法律纳入立法规划中,并尽早出台我国的儿童免受不良信息侵害法,集中对传播不良信息的行为予以规制。

(三)优化我国的媒体管理制度

根据我国三次全国性在押未成年犯抽样调查可知,绝大多数未成年人犯罪与接触不良信息有关,而传播不良信息的媒体正是电影、电视、网络及手机等。[1] 既然如此,我们就应当加强对大众传媒的引导与监督,避免儿童接触有害信息。为此,《出版管理条例》《互联网上网服务营业场所管理条例》等行政法律法规对此作出了尝试,但还是捉襟见肘。而在此方面,德国有不少经验值得我国借鉴。德国通过《广播电视与电信媒体中人格尊严保护及少年保护国家合同》和《少年保护法》两部法律对大众传媒的内容和载体予以规范。德国对媒体传播内容的管理主要有两种路径。一是州最高机关或自愿独立审查组织可以在电影、电视和娱乐节目上分别用下列字样标识:(1)不限制年龄的开放;(2)对 6 岁以上年龄开放;(3)对 12 岁以上年龄开放;(4)对 16 岁以上年龄开放;(5)不得对少年开放。二是成立联邦危害少年媒体检察署,由其负责管理和维护危害少年媒体的目录,将无道德、具有野蛮影响、引起暴力、犯罪和种族仇恨的媒体列入目录,按照 A、B、C、D 四类进行管理。[2] 此外,美国和日本强制要求网络、电信等新媒介信息提供商对于以未成年人为受体的计算机网络和通信工具安装不良信息过滤系统或软件的做法也值得我们学习。

(四)完善相关的法律责任机制

我国未成年人保护法和预防未成年人犯罪法等法律明确了儿童保护的多重责任原则,在具体章节中对于法律责任也作了细化规定。从法律文本看,我国儿童法律责任机制似乎比较完善,但进一步分析可发现,儿童法律责任机制存在部门责任不明、责罚不相适应、责任监督不完善等问题。为此,笔者建议,首先,要建立专门的儿童保护机构,统筹公安、工商、文化等部门查处不良信息,完善现有儿童保护工作机制。其次,在责任承担上,要坚持责罚相适应原则。从法律经济学角度看,如果所获得的违法收益远大于违法成本时,违法行

---

[1] 关颖,鞠青主编:《全国未成年犯抽样调查分析报告》,群众出版社 2005 年版,第 253—263 页;操学诚等:《2010 年我国未成年犯抽样调查分析报告》,《青少年犯罪问题》2011 年第 6 期;路琦等:《2013 年我国未成年犯抽样调查分析报告(下)》,《青少年犯罪问题》2014 年第 4 期。

[2] 吴鹏飞:《我国儿童法律体系的现状、问题及其完善建议》,《政治与法律》2012 年第 7 期。

为就会大增。因而,一定意义上的重罚有助于减少违法行为的发生。如德国《禁止传播危害青少年作品法》规定,任何提供、转让给一名少年儿童或青少年,或使其接触明显地会对少年和青年的道德、品质产生严重危害的作品的,处一年有期徒刑或罚金[1]。此外,尚需引入社会力量,完善责任监督机制。笔者认为,在专门儿童保护机构下,由通信、计算机、广播、电影、电视、出版等媒体,家长、学校、青少年保护机构等代表组成儿童免受不良信息侵害的监督机构,实施监督各责任主体的责任履行情况,必要时监督机构还可代表儿童提起不良信息侵害之诉。

儿童是人类的未来和希望,因而,对儿童的保护既有利于儿童的健康成长,亦对人类社会的延续和发展具有重大意义。毋庸置疑,我国儿童保护已取得可喜进步,但囿于经济、社会发展水平,我国儿童人权保护状况总体尚存诸多不足,这不仅表现在我国儿童人权保护与《儿童权利公约》的要求相去甚远,更表现为我国在新媒介下对于儿童免受不良信息侵害法律的缺失与制度的错位。值得庆幸的是,相关部门已清醒地认识到了我国儿童人权保护在此方面所存在的不足,并积极采取措施予以补救。例如,在 2011 年国务院颁布的《儿童发展纲要(2011—2020 年)》中明确提出了"净化儿童成长环境,保障儿童免受不良信息的影响和侵害"。这些行动是值得赞许的,但总体而论,我国儿童人权保护工作任重而道远,尤其是儿童免受不良信息之侵害的保护更是如此。

---

[1] 德国《禁止传播危害青少年作品法》第 21 条 1.(1)。

第十一章

中国流浪儿童救助制度的完善路径

众所周知,中国在儿童人权保护方面取得了显著的进步,不仅在儿童保护立法方面先后通过或修订了未成年人保护法、义务教育法等专门性立法,而且在司法、行政方面加强了对儿童人权的特殊保护。不过,囿于经济社会发展的相对落后与发展的不平衡状况,我国的儿童人权保护与国际法律文件所确立的标准之间还存有一定的差距,尚待继续努力。但是,笔者在此不想对我国儿童人权保护的总体状况进行阐述,而仅探讨流浪儿童的救助制度,指出该制度目前所存在的问题,并提出相应的完善对策。从某种程度上看,流浪儿童是社会成果分享者中处于最不利地位的群体,如果不对他们进行有效的社会救助,他们难以实现正常的社会化,从而难以进入主流社会,并最终对他们的生存与发展权产生严重的后果。而且,"儿童流浪是一个严重的社会问题。流浪儿童群体的形成,对社会治安构成严重的威胁,流浪儿童是一支不可忽视的犯罪后备军"。[1] 流浪儿童受到社会的排斥,"流浪儿童问题的本质是社会对流浪儿童的排斥",[2]而社会排斥可能使流浪儿童产生反社会的倾向,再加上流浪儿童世界观、价值观教育的缺乏,以及社会不良人员的控制与诱导,最终可能诱发各种社会犯罪问题。因而,迫切需要建立起完善的救助制度,从而使流浪儿童摆脱这种不利状况,重新走上正常的社会化道路,这对于流浪儿童甚至是整个社会而言都是极为有利的。

---

〔1〕 《人权》杂志记者:《救助流浪儿童推进社会文明——"救助流浪儿童国际学术研讨会"综述》,《人权》2003 年第 6 期。

〔2〕 薛在兴:《社会排斥理论与城市流浪儿童问题研究》,《青年研究》2005 年第 10 期。

一、流浪儿童的概念界定[1]

学界对于流浪儿童的界定,国内外的讨论是颇为热烈的。在国外,与流浪儿童相关的概念表述存在多种形式,如 Home – less Children(无家可归的儿童),Trafficked Children(被拐卖的儿童),Migrant Children(外来务工人员子女),Vagrant Children(流浪漂泊儿童),等等。在我国,一般认为,流浪儿童是指年龄在 18 岁以下,脱离家庭或离开监护人流落社会连续超过 24 小时,失去基本生存保障而陷入困境的未成年人。由于上述概念均是就流浪儿童的某一个方面的特征来界定的,因此,有关流浪儿童的概念并不准确。从国际社会的普遍做法来看,通常是按照流浪儿童与家庭的关系来进行分类的。一类是仍然保持家庭关系的街头儿童(Children on the street)。此类儿童通常是白天在街头工作,晚上重新回到家中的儿童。另一类是完全失去家庭联系的街头儿童(Children of Street)。[2]

从我国儿童立法的角度来看,对于流浪儿童的界定,目前尚无明确的规定。而中国政府常用的流浪儿童的定义是:完全脱离家庭和监护人,连续超过 24 小时生活在街头,且无可靠生活保障的 18 周岁以下的少年和儿童。[3] 笔者认为,此种界定流浪儿童的方法是否把事实上处于流浪地位的所有儿童均涵盖在内,不是没有疑义。因为以家庭为单位的流浪乞讨现象或者随着监护人一起流浪的儿童可能也是现实存在的,而这些流浪儿童同样需要救助。因此,我们认为,将流浪儿童进行一定的类型化是非常有意义的,如有学者提出可将中国的流浪儿童主要区分为四类:一是与家人分离后与群体生活的儿童;二是与家人分离后独自生活的儿童;三是与家人同住,但在街头谋生的儿童;四是与家人同住,但在街头游荡的儿童。[4]

---

〔1〕 原文题为《中国流浪儿童救助制度的完善》,《广西政法管理干部学院学报》2012 年第 1 期。
〔2〕 鞠青:《中国流浪儿童研究报告》,人民出版社 2008 年版,第 189 页。
〔3〕 安怀世:《流浪儿童问题的国际背景和干预途径》,《社会福利》2002 年第 10 期。
〔4〕 李尊英主编:《救助流浪儿童国际学术研讨会论文集》,河北教育出版社 2004 年版,第 302 页。

二、中国流浪儿童救助的现状

对于中国当下流浪儿童的具体数量,我们尚无一个准确的统计数据。造成这种状况的原因是多方面的,既有流浪儿童确定标准不一的因素,也有流浪儿童救助模式的转变所带来的现实困难。2003 年通过的《城市生活无着的流浪乞讨人员救助管理办法》(以下简称《救助管理办法》)废除了先前的收容遣送制度,取而代之以自愿救助制度。从人权发展的角度来看,毫无疑问,这种制度的转变显然体现了社会的进步,体现了对人权的尊重。不过,自愿救助制度显然无法把所有流浪儿童都纳入政府救助体系之中,必然会有相当一部分流浪儿童被排除在救助制度外,一方面可能有政府方面的因素,政府在流浪儿童的救助体制中事实上已经转变为消极的等待者,限于法律、政策的局限无法采取更有利于儿童生存与发展权的积极措施;另一方面是流浪儿童自身的因素,他们可能不知道救助制度或者不愿接受救助。

在救助内容上,现行救助制度倾向于生活保障和安全保障救助。《救助管理办法》第 7 条规定了救助制度的救助内容:一是供符合食品卫生要求的食物;二是提供符合基本条件的住处;三是对在站内突发急病的,及时送医院救治;四是帮助与其亲属或者所在单位联系;五是对没有交通费返回其住所地或者所在单位的,提供乘车凭证。所以,我国救助制度本质上是一种临时性社会救助,而不是解决流浪儿童生存权与发展权问题的长效机制。当然,这种救助制度的定位是否存在问题,尚需探讨。事实上,我国许多学者都对我国现行流浪儿童救助制度提出了质疑,主要的论点是现行救助制度忽视了对流浪儿童的教育权,从而无法保证流浪儿童教育权益的实现,并最终不利于此类儿童的生存权与发展权,难以真正保证流浪儿童融入主流社会。不过,笔者认为,这种制度的定位本身并不存在缺陷,因为对于儿童生存权与发展权的保障应该由其他立法如监护法律制度、收养法律制度、教育法律制度等来加以实施,并通过各种司法、行政、社会措施来加以保障,单纯期望用救助制度这种行政保护措施来加以保障可能存在现实的困难。

三、中国流浪儿童救助制度存在的问题

我国现今规范流浪儿童救助制度的立法主要是 2003 年国务院通过的《救

助管理办法》以及 2003 年民政部通过的《城市生活无着的流浪乞讨人员救助管理办法实施细则》(以下简称《实施细则》)。《救助管理办法》和《实施细则》对流浪乞讨人员的救助问题进行了明确的规定,其中明确了救助对象的范围、救助的内容、救助对象的权利义务、救助机关的职责等。与先前救助制度相比,现行救助制度中有了较大修改:一是明确了救助模式的转变,从先前的强制收容制度转变为自愿救助制度,这体现了对受救助主体权利的尊重,是我国人权领域的一项重要进步;二是明确了救助的内容,强调这种救助的性质是一项临时性的社会救助措施。尽管人们对这种救助性质提出了怀疑,认为它无法真正实现救助的目的,使受救助人摆脱不利的状况,从而保障受救助人的生存权和发展权,但客观而言,这种临时性救助制度在保障暂时处于困境的流浪乞讨人员权益方面还是起到了积极的作用。不过,从流浪乞讨人员救助制度实施的实际效果看,我国救助制度也暴露出了一些问题,需要对它进行适当的完善。本书仅分析流浪儿童的救助制度问题(这种救助体制是隶属于流浪乞讨人员救助制度的)。

(一)现行流浪儿童救助制度难以完全容纳所有需要救助的流浪儿童

这方面的问题可能会因现行自愿救助制度模式而形成,因为在当前自愿救助模式下,一些流浪儿童出于各方面的原因而没有或者不愿向救助机关提出救助请求,从而使他们排除在救助制度之外。客观地说,这种状况对于此类流浪儿童的生存与发展会产生不利的影响,不过,一方面,正如上面所说,现行自愿救助制度总体上体现了对人权的尊重,有利于防止强制性的收容遣送制度在执行上导致的侵犯人权的现象的发生;另一方面,流浪儿童自愿不接受救助也难以绝对地认为是现行救助制度所导致的。本书不对这种状况进行过多的分析。

2003 年《实施细则》明确了我国救助制度适用对象的范围。该细则第 2 条规定:《救助管理办法》规定的"城市生活无着的流浪乞讨人员"是指因自身无力解决食宿,无亲友投靠,又不享受城市最低生活保障或者农村五保供养,正在城市流浪乞讨度日的人员。虽有流浪乞讨行为,但不具备前款规定情形的,不属于救助对象。该细则第 5 条第 3 款还规定:对拒不如实提供个人情况的,不予救助。从上述规定来看,我国现行救助制度未对流浪儿童的救助作出特殊的制度安排。而这种制度设计将难以完全容纳所有需要救助的流浪儿童,从而把一部分需要救助的流浪儿童排除在救助制度之外。

事实上,流浪儿童的情形是多种多样的,有人把我国流浪儿童的类型分解为以下四项:一是与家人分离后独自生活的儿童;二是与家人分离后与群体生活的儿童(上面两类儿童可能受成人操纵或剥削;可能都在街头工作);三是与家人同住,但在街头谋生的儿童;四是与家人同住,但在街头游荡的儿童。[1]这种分类方法基本上包含了所有处于流浪状况的儿童,当然,是否上述流浪儿童都应纳入救助体系是一个可讨论的问题,不过,这显然反映了现行流浪儿童救助制度事实上已经把一些需要救助的流浪儿童排除在外。

此外,把"如实提供个人情况"作为救助的一个基本条件,这对于流浪儿童的救助也可能并不合适。一方面,这个条件缺乏可行的判断标准,虽然《实施细则》第3条规定了应提供的个人情况的内容,[2]但是,是否应完全、准确地提供,以及如何判定这些情况的提供是"如实"的,都可能存在不确定的因素,从而使流浪儿童在不同的救助机关可能获得不同的待遇;另一方面,对于那些因为家庭原因(如家庭暴力、家庭贫困而无力抚养等)而选择流浪的儿童而言,这种强制性的严格要求实际上使他们处于艰难的抉择之中,并可能最终放弃自愿救助而流落街头。应当认为,这显然并不是我国救助制度的本意。

(二)现行流浪儿童救助制度的救助内容仅限于生活保障和安全保障,而未明确流浪儿童的教育问题,从而在流浪儿童的教育问题上无章可循

对流浪儿童进行生活保障和安全保障方面的救助有利于保护流浪儿童免于身体上所受的伤害,使他们避免因饥饿、寒冷、疾病以及违法犯罪行为而遭受损害。这些保护性措施体现了对流浪儿童的人本关怀。不过,需要指出的是,这些保护性措施本质上只是临时性的救济方法,而并非积极的长效机制,在对流浪儿童权益保护的效果上难以起到长效的作用。这种临时性的救济措施无法使儿童真正认识流浪行为对他们以后的社会生活产生何种严重的消极

[1]　安怀世:《流浪儿童问题的国际背景和干预途径》,《社会福利》2002年第10期。
[2]　第3条规定:"流浪乞讨人员向救助站求助时,应当如实提供本人的下列情况:(1)姓名、年龄、性别、居民身份证或者能够证明身份的其他证件、本人户口所在地、住所地;(2)是否享受城市最低生活保障或者农村五保供养;(3)流浪乞讨的原因、时间、经过;(4)近亲属和其他关系密切亲属的姓名、住址、联系方式;(5)随身物品的情况。"

后果,事实上,在救助机关对流浪儿童进行救助并护送回乡后,许多儿童又选择了再次流浪,从而形成流浪儿童重复流浪的不利局面。据中原某省会城市的流浪儿童救助保护中心档案资料记载,在其统计的 1247 名流浪儿童中,据孩子自述的离家流浪次数比例是:二次离家出走者为 15.84% ,三次者为 9.35% ,四次及以上者为 14.02% ,这三项总共为 39.22% 。就是说,二次以上离家出走儿童占总数的 1/3。[1] 这实际上就形成了流浪—救助—再流浪—再救助的消极状况。而这种状况不仅是对社会资源的浪费,也对流浪儿童的社会化进程难以起到积极的效果。

这种重复流浪现象的出现,一方面表明了流浪儿童问题的解决是一个系统性工程,需要整个社会的共同努力,单纯依赖于救助机关的工作可能并不能最终圆满加以解决;另一方面也表明了现行救助制度的救助方式还存在一定的问题,需要予以适当的改革与完善。笔者认为,形成当下流浪儿童重复流浪的状况,从我国救助制度方面来看,一个重要的原因是救助制度只偏重于生活保障和安全保障,而在流浪儿童的教育方面疏于努力。正如有学者所指出的:"……重建流浪儿童的人格和成长路径就必须依靠教育,对流浪儿童实施有效的教育是一种更具有社会价值意义和长效作用的实质性救助。……教育他们学习文化知识和生活技能,矫治他们的不良行为和恶习是社会的责任,是对他们最根本的关爱和保护,是保障他们自身利益的必要措施。"[2]

应当明确的是,这里所指的救助制度中对流浪儿童的教育并非普通意义上的学校教育,特别是义务教育,虽然大多数流浪儿童都还处于义务教育阶段,因而保证他们接受义务教育对于他们的生存权与发展权都具有极其重要的价值,是他们正常社会化的基础和必要条件:"一般认为,义务教育将会促进儿童福利的发展。"[3] 而《中国儿童发展纲要(2001—2010 年)》中也明确指出:"为儿童成长提供必要的条件,给予儿童必需的保护、照顾和良好的教育,将为儿童一生的发展奠定重要基础。"上面所说的教育基本上是属于学校教育。不

---

〔1〕 赵维泰:《关于中国流浪儿童问题的调查分析》,《中州学刊》2005 年第 4 期。

〔2〕 吴亦明:《流浪儿童救助模式的转换与保护性特殊教育机制的构建》,《南京师范大学学报(社会科学版)》2007 年第 6 期。

〔3〕 J. Eekelar, The Interests of the Child and the Child's Wishes: The Role of Dynamic Self - Determinism, in P. Alston (ed.), The Best Interests of the Child, Oxford: Clarendon Press, 1994, 第 58 页。

过,要流浪儿童救助机关来承担学校教育功能,显然是给它们强加了过多的责任,这既不现实,其实也无必要:学校教育本质上是教育部门的责任。

总体上看,由于年龄方面的局限,许多流浪儿童还无法真正意识到他们的流浪行为可能对他们的社会化进程带来的消极后果,以及对他们的发展权可能产生的不良作用。另外,在救助中对流浪儿童进行一些文化基础知识、生存技能以及自我保护措施等方面的教育,对于改善流浪儿童的生存状况也是相当重要的。不过,目前救助制度在定位方面的限制,使救助机关只是在单纯的生活保障和安全保障方面提供救助,而疏于了教育方面的功能。对此,一些机构的调查认为这是救助指导思想不清晰所造成的:民政部社会福利和社会事务司救助站管理处、英国救助儿童会、北大专家联合调查组 2004 年的调查发现:“由于流浪儿童流动性大、自愿受救助的人数少和救助机构的专业人员缺乏等因素共同影响,救助保护机构所开展的基础文化知识教育、思想道德教育、法律规范教育、劳动技能教育以及心理矫正辅导等教育和活动,似不如以前经常和普及。这是改制之后,救助保护机构对新制度理解不深,掌握和运用不精熟的具体反映,对流浪儿童的救助保护,也普遍处于迷茫、徘徊和观望之中。”[1]

(三)对于被控制的流浪儿童缺乏有效的保障机制

一些流浪儿童处于被控制的状态,从而被用来乞讨、从事违法犯罪行为成为控制人牟利的工具。这种控制流浪儿童的现象不仅发生在社会不良人员对流浪儿童的控制,也可能发生在流浪儿童的家长对流浪儿童的控制。而这些被控制的流浪儿童处于更加贫苦与悲惨的境地,甚至走上违法犯罪的道路。所以,他们更需要进行保护,使他们摆脱这种被控制的局面。不过,我国现行救助制度并没有设置相应的救济途径,从而无法为这些被控制的流浪儿童提供有效的保障机制。

四、中国流浪儿童救助制度的完善路径

毫无疑问,形成儿童流浪现象的原因是多方面的,既有社会方面的因素,

---

[1]　尚晓援、吴文贤:《对我国流浪儿童教育问题的探讨》,《青少年犯罪问题》2006 年第 1 期。

如社会经济发展状况的不均衡、社会对某些儿童的偏见与排斥、教育方面的失误等,也有家庭方面的原因,如家庭的贫困、家庭暴力、家庭教育方法的失误等;当然,儿童自身的因素也不可忽视:由于世界观、价值观仍处于缓慢形成的过程之中,一些儿童在遇到困难、挫折甚至误解时选择了离家出走,从而走上了流浪乞讨的道路。从这个角度来看,构建我国流浪儿童救助制度显然是一个系统工程,需要整个社会作出更多的努力,并对流浪儿童给予更多的关注。本书仅从现行救助制度的框架范围内进行说明,探讨中国流浪儿童救助制度的完善问题。

(一)在救助制度中专门设立流浪儿童救助的规定

针对现行救助制度在保护流浪儿童权益方面的缺陷,一些有识之士主张建立专门的流浪儿童救助制度。从儿童人权保护的国际发展趋势来看,国际社会的一些法律文件要求对儿童人权给予更大程度的保护,如1989年《儿童权利公约》规定了"儿童最大利益原则",要求缔约国任何机构涉及儿童的一切行为,都应以儿童的最大利益作为首要考虑。这无疑给各缔约国施加了相当严格的约束。而该《儿童权利公约》第4条第2款更加明确地要求了缔约国的"最大限度"义务。这些法律文件为各缔约国在儿童人权保护方面规定了高标准的要求。因而,专门构建流浪儿童的救助制度本质上是符合儿童人权保护的国际发展趋势的。

当然,我国在目前情况下,是否有条件建立起这种专门的流浪儿童救助制度,这可能还是有一定疑问的,也是值得探讨的问题。笔者认为,目前可在现行救助制度中专门规定流浪儿童的救助问题,并尽可能地把所有需要救助的流浪儿童涵盖其中。当然,从尊重儿童人权的视角看,还需继续坚持自愿救助模式,但是应取消现行救助制度中的对救助对象的限制(这里仅针对流浪儿童的救助,而不涉及整个救助制度),以及"如实提供个人情况"的严格限制。因而,凡是向救助机关请求救助的流浪儿童,救助机关都应先行救助,然后根据救助机关积极调查的情况采取相应的善后措施。这样就可使所有愿意向救助机关请求救助的流浪儿童都能获得救助,即使是那些自愿长期流浪、不愿回归家庭的流浪儿童也不例外。

(二)明确规定救助机关应对救助的流浪儿童进行教育,确定教育是对流浪儿童进行救助的一个重要内容

当然,正如上文所指出的,这种救助机关对流浪儿童所进行的教育,并非普通的学校教育,自然更不是义务教育,尽管这些流浪儿童都应有权享有这些受教育权,尤其是义务教育权。实际上,有人就主张救助机关应保障流浪儿童的义务教育权,[1]但笔者认为,这种观点显然是对我国救助制度的一种误解,因为如果救助机关应承担普通学校教育甚至是义务教育的职能,那么,既可能影响救助机关即时救助功能更有效地进行,分散了救助机关有限的救助资金,也可能使救助机关承担起了本应由社会以及家庭承担的义务与责任。所以,这种教育本质上是一种保护性特殊教育,是对流浪儿童进行特殊社会化的过程。[2]

基于这种认识,在构建流浪儿童救助教育制度方面,需要注意以下几个问题:第一,明确教育目标。为流浪儿童回归家庭、重返学校接受教育奠定良好基础显然应作为首要目标,这主要在于家庭、学校是儿童正常社会化的最好场所。为流浪儿童提供自我保护能力与适当的技能培训则是其次要目标。第二,教育内容上应根据不同情况分别进行,有重点、有步骤。流浪儿童的情形是复杂多样的,其中既有年龄方面的差异,也有智力方面的不同状况;既有自愿长期流浪的儿童,也有短期滞留很快返回家庭的儿童;既有自愿选择流浪的儿童,也有被控制的流浪儿童。因而,针对不同对象选择不同教育内容就是必要的,否则难以起到良好的教育作用。第三,教育方法上应灵活多样,不拘一格。流浪儿童的复杂多样性要求救助机关在进行教育时应采取多种教育方法,而不宜固守一些既定的教育方法,否则难以起到良好的教育效果。第四,积极与大学生志愿者团体建立起工作联系,加强培训与指导。在对流浪儿童的教育上借助社会力量是相当必要的,这不仅可避免因救助经费的短缺和师资的不足而使教育流于形式,也有利于引进新鲜血液从而避免救助教育人员因长期面对流浪儿童而产生的厌倦、厌烦心理而对教育效果的影响。此外,大

---

〔1〕　沈跃东:《论流浪儿童受教育权的法律保护》,《榆林学院学报》2007年第3期。
〔2〕　张苏辉:《关于流浪儿童教育的含义、特征和本质的思考》,《长沙民政职业技术学院学报》2006年第4期。

学生志愿者年轻活泼的性格、开阔的视野、乐于助人的品性、善于交流的能力都可能使流浪儿童更易接受他们,从而有效地提高教育效果。

(三)建立起对被控制流浪儿童的特殊保障机制

被控制的流浪儿童更需要救助机关的及时救助,但是,目前我国现行救助制度显然无法为这类流浪儿童提供有效的保障机制。需要建立一种特殊保障机制,授权救助机关在这类流浪儿童寻求救助时,或者在有确切证据表明流浪儿童处于被控制的状态时,可以采取某些特殊的保护措施。1989 年英国《儿童法》(Children Act 1989)中就有对流浪儿童(该法的保护范围还涉及非流浪但处于现实危险的儿童)的特殊保护规定,如该法第 25 条规定对儿童提供保护性容身之所(Secure accommodation);以及第 44 条规定的对儿童采取的紧急保护令(Orders for emergency protection of children)。我国救助制度中也可适当借鉴其他国家立法中的特殊保障措施,从而为被控制的流浪儿童提供更加有力的保护。这就要求救助机关采取更积极的态度,主动对流浪儿童进行寻访与调查,并积极与有关的公安机关加强联系,寻求公安机关的支持与配合。

第十二章
中国义务教育中儿童歧视的法律规制

众所周知，平等已经成为现代法治的基本精神。我国宪法第 33 条第 2 款规定："中华人民共和国公民在法律面前一律平等。"未成年人保护法第 3 条第 3 款规定："未成年人不分性别、民族、种族、家庭财产状况、宗教信仰等，依法平等地享有权利。"可见，我国宪法、法律对儿童提供了法律上的平等保护，以避免遭受各种不公正对待。然而，在过去的一年里，全国各地中小学发生了诸多歧视儿童的事件，如陕西、内蒙古、江苏等地接连发生"绿领巾""红校服""测智商"等事件，引发了社会各界的强烈关注。正如有评论指出："当下中国，歧视与偏见根植于每个人的心中，权贵歧视平民，不愿意让他们的孩子跟普通人的孩子混在一个学校；普通市民歧视外地人，不愿让自己的孩子与外地人为伍；有钱的外地人歧视那些引车贩浆人的后代，害怕他们的孩子把自己的孩子带坏。"[1]无疑，教育中儿童歧视现象的频发，反映了当下中国基础教育中价值观的错乱。而且，更为严重的是，歧视已经严重地伤害了儿童的自尊，给他们幼小的心灵投下了沉重的阴影，不利于儿童的健康成长。鉴于此，笔者试图对近年来全国中小学所发生的儿童歧视现象作一类型化分析，并探究歧视背后的根源，进而提出相应的治理对策，以期为儿童依法平等地享有受教育权提供法律保护。

一、儿童不受歧视原则的内涵[2]

何谓"歧视"，不同学科的界定并不一致。在社会学上，歧视是指"相同的人（事）被不平等地对待或者不同的人（事）受到同等的对待"[3]。在经济学

---

〔1〕 陈方：《歧视会不会给孩子留下阶层烙印》，《中国青年报》2010 年 6 月 11 日第 3 版。
〔2〕 原文题为《教育中儿童歧视的法律规制》，《安徽警官职业学院学报》2012 年第 2 期。
〔3〕 ［美］安塞尔·M. 夏普：《社会问题经济学》，郭庆旺译，中国人民大学出版社 2000 年版，第 150 页。

上，人们通常采用"劳动力市场歧视"的定义，即指那些具有相同能力、教育、培训和经历并最终表现出相同的劳动生产率的劳动者，由于一些非经济的个人特征引起的在就业、职业选择、晋升、工资水平、接受培训等方面受到的不公正待遇。在法学上，歧视是指被法律禁止的针对特定个人或群体而实施的，旨在克减、限制或剥夺其法律权利的任何不合理的区别对待措施。歧视的显著特征是对本质相同或类似的人或事进行不合理的区别对待。[1]

儿童不受歧视作为保护儿童权利的一项基本原则，已经得到国际社会的普遍认同。《公民权利和政治权利国际公约》第 24 条第 1 款规定："每一儿童应有权享受家庭、社会和国家为其未成年地位给予的必要的保护措施，不因种族、肤色、性别、语言、宗教、国籍或社会出身、财产或出生而受任何歧视。"《儿童权利公约》第 2 条规定："1. 缔约国应尊重本公约所载列的权利，并确保其管辖范围内的每一儿童均享受此种权利，不因儿童或其父母或法定监护人的种族、肤色、性别、语言、宗教、政治或其他见解，民族、族裔或社会出身、财产、伤残、出生或其他身份而有任何差别。2. 缔约国应采取一切适当措施确保儿童得到保护，不受基于儿童父母、法定监护人或家庭成员的身份、活动、所表达的观点或信仰而加诸的一切形式的歧视或惩罚。"由此可见，儿童不受歧视原则，要求我们做到：所有女童与男童享有同等的受教育机会；难民儿童、土著居民或少数民族儿童应当被给予与其他儿童一样的权利；残疾儿童应有与其他儿童一样过体面生活的同等机会，等等。所以，基于《儿童权利公约》第 2 条的任何理由的歧视，无论是针对儿童本人还是儿童的父母或法定监护人，无论是公开的还是隐蔽的，均是对儿童人格尊严的侵犯。

此外，《取缔教育歧视公约》第 1 条规定，"歧视"是指基于种族、肤色、性别、语言、宗教、政治或者其他见解、国籍或社会出身、经济条件或出生的任何区别、排斥、限制或特惠，其目的或效果为取消或损害教育上的待遇平等，特别是：(1)禁止任何人或任何群体接受任何种类或任何级别的教育；(2)限制任何人或任何群体只能接受低标准的教育；(3)对某些人或某一群体设立或维持分开的教育制度或学校，但本公约第 2 条的规定不在此限；(4)对任何人或任何群体加以违反人类尊严的条件。这些规定已经获得国际社会的广泛认同，并

―――――――――

[1] 周伟：《论禁止歧视》，《现代法学》2006 年第 5 期。

且已经成为判断一国是否存在教育歧视现象的国际标准。[1]

二、中国义务教育中儿童歧视的类型

当前,中国社会正处于大转型的特殊历史时期,各种社会问题层出不穷,儿童教育也不例外。近年来,我国义务教育领域中出现了形形色色的儿童歧视现象,已经严重地危及他们接受义务教育的基本权利。为此,笔者就中国目前存在的各种儿童歧视现象加以描述,并进行学理上的归类,以期为全面了解儿童歧视在中国义务教育中的现状提供清晰的轮廓。

(一)差生歧视

差生歧视,这是目前中国义务教育中存在的最普遍、也是最严重的儿童歧视现象。所谓差生,通常就是指学习成绩不好的学生。差生歧视一般体现在以下四个方面:一是在座位编排上歧视"差生",通常的做法是"优等生"的座位都安排在教室中间靠前的那几排,而"差生"则安排在后排和边排。二是在课堂提问上歧视"差生"。如有些教师认为提问"差生"是浪费时间,因而不给"差生"回答问题的机会。三是在作业批改上歧视"差生"。例如,有些老师在批改"差生"作业时,不如批改其他学生的作业那样认真仔细,而是随意圈画,敷衍了事甚至是不予批改。四是在处理犯了错误的学生时歧视"差生"。如对犯了同样错误的"优等生",老师手下留情,而对"差生"却严厉批评,甚至是"从重从快"地处理。

新近我国校园出现的几起歧视"差生"的现象则"花样翻新",让人觉得不可思议。据报道,西安未央区第一实验小学一部分孩子佩戴红领巾,另一部分孩子则佩戴绿领巾,老师解释说,佩戴绿领巾的孩子是表现稍差的学生。[2] 显然,这种给"差生"戴绿领巾,人为地把孩子分成等级的做法,是一种赤裸裸的歧视行为。昆明某中学一位家长 2011 年 12 月 27 日向媒体反映,该校初一年级 52 班英语老师罚月评成绩落后的学生给成绩在前三名的学生买奖品,以奖励前三名学生。[3] 这种"差生伺候优生"的做法显然也是一种歧视。近段时

---

〔1〕 杜文勇:《受教育权宪法规范论》,法律出版社 2012 年版,第 93 页。

〔2〕 邓海建:《给差生戴绿领巾是激励还是歧视》,《重庆晨报》2011 年 10 月 19 日第 4 版。

〔3〕 周平洋、范春艳:《校园内再现歧视事件　老师让差生给好学生买奖品》,http://news.163.com/11/1229/10/7MEF2R1R00014AEE.html,访问时间:2012 - 1 - 18。

间,江苏无锡市儿童医院儿保科接受一些老师要求班级里的差生来做"智商测试"。[1] 这种针对学生由于学习成绩差,要求家长带孩子到医院进行"智商测试"的做法无疑也是一种歧视行为。

(二)户籍歧视

所谓户籍歧视,主要是指一些大城市针对外地儿童上学所采取的一些不公平政策和待遇。据 2011 年 6 月 9 日《南方都市报》报道,上海"关停并转"农民工子弟学校后,这些外地学子遭遇了不幸的歧视。在上海 H 中学这所公立学校里,"东部贵族,西部平民"分化明显。"贵族"指的是当地学生,"平民"自然是外地学生。学校为了区分这两部分学生,从校服颜色、作息时间、学校活动场地设施使用等方面都作了明确规定。而且,"东部"本地学生如果和"西部"外地学生互相交往要受到处分。[2] 这种由于学生户籍差异所导致的歧视,已经深深地打上了阶层分化的烙印,侵蚀着儿童幼小纯洁的心灵,使他们过早地体味着世态炎凉。

(三)残疾歧视

残疾通常包括身体障碍、生理残疾和精神残疾三种类型。身体障碍包括影响身体的几种情况,如听力或视觉障碍、气喘病、癫痫、感染艾滋病毒等。生理残疾可能在出生时或因疾病或意外事故引起的;精神障碍包括学习障碍、精神健康状况如抑郁症,精神分裂症等。据 2011 年 11 月 3 日《郑州晚报》报道,辽宁省丹东市宽甸满族自治县的一个村,7 年前小学生小峰被检出患有艾滋病,遭到其他学生家长的排斥和抗议。村委会不得不腾出一间办公室,建起"爱心小学",并请来外村已退休教师单独授课。这所特殊的小学,仅有一间教室,两所小学相距不过百米。[3] 现代科学研究早已证明,艾滋病并非洪水猛兽,只要加以科学的防范,是完全可以预防的。小学生小峰被检出患有艾滋病,遭到其他学生家长的排斥和抗议,而当地政府迫于他们的压力,对小峰实

---

[1] 丁波:《江苏无锡部分教师让差生去医院测智商称影响业绩》,《扬子晚报》2011 年 10 月 30 日第 3 版。

[2] 陈方:《歧视会不会给孩子留下阶层烙印》,《中国青年报》2010 年 6 月 11 日第 3 版。

[3] 季建民:《隔离教育是对艾滋儿童的歧视》,http://focus.cnhubei.com/original/201111/t1875113.shtml,访问时间:2012 - 1 - 18。

行有别于普通孩子的隔离教育,这是对艾滋儿童的歧视行为。

(四)贫困歧视

顾名思义,贫困是指由于贫穷而生活窘困,是一种社会物质生活贫乏的现象。当前,在我国学校教育中因家庭贫困而发生歧视学童的现象还时有耳闻。据报道,浙江临安市清凉镇某初中初三学生,平时学习成绩很好,但因家境贫困而受到同学歧视,后来因考试时未能向其他同学提供答案而遭到全班同学的殴打和辱骂。[1] 笔者认为,在当前,学童由于贫困而遭受同学甚至是老师的冷眼相待,是一种司空见惯的现象。要消除贫困歧视,不仅需要我们从经济上解决贫困问题,而且更需要从观念上树立起人无贫富贵贱之分的平等理念。

(五)性别歧视

所谓性别歧视,是指一种性别成员对另一种性别成员的不平等对待。尤其是男性对女性的不平等对待。教育中的性别歧视主要表现为歧视女性学童。据2011年3月29日《广州日报》报道,广东省妇儿工委日前召开网友座谈会,广东省妇儿工委主任雷于蓝在座谈会上表示将在广东进行试点,从中小学女生开始女性教育。据悉,新规划已于2011年第三季度颁布实施。[2] 笔者认为,在中小学女生中进行女性教育,表面上看确属必要,但从实质上看却是一种新的对女性的歧视性教育。因为,如果要对中小学女生进行女性教育,是否要对中小学男生进行男性教育? 如果不对男生进行相应的教育,仅仅针对女生进行女性教育就是一种性别歧视。

三、中国义务教育中儿童歧视的原因分析

在学校教育中,儿童往往由于分数、户籍、残疾、贫困、性别等因素的影响而备受歧视,严重制约儿童的健康成长。产生这些歧视的原因是多方面的,其

---

〔1〕 王欲然:《浙江某初中学生因家境贫困遭受同学歧视并被殴打》,http://news. 163. com/11/0804/14/7AKCI5IQ00014JB6. html,访问时间:2012-1-18。

〔2〕 赵光瑞:《女性教育是对女性的歧视》,http://news. ifeng. com/opinion/gundong/detail_2011_03/30/5456068_0. shtml,访问时间:2012-1-20。

中主要是由现行教育理念偏差、社会观念不良、儿童自身特点、反教育歧视法律机制缺失所导致的。

(一)教育理念偏差

教育理念是教育主体在教学实践及教育思维活动中形成的对"教育应然"的理性认识和主观要求,它关系被教育者的成长、健康与未来。现代教育要求教育工作者树立"有教无类""人皆可成才"的教育理念,根据学生的先天禀性因材施教,践行"立足点平等,出头处自由",让每一个学生的潜能得以充分发挥。然而,在我国现行的教育体制下,升学率成为学校赖以生存与发展的根本,成为了评价教师教学质量高低的标准,进而分数考核成为了评价学生优劣的唯一标准。这种简单的评价体系以及"分数压倒一切"的价值导向,忽视了正确的价值观教育,以至于学校采取不正确的"激励"手段,用"绿领巾""红校服"这种特殊标记来评价学生。老师在这种指挥棒之下,全部注意力自然而然地放到了学生的考试成绩上,从而出现了对"差生"的种种歧视。同时,学校、老师及家长追求的"学生成绩就是一切",也滋生了"优等生"瞧不起"差生"的现象。此外,一些教师缺乏教学工作研究的积极性,特别是当前农村教师待遇低,工作量大,以及下岗的压力,使教师缺乏忠于职守的动力,少数教师对教育教学的时间和精力明显减少,这些也加剧了教育歧视的发生。

(二)社会观念不良

儿童是否在教育中获得公平的待遇,一定程度上取决于其所处的社会对于正义的认识,而这种认识就是社会观念的一部分。当下,我国儿童在教育中受到残疾歧视、贫困歧视以及性别歧视与我国当前社会观念中存在的一些不良思想密不可分。传统的"重男轻女"观念是影响女童平等接受教育的重要因素,他们认为男性生理和社会性的天然优势,对儿子投入和对女儿同等的关注,能得到更大的综合回报,因而当社会或家庭经济状况不具备提供足够的生活和发展机会时,首先,受到损害的就是女童的利益。其次,受中国传统封建思想的影响,残疾儿童始终与同情、慈善、施舍、负担等词汇息息相连,常常被视为不祥之物,易遭致肆意虐待和歧视[1]。此外,市场经济的发展也影响着

---

[1] 赵春力:《有关残疾人无障碍权益保障法律的完善与思考》,《前沿》2012年第22期。

人们的观念,财富成为了评价一个人能力和社会地位的标志,因而造成生活在贫困当中的儿童自尊心往往受到老师和同学们的伤害,来自农村的学生经常会受到来自城市同学的排斥和老师、学校不公正的待遇。

(三)儿童不成熟性

儿童本身所具有的柔弱性、不成熟性决定了儿童易遭受侵害,因而常常缺乏自我保护能力。第一,儿童由于体力上的弱小,不具有同不法行为相抗衡的能力,因而无法阻却不法行为的侵害。第二,儿童由于认知能力上的不足,尤其是权利意识上的不足,导致其在遭受不法侵害时,并不知晓自己的权利已经受到侵害。第三,儿童由于不具有完全的民事行为能力,因而,即使知道自己的权益受到不法行为的侵害,也不能主动向法院提起诉讼,而只能依赖于其父母或其他监护人的帮助才能完成。[1]　所以导致儿童更容易受到来自家庭、学校和社会的侵害,包括不公正的待遇和歧视。

(四)反歧视机制缺失

从法律经济学角度而言,当某种行为实施无须付出任何成本时,人们就会趋之若鹜,甚至肆无忌惮。由此可见,没有法律成本的约束法律行为的行使就无法得到规制。我国儿童在教育中屡屡受到歧视,反教育歧视法律机制缺失就是助力器。尽管我国宪法、未成年人保护法、义务教育法等明确了儿童权利平等保护之反歧视的原则,但是相关法律规定过于粗糙且缺乏可操作性,既没有设置相应的法律责任条款,也没有相应的救济程序,致使教育歧视无法得到遏制,进而使得儿童无法接受公平的教育。

四、中国义务教育中儿童歧视的法律规制

教育的使命在于塑造儿童健全的人格与优良的品行,让每个儿童感到平等、尊重与快乐是教育的根本宗旨。消除义务教育中的儿童歧视,是维护儿童尊严,保障儿童享有平等受教育权的基本途径。就目前来看,笔者以为,要消除我国义务教育中存在的各种儿童歧视现象,应当从以下几个方面入手。

---

〔1〕　吴鹏飞:《儿童权利一般理论研究》,中国政法大学出版社 2013 年版,第 28 页。

(一)培养儿童的权利意识

权利意识是特定社会的成员对自我利益和自由的认知、主张和要求,以及对他人认知、主张和要求利益和自由的社会评价[1]。儿童权利意识是为儿童对自我利益和自由的认知、主张和要求,以及对他人认知、主张和要求利益和自由的社会评价[2]。儿童权利意识的强弱对于儿童权利的维护具有深远的意义。在现实生活中,有些儿童在明显遭受到歧视对待时不能及时运用法律武器维护自身的合法权益,有的学童甚至是在遭受歧视的巨大压力面前选择自杀[3],酿成不该有的悲剧。因此,为了消除义务教育中的儿童歧视现象,有必要培养儿童的权利意识,使他们了解自身享有哪些权利,以及如何维护自己的合法权利。如果儿童自身缺乏权利意识,还是难以保证其权利得到最大限度的实现。对此,笔者建议,在法律上确立儿童权利的同时,需要在教育环节上辅以权利知识的传播、普及和运用。至于具体的路径,则是灵活多样的,譬如在学校课程中设置儿童权利课程;相关儿童机构进行儿童权利知识宣讲活动;新闻出版机构免费印刷、派发儿童权利法律文书;在有条件的地区建立儿童权利救助中心;等等[4]。

(二)完善我国的相关教育立法

其实,"非歧视"原则在我国法律体系中早有体现,如宪法第4条[5]和第36条[6]。从其具体规定看,该项原则最初是作为一项民族和宗教权利予以立法保护的,尚未涉及对儿童权利的专门保护[7]。随着我国加入《儿童权利公

---

[1] 夏勇:《走向权利的时代》,社会科学文献出版社2007年版,第34页。

[2] 宫秀丽:《儿童权利意识的本体价值与培养理念》,《青少年犯罪问题》2009年第4期。

[3] 李晨:《女生被同学投票赶走自杀校长称其"惹事妖精"》,《中国青年报》2010年5月5日第3版。

[4] 郑素华:《儿童权利保护的"非歧视"原则探究》,《青少年犯罪问题》2011年第1期。

[5] 宪法第4条第1款规定:"中华人民共和国各民族一律平等。国家保障各少数民族的合法的权利和利益,维护和发展各民族的平等、团结、互助关系。禁止对任何民族的歧视和压迫,禁止破坏民族团结和制造民族分裂的行为。"

[6] 宪法第36条第1款、第2款:"中华人民共和国公民有宗教信仰自由。任何国家机关、社会团体和个人不得强制公民信仰宗教或者不信仰宗教,不得歧视信仰宗教的公民和不信仰宗教的公民。"

[7] 郑素华:《儿童权利保护的"非歧视"原则探究》,《青少年犯罪问题》2011年第1期。

约》,"非歧视"原则逐渐在我国未成年人保护法中得以确立。该法第3条第3款规定:"未成年人不分性别、民族、种族、家庭财产状况、宗教信仰等,依法平等地享有权利。"可见,"非歧视"原则为儿童权利保护提供了重要的规范依据。但是,笔者认为,法律原则所具有的抽象性与概括性特点导致其无法解决现实中遇到的具体法律问题。所以,要杜绝义务教育领域中的儿童歧视现象,仅凭未成年人保护法是远远不够的,还必须完善包括义务教育法、教育法等在内的基本法律,对各种歧视儿童的行为作出细致的规定,并设置相应的法律责任条款,只有这样,才能真正保护儿童享有平等的受教育权。

(三)建立反儿童歧视的救济程序

目前,我国很多有关儿童歧视的规章制度,大多属于地方政府的规章与政策层面的规范,或者是教育行政部门的红头文件,其内容与宪法的宗旨、原则、精神和条款相违背。为此,有必要建立宪法审查制度,纠正地方政府的教育歧视行为。宪法审查制度的内容主要有两个方面:一是审查违宪立法,这主要包括地方政府规章、政策与内部红头文件侵犯儿童平等受教育权的条款,应废除这些条款;二是审查违宪行为,这要求教育主管部门或学校领导应当遵守宪法法律,不得歧视任何儿童,如有歧视行为,可依据宪法追究有关人员的法律责任。

(四)建立适于中小学学生申诉的法律机制,成立反儿童歧视专门机构

尽管我国存在着大量歧视儿童的现象,但迄今为止,尚未有诉讼案件,这在很大程度上是由于学生找不到合理的维权部门,无法通过合理的途径维护自身的合法权利。如果成立专门机构处理儿童歧视问题,可以更好地维护儿童的平等受教育权。为此,笔者建议,在各级政府内部单独设立反儿童歧视专门机构,与教育行政主管部门并行,由其作为儿童权益代言人,来维护儿童的平等受教育的权利。

第十三章
中国校车安全与儿童权利保护

2011 年,校车安全牵动了成千上万个家庭的神经。在 2011 年短短的一年时间里,中国许多家庭遭受了丧子之痛,而造成这些悲剧的原因就是中国发生的诸多校车安全事故。常言道:"车祸猛于虎。"的确,仅 2011 年 12 月全国各地就有近 10 起重大校车安全事故[1]发生在我们的身边,吞噬了一个又一个鲜活的宝贵生命。顷刻间,校车安全成了人们茶余饭后的谈资,似乎大家都在关注保护儿童。儿童生命安全也一时成了社会各界时尚而沉重的话题。众所周知,生命安全是儿童权益中最基础的部分,是儿童享有其他权利的根本保证。无论是从生理、心理还是从伦理道德角度来看,儿童均是一个需要得到特别关怀的受保护群体,这已成为人类社会的普遍共识。但是,如何从国家制度层面,尤其是从完善校车安全法治建设的角度,来保障儿童的安全,维护他们的福利权益,让他们坐上安全可靠的校车接受义务教育,就成为我们必须直面的难题。

一、《校车安全管理条例》的主要内容[2]

(一)《校车安全管理条例》出台的背景

近年来,由于多方面的原因,一些地方尤其是一些农村地区,学生上学路途远,上下学交通风险增大,一段时期多次发生的校车安全事故,造成未成年

---

[1] 笔者从官网的公开报道中了解到,仅 2011 年 12 月就有近 10 起校车安全事故,如江苏丰县(15 名小学生死亡、18 名小学生受伤)、广东佛山顺德(37 名小学生受伤)、河南驻马店市(2 名初中生死亡、25 名初中生受伤)、云南丘北县(2 名小学生遇难,22 名小学生受伤)、云南广南县(5 名初中生死亡、7 名初中生受伤)、广州白云区(16 名小学生受伤)、深圳龙岗区(11 名小学生受伤)、河北固安县(6 名小学生受伤)、江西万载县(1 名幼儿受伤)等。

[2] 原文题为《校车安全与儿童权利保护:儿童福利的视角》,《云南行政学院学报》2012 年第 2 期。

人重大伤亡,教训惨痛。中央政府对此非常关切,全社会高度关注。尽快制定出台校车安全管理的专门法规,建立起有法律约束力的切实可行的校车安全管理制度,保障学生上下学集体乘车安全,已显得十分迫切。2011 年 11 月,国务院明确要求有关部门迅速起草《校车安全管理条例》(以下简称《条例》),将校车安全问题纳入法制轨道。

起草部门对各地和有关部门的现行规定及实施情况进行了认真研究,将一些被实践证明是可行、有效的规定吸收到《条例》草案中。此外,起草部门还搜集了 10 多个国家和地区的校车安全立法作为研究参考,并先后召开 10 多次座谈会,直接听取了 21 个省级和 45 个县(市)地方政府及有关部门,部分专家学者,学校、幼儿园、校车提供单位的负责人和学生家长、公安交警、校车司机的意见,对草案征求意见稿作了多处较大修改,并再次到一些地方调研,召开座谈会进一步听取有关地方政府和基层单位的意见,进一步修改完善后,形成草案,报请国务院常务会议审议。

(二)《校车安全管理条例》的主要内容

《校车安全管理条例》已经于 2012 年 3 月 28 日国务院第 197 次常务会议通过,2012 年 4 月 5 日温家宝总理签署国务院令,公布了《校车安全管理条例》,自公布之日起施行。《条例》分总则、正文和附则三部分,总共 62 条。其重点内容主要包括五个方面。

一是各方面普遍认为,为从源头上减少学生上下学的交通风险,应当切实贯彻义务教育法关于保障学生就近入学,以及设置寄宿制学校保障居住分散学生入学的规定,尽量使中小学学生上学不乘车或少乘车。《条例》为此规定:县级以上地方政府应当根据本行政区域的学生数量和分布状况等因素,依法制定、调整学校设置规划,保障学生就近入学或者在寄宿制学校入学,减少学生上下学的交通风险。

二是许多意见认为,学生集体乘坐校车,交通风险过于集中,一旦发生交通事故,造成大量未成年人伤亡,损失太大。应当优先发展公共交通,包括发展农村客运班线,使学生尽可能乘坐公交车上下学。为此,《条例》规定:县级以上地方政府应当采取措施,发展城市和农村的公共交通,合理规划设置公共交通线路和站点,为需要乘车上下学的学生提供方便。

三是明确政府保障的职责范围,规定对确实难以保障就近入学,并且公共交通不能满足学生上下学需要的农村地区,县级以上地方政府应当采取措施,保障接受义务教育的学生获得校车服务。

四是对校车服务的政策支持作出原则规定,明确国家建立多渠道筹措校车经费的机制,并通过财政资助、税收优惠、鼓励社会捐赠等方式,按规定支持校车服务。支持校车服务所需的财政资金由中央财政和地方财政分担,具体办法由国务院财政部门制定;支持校车服务的税收优惠办法,依照法律、行政法规规定的税收管理权限制定。

五是对幼儿园的幼儿乘车安全问题作出特殊规定。经广泛征求意见和反复研究,考虑到让没有安全防范和自我保护能力的3—6岁幼儿每天集体乘坐校车,安全风险太大。为减少幼儿入园的交通风险,在制度安排上应以保障幼儿就近入园和由家长接送为原则。为体现这一制度导向,同时保障确需乘坐校车的幼儿乘车安全,《条例》将幼儿校车作为特殊情况在"附则"中规定:县级以上地方政府应当合理规划幼儿园布局,方便幼儿就近入园。入园幼儿应由监护人或者其委托的成年人接送。对确因特殊情况不能由监护人或者其委托的成年人接送,需要使用车辆集中接送的,应当使用按照专用校车国家标准设计和制造的幼儿专用校车,遵守本《条例》校车安全管理的规定。

二、校车安全事故频发的原因解析

(一)观念上的原因——漠视生命

从本质上说,人的安全就是国家的安全[1],校车安全就是儿童安全。人的安全的目标是保护人权,即保护人的生命、健康不受任意损害。因此,要保护儿童的权利,尤其是他们的交通安全,就必须要在学校中加强人权教育,特别是通过多种形式的教育方式让他们养成对人的生命的尊重,真正树立起生命价值至高无上的理念。

(二)技术上的原因——标准过低

从已披露的信息来看,许多地区的中小学(包括幼儿园)所使用的校车只

---

[1] "人的安全网络"组织:《人权教育手册》,李保东译,生活·读书·新知三联书店2005年版,第21页。

是"山寨"校车,如2011年12月15日广州白云区博海小学发生16名学生受伤的校车事故,其校车是学校用来装运蔬菜的面包车[1];12月21日云南丘北县发生导致小学生2死22伤的重大校车事故,其校车竟然是"马车"[2] 目前,我国使用专用校车的地区仍属少数,如西藏自治区拉萨市、浙江省湖州市德清县、广东省顺德市、山东省青岛市等,[3]其他大部分地区还是实行"山寨"校车和标准校车混杂运营。就现有所谓的标准校车而言,笔者认为也大多不符合标准。因为现有的中小学校车,大多数是针对成年人来设计的,无论是从座椅的高度,还是从汽车本身的构造如窗户玻璃的特殊设计等均以成人的需求标准来设置。而事实上,儿童由于在身体、心理等方面均尚未成熟,属于特殊的乘客,因而,真正的儿童校车必须有加强保护的配置设施和服务。在美国,儿童校车是按照最高设计标准来制造的。因此,即使是在发生交通事故的场合,车上儿童大多也都安然无恙。

(三)国家制度上的原因——立法滞后

校车安全事故的频发,已经引发了人们对导致交通事故本身原因的关注,如超载、司机无证驾驶、违章行驶等,而少有人从国家制度层面来省思。笔者认为,除了这些人为因素外,还有一个根本原因,即国家相关立法的空白是导致一系列校车安全事故的制度根源。

确保每一位儿童的生命与人身安全,为他们提供健康成长的社会环境,是每一个法治政府的神圣使命。对于处于义务教育阶段的儿童来说,接受教育是他们宪法上的基本权利,国家有义务确保每一个孩子接受最基础的教育。在西方,许多国家均制定了保障校车安全的法律法规,以保障就学儿童的人身安全。笔者认为,美国的经验值得借鉴。在美国,黑色为辅、黄色为主的校车拥有很大的"特权",例如,当校车司机使用"停车牌"示意校车停车以让学生上下车时,后面及迎面的车都必须停下来;假如有车因为校车旁边没有车而绕

---

[1] 郑天虹:广州一小学工作用车违规作为校车发生交通事故,http://news.sohu.com/20111215/n329175646.shtml,访问日期:2011-12-25。

[2] 张宏:《三问云南丘北"马车当校车"事故》,《南昌晚报》2011年12月25日第6版。

[3] 庄庆鸿:《专访校车标准起草专家:真正的校车学校都买得起》,《中国青年报》2011年9月19日第4版。

行,也属于违规行为,要受到处罚。此外,美国政府还对校车生产进行了严格管制,要求出厂校车从零件到整车,各方面都要达到严格的安全水平。[1] 所以,在美国,校车安全事故率要远低于其他车辆。究其原因,美国政府通过制定《全国交通与机动车安全法》(1966 年)、《校车安全修正案》(1974 年)等诸多法律为校车安全运行奠定了坚实的制度基础。

三、校车安全应纳入中国儿童福利体系

(一)校车具有公益属性

目前,对于购买校车的费用究竟应由谁来支付,基本的观点还是主张由政府解决。但是,就中国当下国情来看,政府似乎又难以承受这笔庞大的财政支出。尽管如此,笔者认为,无论是公立、还是私立学校,所有校车均应纳入我国儿童福利体系。其实我国有些地方已经在开始尝试将校车纳入当地政府的福利制度体系。以浙江德清为例,他们采取的是开设公司专营校车的解决办法。校车由政府购买,然后委托专业客运公司代管。如果校车的收益并不足以维持公司运营,则由政府出资补足亏损部分。全县乘车学生每人每次支付 1 元钱,贫困学生免费。在美国,校车已经被政府纳入了社会公共服务体系,政府对每一位上学孩子的校车补助是近 600 美元,这在很大程度上减轻了学校的负担。[2] 由此可见,校车在美国是儿童的一项社会福利。随着中国经济的繁荣与发展,我们完全有财力,构建健全的儿童安全网络,为儿童的校车安全提供福利保障。

(二)校车安全事故救助具有福利性

客观而言,在当下中国整个交通安全的大环境尚未得到彻底改观的情况下,行驶在公路上的校车发生交通事故的可能性将难以避免。即使是在交通秩序良好的美国,每年也会发生一些校车安全事故。既然校车安全事故的发

---

〔1〕 何辉:中国为何培育不出成熟的校车文化,http://auto. ifeng. com/roll/20111129/720640. shtml,访问日期:2011 - 12 - 20。

〔2〕 庄庆鸿:《专访校车标准起草专家:真正的校车学校都买得起》,《中国青年报》2011 年 9 月 19 日第 4 版。

生难以杜绝,我们就应当坦诚面对,将校车安全事故的事后救济纳入法治的轨道,为遭受不幸的儿童及其家属提供人道的关怀。从我国当下校车事故善后处理的程序来看,也是将事故部分赔付金纳入政府公益财政支付体系。例如,甘肃正宁发生的"11·16"特大校车交通事故中的赔偿标准是每位遇难人员人身保险、优抚救助金共计 43.6 万元。一般而言,社会福利应当包含三部分内容,即社会保险、社会救助和福利服务。显然,上述由政府赔付的优抚救助金在性质上属于社会救助的范围,具有明显的福利性质。

四、促进中国校车安全的法治对策

(一)制定和完善儿童交通安全的法律法规

根据联合国儿童基金会和中国妇女儿童工作委员会共同发布的《北京市儿童意外伤害报告》显示,交通意外仅次于跌伤和动物咬伤,列为 0—17 岁儿童伤害的第三位。目前我国每年都有超过 1.85 万名 14 岁以下儿童死于交通安全事故,死亡率是欧洲的 2.5 倍、美国的 2.6 倍,交通事故已经成为 14 岁以下儿童的第一死因。[1] 为此,制定和完善预防儿童交通安全事故的法律法规就成为保障儿童交通安全的重要环节。

当前,我们要尽快把保护儿童交通安全纳入法律管辖的范围之内,通过立法保护儿童的交通安全。我国已经启动《校车安全条例》的立法程序,对于这部法规的内容,首先,我们要注重国外交通管理、儿童交通安全的成功经验之借鉴,制定相应的规则,确立以人为先、行人第一、儿童生命权至上、机动车避让儿童为原则的交通法规。其次,我们要通过立法明确儿童交通安全教育体系,在中小学实施符合儿童特点、具有针对性、细致而人性化的交通安全教育;最后,完善包括道路交通安全法、《道路交通安全法实施条例》等在内的法律法规之内容,特别是要完善法律责任的规定,处罚各种违反交通规则行为。

(二)强化校车安全的执法与执法监督

为了确保中国 3 亿多儿童的生命、人身安全,加强校车安全的执法与执法

---

〔1〕　肖艳霞、刘娟:《儿童安全座椅何时走入百姓家》,《南方日报》2011 年 12 月 2 日第 3 版。

监督就成为保障儿童交通安全的关键。首先,要加大校车安全执法检查的力度。法律的生命在于实践。当国家制定出来的法律在现实生活中得不到普遍遵守与贯彻执行的时候,法律就成为一纸空文。自甘肃正宁"11·16"特大校车交通事故发生之后,全国各地加强了校车安全的执法检查力度,如福建泉港一幼儿园 9 座校车实载 23 人、湖北校车核载 11 人实载 36 人等被查处,从而避免了恶性事故的发生。因而,加强校车安全执法是保障儿童交通安全的关键环节。其次,要对校车安全执法的各环节加强监督。当前要大力发挥大众传媒的监督作用,让公权力在阳光下运行。历史反复证明,权力如果失去监控,就有可能滑向腐败的深渊。作为掌握执法权的交通管理部门,他们并非圣贤,会受到来自社会各方面的干扰,在执法过程中有时会诱发各种违法行为,这必然会导致法律设置的最终目标落空。

第十四章
中国儿童人权保护的司法解释评析

　　近些年来，全国各地发生了一系列性侵幼女、校园性侵、猥亵儿童[1]的犯罪案件，如贵州习水嫖宿幼女案[2]、安徽潜山校长性侵幼女案[3]、海南校长带女童开房案[4]、云南大关官员强奸幼女案[5]等，从而引发了全社会对儿童人权保护问题的高度关切，如何加强对儿童的保护，已成为社会普遍关注的问题[6]。据统计，截至 2012 年年底，我国 18 岁以下的未成年人有近 3 亿。这些未成年人的健康成长攸关国家的未来和民族的希望，攸关家庭的幸福和社会的稳定。有鉴于此，最高人民法院、最高人民检察院、公安部、司法部于 2013 年10 月 24 日联合发布了《关于依法惩治性侵害未成年人犯罪的意见》（以下简称《意见》），果断向性侵不法犯罪分子亮剑，对一些法律适用和政策把握疑难问题予以明确，鼎力为未成年人构筑一道坚实的法律保护网。毋庸置疑，改革开

---

〔1〕 《儿童权利公约》第 1 条规定，为本公约之目的，儿童系指 18 岁以下之任何人，除非对其适用的法律规定成年年龄低于 18 岁。因而，本文所指称的儿童是指 18 周岁以下之人，包括少年在内，与我国的未成年人同义。

〔2〕 2009 年 4 月贵州习水曝出性侵幼女事件，11 名女生被以拍裸照和殴打等手段胁迫卖淫，其中有 3名是未满 14 岁的幼女；而参与买春的人员中，竟有 5 名习水县的公职人员和 1 名县人大代表。参见阎志江：《贵州习水嫖宿幼女案开庭》，《法制日报》2009 年 4 月 9 日第 5 版。

〔3〕 据报道，从 2001 年到 2012 年的 12 年间，安徽潜山县余井镇一小学校长杨启发先后性侵了 9 名女童，这些女童年龄集中在 8—10 岁，其中最小的仅 8 岁，最大的已满 20 岁。参见徐海涛：《安徽潜山一校长性侵女生 12 年》，《新华每日电讯》2013 年 5 月 18 日第 4 版。

〔4〕 2013 年 5 月，海南万宁市后郎小学 6 名就读六年级女生集体失踪，经查原来该 6 名女生被万宁市第二小学校长陈在鹏及房管局职员冯小松带走开房。经到医院检查，6 名女生下体受到不同程度伤害。参见方茜：《海南"校长带女生开房案"续》，《人民法院报》2013 年 7 月 12 日第 1 版。

〔5〕 2013 年 8 月 24 日 21 时 30 分许，云南大关县官员郭玉驰见到一名幼女（2009 年生）在路边玩耍，遂起奸淫之心，便将其抱至家中卧室实施了奸淫。参见周清树：《"官员强奸幼女"民事赔偿上诉获受理》，新京报网：http://www.bjnews.com.cn/news/2013/10/15/287482.html，访问时间：2013 - 12 - 17。

〔6〕 刘娥：《论性侵害犯罪中受害儿童的权益保护》，《中国青年政治学院学报》2010 年第 3 期。

放以来,我国保护未成年人权益的法律体系日益健全,司法保护力度不断增强,未成年人权益保护工作取得积极进展。但是,未成年人身心发育尚未成熟,易受犯罪侵害,特别是易受性侵害,这暴露出我国保护儿童免受性侵害的法律和政策存在理念滞后和制度不足的严重问题。《意见》的发布在一定程度上遏制了性侵未成年人犯罪频发的态势,且儿童人权法律保护已被视为一国法治文明的重要标志。故此,笔者从儿童人权保护角度对《意见》予以审视,考究其背后所蕴含的人权保护理念、机理和内涵,以期推动儿童人权理论问题的探讨,更好地指导司法实践,实现儿童这一弱势群体权益保护的最大化。

一、"惩治性侵害未成年人犯罪的意见"之主要内容[1]

《意见》共 34 条,通篇体现"最高限度保护""最低限度容忍"的指导思想,着重从依法严惩性侵害犯罪、加大对未成年被害人的保护力度两个主要方面作了规定,主要包括以下 11 个方面的内容。

(一)依法及时发现和制止性侵害罪行

《意见》第 9 条规定,对未成年人负有监护、教育、训练、救助、看护、医疗等特殊职责的人员(以下简称负有特殊职责的人员)以及其他公民和单位,发现未成年人受到性侵害的,有权利也有义务向公安机关、人民检察院、人民法院报案或者举报。《意见》第 10 条第 2 款规定,公安机关发现可能有未成年人被性侵害或者接报相关线索的,无论案件是否属于本单位管辖,都应当及时采取制止违法犯罪行为、保护被害人、保护现场等紧急措施,必要时,应当通报有关部门对被害人予以临时安置、救助。如此规定的目的在于,使性侵未成年人的罪行在第一时间内能被发现和制止,避免给未成年被害人造成更大的伤害。

对于监护人性侵害未成年人的,《意见》第 33 条规定,其他具有监护资格的人员、民政部门等有关单位和组织向人民法院提出申请,要求撤销监护人资格,另行指定监护人的,人民法院依法予以支持。这样规定的目的是避免未成年被害人因后顾之忧而选择一味容忍,以致受到更大的伤害。

---

[1] 原文题为《"惩治性侵害未成年人犯罪意见"若干问题评析——以儿童权利保护为视角》,《理论与改革》2014 年第 4 期。

（二）严厉惩处性侵害幼女行为

幼女身心、智力等方面尚未发育成熟，自我防护意识和能力低，易受犯罪侵害，且一旦遭受性侵害，会给其一生幸福蒙上阴影，危害后果十分严重。对幼女进行特殊保护是世界各国的基本共识。以强奸罪为例，根据我国刑法规定和司法实践，奸淫不满十四周岁的幼女构成强奸罪，不要求采取强制手段实施，对于使用暴力、胁迫或者任何其他强制手段与不满十四周岁的幼女发生性关系的，无论是否"明知"被害人为幼女，都要以强奸罪论处，从重处罚。实践中，有些犯罪嫌疑人、被告人未使用暴力、胁迫或者其他强制手段与幼女发生性关系，而以各种理由辩解是与幼女正常交往，不明知被害人是幼女，给审查认定案件事实造成一定困难。《意见》第19条第1款规定，知道或者应当知道对方是不满十四周岁的幼女，而实施奸淫等性侵害行为的，应当认定行为人"明知"对方是幼女。

《意见》第19条第2款进一步规定，对于不满十二周岁的被害人实施奸淫等性侵害行为的，应当认定行为人"明知"对方是幼女。为了加大对已满十二周岁不满十四周岁幼女的保护力度，同时考虑该年龄段幼女的身心发育特点，《意见》第19条第3款规定，对于已满十二周岁不满十四周岁的被害人，从其身体发育状况、言谈举止、衣着特征、生活作息规律等观察可能是幼女，而实施奸淫等性侵害行为的，应当认定行为人"明知"对方是幼女。

（三）严惩"校园性侵"等犯罪行为

针对近年来频繁发生的"校园性侵"等犯罪行为，《意见》第21条第1款明确规定，对幼女负有特殊职责的人员与幼女发生性关系的，以强奸罪论处。

社会生活中，一些人以金钱财物为诱饵或者交换条件，对幼女进行奸淫，《意见》指出不能以是否给付幼女金钱财物作为区分嫖宿幼女罪与强奸罪的界限。《意见》第20条明确规定，以金钱财物等方式引诱幼女与自己发生性关系的；知道或者应当知道幼女被他人强迫卖淫而仍与其发生性关系的，均以强奸罪论处。

我国刑法对不满十四周岁的幼女确立了特殊保护原则，实践中，已满十四周岁的未成年少女虽然比幼女的认知、判断能力有所增强，但其身心发育尚未完全成熟，在日常生活、学习和物质条件方面对监护人、教师等负有特殊职责的人员，存在一定的服从、依赖关系，容易在非自愿状态下受到性侵害。《意见》第21条第2款明确规定,对已满十四周岁的未成年女性负有特殊职责的人员,利用其优势地位或者被害人孤立无援的境地,迫使未成年被害人就范,而与其发生性关系的,以强奸罪定罪处罚。

(四)加重处罚在教室等场所当众猥亵等行为

针对我国中小学中个别教师借职务之便,以辅导功课等名义,在教室内其他学生在场的情况下,利用讲台、课桌遮挡,对年幼学童进行猥亵,罪行令人发指。对于此种情形,是否要求在场人员实际看到猥亵行为才能认定为"在公共场所当众猥亵",实践中存在一定争议。考虑校园、教室的"涉众性"和"供多数人使用"的功能特征以及此类犯罪的严重社会危害性,《意见》第23条明确规定,在校园、游泳馆、儿童游乐场等公共场所对未成年人实施强奸、猥亵犯罪,只要有其他多人在场,不论在场人员是否实际看到,均可以依照刑法第236条第3款、第237条的规定,认定为在公共场所"当众"强奸妇女,强制猥亵、侮辱妇女,猥亵儿童。这些行为属于加重处罚情节,构成猥亵犯罪的,处五年以上有期徒刑;构成强奸罪的,在十年以上有期徒刑的量刑幅度内处罚。

(五)对强奸、猥亵犯罪的七种情节从重处罚

我国刑法第236条、第237条明确规定,奸淫幼女,猥亵儿童的,从重处罚,对于强奸已满十四周岁未成年少女的,人民法院在审判实践中一般也酌定从重处罚。《意见》第25条从犯罪主体、犯罪地点、犯罪手段、犯罪对象、犯罪后果、行为人的一贯表现等方面,对从重处罚情节做了具体规定,体现依法严惩的刑事政策。这七种从重处罚情节是:

1. 对未成年人负有特殊职责的人员、与未成年人有共同家庭生活关系的人员、国家工作人员或者冒充国家工作人员,实施强奸、猥亵犯罪的;

2. 进入未成年人住所、学生集体宿舍实施强奸、猥亵犯罪的;

3. 采取暴力、胁迫、麻醉等强制手段奸淫幼女、猥亵儿童犯罪的;

4. 对不满十二周岁的儿童、农村留守儿童、严重残疾或者精神智力发育迟滞的未成年人,实施强奸、猥亵犯罪的;

5. 猥亵多名未成年人,或者多次实施强奸、猥亵犯罪的;

6. 造成未成年被害人轻伤、怀孕、感染性病等后果的;

7. 有强奸、猥亵犯罪前科劣迹的。

（六）严惩组织、强迫未成年人卖淫等犯罪

针对组织、强迫、引诱、容留、介绍未成年少女卖淫等犯罪，《意见》第 26 条要求从重处罚。也就是说，只要被组织、强迫、引诱、容留、介绍的对象中包括未成年人的，都要从重处罚。强迫幼女卖淫的，则要按照刑法第 358 条的规定，对行为人以强迫卖淫罪，判处十年以上有期徒刑或者无期徒刑，并处罚金或者没收财产；情节特别严重的，判处无期徒刑，直至判处死刑，并处没收财产；引诱幼女卖淫的，根据刑法第 359 条第 2 款的规定，判处五年以上有期徒刑，并处罚金。

（七）从严控制缓刑适用

《意见》第 28 条第 1 款要求，对于强奸未成年人的成年犯罪分子判处刑罚时，一般不适用缓刑。《意见》第 28 条第 3 款规定，对于判处刑罚同时宣告缓刑的，可以根据犯罪情况，同时宣告禁止令，禁止犯罪分子在缓刑考验期内从事与未成年人有关的工作、活动，禁止其进入中小学校区、幼儿园园区及其他未成年人集中的场所，确因本人就学、居住等原因，经执行机关批准的除外。这些规定既体现了对此类犯罪总体上依法严惩的指导思想，也有助于加强对性侵害犯罪分子的特殊预防。

（八）强化对未成年被害人隐私权利的保护

《意见》第 5 条明确要求，办理性侵害未成年人犯罪案件，对于涉及未成年被害人、未成年犯罪嫌疑人和未成年被告人的身份信息及可能推断出其身份信息的资料和涉及性侵害的细节等内容，审判人员、检察人员、侦查人员、律师及其他诉讼参与人应当予以保密。对外公开的诉讼文书，不得披露未成年被害人的身份信息及可能推断出其身份信息的其他资料，对性侵害的事实注意以适当的方式叙述。《意见》第 13 条还要求，办案人员到未成年被害人及其亲属、未成年证人所在学校、单位、居住地调查取证的，应当避免驾驶警车、穿着制服或者采取其他可能暴露被害人身份、影响被害人名誉、隐私的方式。

（九）切实避免对未成年被害人造成"二次伤害"

《意见》第 14 条第 1 款特别强调，询问未成年被害人，审判人员、检察人员、侦查人员和律师应当坚持不伤害原则，选择未成年人住所或者其他让未成

年人心理上感到安全的场所进行,并通知其法定代理人到场。《意见》第14条第2款规定,询问未成年被害人,应当考虑其身心特点,采取和缓的方式进行。对与性侵害犯罪有关的事实应当进行全面询问,以一次询问为原则,尽可能避免反复询问。

为了充分保障未成年被害人及其法定代理人在性侵害案件中的诉讼参与权利,《意见》强化了司法机关对案件处理进展的告知义务及帮助未成年被害人申请法律援助的义务,特别是《意见》第17条明确了未成年被害人的法定代理人可以陪同或者代表未成年被害人参加法庭审理,陈述意见,法定代理人是性侵害犯罪被告人的除外。这就是说,法定代理人可以在被害人不愿或者因其他原因不能出庭时,代表被害人出庭陈述意见,从而保障未成年被害人的意愿在司法审判中得到充分的尊重和表达。

(十)为未成年被害人构建三重保护网络

一是明确了被告人应当承担的民事赔偿责任范围。《意见》第31条规定,对于未成年人因被性侵害而造成的人身损害,为进行康复治疗所支付的医疗费、护理费、交通费、误工费等合理费用,未成年被害人及其法定代理人、近亲属提出赔偿请求的,人民法院依法予以支持。其中,康复治疗费用包括进行身体和精神诊治所支出的费用。性侵害未成年人犯罪,对被害人最大的伤害往往是精神和心理上的伤害,被害人到医院进行精神康复治疗所支付的医疗费,不同于精神抚慰金,该部分医疗费用有证据证实并向被告人提出赔偿请求的,人民法院依法予以支持。

二是明确了相关机构的赔偿责任。考虑到有些性侵害案件发生在校园或者幼儿辅导培训机构,为了保障被害人损失得到有效弥补,《意见》第32条规定,未成年人在幼儿园、学校或者其他教育机构学习、生活期间被性侵害而造成人身损害,被害人及其法定代理人、近亲属据此向人民法院起诉要求上述单位承担赔偿责任的,人民法院依法予以支持。通过对上述单位民事赔偿责任的归责,也可以在一定程度上督促相关单位对未成年人履行好教育、管理职责,预防、减少性侵害行为的发生。

三是明确了对未成年被害人优先予以司法救助。《意见》第34条要求对未成年被害人因性侵害犯罪而造成人身损害,不能及时获得有效赔偿,生活困难的,各级人民法院、人民检察院、公安机关可会同有关部门,优先考虑予以司法救助,进一步体现了对未成年被害人的特殊经济救助。

(十一)依法保护未成年犯罪嫌疑人、未成年被告人权益

鉴于部分性侵害犯罪的低龄化特点,《意见》第 4 条规定,对于未成年人实施性侵害未成年人犯罪的,应当坚持双向保护原则,在依法保护未成年被害人的合法权益时,也要依法保护未成年犯罪嫌疑人、未成年被告人的合法权益。《意见》第 27 条规定,已满十四周岁不满十六周岁的人偶尔与幼女发生性关系,情节轻微、未造成严重后果的,不认为是犯罪。

二、未成年人刑事司法保护理念更新

理念是法条之灵魂,若无适当的理念,任何法律均无法有效实施并得以实现。就儿童权利保护法律而言,基于不同理念,同样的法条可能会呈现出不同效果。人类社会本质上存在两种不平等:一种是由年龄、健康状况、体质强弱和智力或心智上的各种差异等自然条件所造成自然上的不平等或生理上的不平等;另一种是依靠一种特定制度安排,且经过人民的一致认同所导致的精神上或政治上的不平等,实则是制度不平等。[1] 很明显,儿童与成人存在自然上的不平等,儿童具有区别于成人的幼弱性、依赖性、不成熟性、易受侵害性、自我保护能力的缺乏性等诸多特点[2],这就注定了儿童所处自然性劣势的事实。显然,追问自然不平等的原因是毫无意义的,试图通过解析儿童的特点来实现儿童人权保护的公正也是徒劳无益的。那么,如何克服第二种不平等所引发的儿童人权保护之不公,进而最终实现儿童健康与快乐地成长,理念的选择就显得尤为重要。正是因为儿童是弱势群体、女童更是"弱势中的弱势",即儿童出生伊始所具有的不平等社会地位和自然禀赋,从而在制度上或政治上需要给予特殊照顾,否则将会导致儿童主体地位沦丧。现代社会,儿童权利保护有两种理念,即"以成人为本位"的一般保护和"以儿童为本位"的特殊保护。《意见》第 3 条规定,办理性侵害未成年犯罪案件,应贯彻特殊、优先保护原则,

---

〔1〕 [法]卢梭:《论人类不平等的起源》,高修娟译,上海三联书店 2009 年版,第 18 页。

〔2〕 吴鹏飞:《儿童权利一般理论研究》,中国政法大学出版社 2013 年版,第 25—28 页。

切实保障未成年人合法权益。这足以表明我国在儿童人权保护方面采取的是特殊、优先的保护理念。

事实上,早在 1991 年全国人大常委会就批准加入了《儿童权利公约》,且于次年 4 月 2 日对我国生效。该公约要求缔约国社会、家庭关于儿童的一切活动,均应以儿童利益最大化为首要考虑。虽然我国未成年人保护法确立了尊重未成年人尊严、适应其身心发展规律和特点、教育与保护相结合等原则,体现了儿童利益最大化理念,试图从各层面最大限度的保护未成年人利益。但儿童利益最大化理念并未深深楔入家庭和社会,既没有成为人们内心信仰的准则,也没有成为现实中具体落实的规则。在未成年人刑事司法保护方面,对未成年人的保护也远远滞后于理念,已经无法适应民众期待、社会发展和国际准则。《意见》首次在我国未成年人刑事法律体系中明确了"儿童利益优先"原则,是未成年人刑事司法保护理念的重大进步。[1] 从文本看,《意见》中先后出现 2 次"特殊"保护和 4 次"优先"保护等字眼,直接或间接体现特殊、优先保护原则的条款则多达五成以上。质言之,《意见》尽彰抛弃落后之理念,尽显以儿童利益最大化为其核心价值,是我国未来儿童人权保护立法和政策实施的指南针。

儿童利益优先作为处理儿童事务的准则,其基本含义是在处理涉及儿童的事务中,儿童的利益要得到优先考虑。[2] 当然,其含义亦可这样理解:在儿童立法过程中,应充分考虑和设想儿童利益;在儿童司法实践中,应该把儿童利益置于处理儿童事务的出发点。就性侵害未成年犯罪主体而言,存在成年人和未成年人两类主体。当犯罪主体是成年人时,依据相关法律予以严惩行为人,此时受害未成年人应得到特殊、优先保护,这应无疑义。然而当犯罪主体是未成年人时,如何理解适用未成年人权益优先保护原则,则需要认真对待。实际上,联合国《儿童权利宣言》明确了儿童在一切情况下均应属于首先受到保护和救济之列的原则。[3] 其包括两层含义:第一,只要是未成年人,无论是犯罪人还是被害人其合法利益都应受到优先保护;第二,优先保护原则贯

---

〔1〕 张梁:《保护未成年人,司法先行立法紧跟》,《法制日报》2013 年 10 月 26 日第 7 版。

〔2〕 王雪梅:《儿童权利论:一个初步的比较研究》,社会科学文献出版社 2005 年版,第 73 页。

〔3〕 胡志强:《中国国际人权公约集》,中国对外翻译出版公司 2004 年版,第 370 页。

彻社会活动全过程,包括司法实践。尽管对未成年犯罪人进行特殊保护已成
为国际通行准则[1],尽管尊重和保护人权已写入新修正的刑事诉讼法,但我
国儿童保护法律及司法解释均未明确提出在办理性侵未成年犯罪案件时,既
要保护未成年被害人的合法权益,也要保护未成年犯罪嫌疑人或被告人合法
权益的双向保护原则。在我国司法实践中,通常也是侧重于保护未成年被害
人权益,而在很大程度上忽视了未成年犯罪嫌疑人或被告人的权益保障。《意
见》的出台填补了这一漏洞,第4条明确规定"对于未成年人实施性侵害未成
年人犯罪的,应当坚持双向保护原则,在依法保护未成年被害人的合法权益
时,也要依法保护未成年犯罪嫌疑人、未成年被告人的合法权益"。总之,《意
见》将"儿童利益优先"原则贯彻到程序保障、实体保障、严格执法与经济救济
等诸多环节。这是少年司法理念的一大更新,更是尊重与保护人权理念在少
年司法领域中的具体细化。

三、未成年人权利保障制度细化

所谓儿童(未成年人)权利,是指"儿童基于其特殊身心需求所拥有的一种
有别于成人的权利,这种权利为道德、法律或习俗所认可且正当,其范围包括
受保护权和自主权两个相互依存的方面"。[2] 由于未成年人身心尚未成熟,
人们有责任给予特殊保护和照料,自然应当包括法律上的适当保护。正如前
文所述,《意见》共34条,通篇体现"最高限度保护、最低限度容忍"的指导思
想,尽显对性侵害犯罪依法严惩,彰显对儿童权利的细微关怀。

(一)突出保障未成年人隐私权,避免对其造成"二次伤害"

通常而言,性犯罪被害人往往对自身遭受性侵害的事实讳莫如深,且希望
被知晓的范围越小越好。与一般刑事犯罪被害人相比,性犯罪被害人在获取
社会同情之时,往往又易被社会舆论所中伤,其所遭受的身心损害既持久又难
以恢复。[3] 众所周知,幼女相对于成年女性而言,其身心、智力等方面尚未发

---

[1]　联合国有关少年司法的专门文件有:《联合国少年司法最低限度标准规则》(《北京规则》)、《联
合国预防少年犯罪规则》(《利雅得规则》)、《联合国保护被剥夺自由少年规则》。

[2]　吴鹏飞:《儿童权利一般理论研究》,中国政法大学出版社2013年版,第19页。

[3]　袁锦凡:《性犯罪被害人权利保护的域外经验》,《西南政法大学学报》2010年版第4期。

育成熟,一旦遭受性侵害,将会给其身心健康造成严重后果。若是在其遭受性侵后,相应的隐私又被公开,将会给其带来"二次伤害"[1]。因而,我国刑事诉讼法明确规定对涉及个人隐私、未成年人犯罪案件不公开审理等基本程序权,以保障未成年人隐私权。在此基础上,《意见》颁布了一系列非常细化而有效的规范,突出保障性侵案件中未成年人隐私权,以实现对他们的特殊保护,避免造成"二次伤害"。

第一,强调对未成年人身份信息的严格保密。这主要体现在:一是明确规定了诉讼参与人的保密义务[2]。《意见》第5条第1款规定:"办理性侵害未成年人犯罪案件,对于涉及未成年被害人、未成年犯罪嫌疑人和未成年被告人的身份信息及可能推断出其身份信息的资料和涉及性侵害的细节等内容,审判人员、检察人员、侦查人员、律师及其他诉讼参与人应当予以保密。"二是明确规定了诉讼文书的披露范围。《意见》第5条第2款规定:"对外公开的诉讼文书,不得披露未成年被害人的身份信息及可能推断出其身份信息的其他资料,对性侵害的事实注意以适当的方式叙述。"这是对未成年人隐私的直接保护,有助于从根本上防止未成年人身份信息的不当泄露。

第二,强调对办案人员调查取证方式的限制。社会公众对刑事案件的侦办活动通常十分敏感,并能从办案人员的办案方式中推断出一些案件信息。为防止因办案方式不当泄露未成年人隐私,《意见》第13条明确规定:"办案人员到未成年被害人及其亲属、未成年证人所在学校、单位、居住地调查取证的,应当避免驾驶警车、穿着制服或者采取其他可能暴露被害人身份、影响被害人名誉、隐私的方式。"这是对未成年人隐私的间接保护,有利于堵塞办案人员泄

---

[1] 所谓"二次伤害",是指儿童在遭受性侵后,儿童的亲属、邻居、老师、同学等人和在寻求司法帮助过程中公、检、法机关及其办案人员在言语、态度上对其的继续伤害。主要包括:受害儿童被反复询问事情经过,使其不断地回忆和说出自己被侵害的过程及细节;公、检、法机关及其办案人员在询问受害儿童时言语、态度和方式方法上的不合适;办案人员到被害儿童的住处、学校询问或调查时开警车、鸣警笛、不避讳众人等不利于保护受害儿童隐私的情况;等等。参见佟丽华:《全面保护性侵害案件未成年被害人》,《光明日报》2013年10月31日第15版。

[2] 2013年闹得沸沸扬扬的李天一案,不仅涉及未成年人犯罪,且还涉及强奸,均属于不公开审理案件之范畴。但据媒体报道,该案在审判过程中,不仅被告辩护律师的辩护词在网上泄露,且还将被害人姓名公之于众。该案律师严重违背了不得向大众透露涉及未成年人隐私的信息和禁止向外界提供一些可能泄露当事人隐私的信息之规定,目前正接受北京律协的调查。

露未成年人隐私的漏洞。

第三,严格限制未成年被害人、证人的出庭方式。未成年被害人、证人出庭当然有助于法庭查清案件事实,但也可能因此而泄露他们的隐私,进而对他们造成不必要的伤害。为防止出庭对未成年被害人、证人隐私的泄露,《意见》第 18 条规定:"人民法院开庭审理性侵害未成年人犯罪案件,未成年被害人、证人确有必要出庭的,应当根据案件情况采取不暴露外貌、真实声音等保护措施。有条件的,可以采取视频等方式播放未成年人的陈述、证言,播放视频亦应采取保护措施。"显然,这有助于避免出庭对未成年被害人、证人隐私的泄露。

此外,《意见》第 14 条第 1 款特别强调,询问未成年被害人,审判人员、检察人员、侦查人员和律师应当坚持不伤害原则,选择未成年人住所或者其他让未成年人心理上感到安全的场所进行,并通知其法定代理人到场。同条第 2 款还规定,询问未成年被害人,应当考虑其身心特点,采取和缓的方式进行。对与性侵害犯罪有关的事实应当进行全面询问,以一次询问为原则,尽可能避免反复询问。这有助于避免对未成年被害人造成"二次伤害"。

(二)深化受监护权内涵,严格负有特殊职责人员责任

"对儿童来说,成人像上帝一样伟大和强有力,儿童必须从他那里获得生活的必需品。成人是儿童的创造者、统治者、监护者和惩罚执行者。从来也没有一人像儿童依赖成人一样完全地和绝对地依靠另一个人。"[1]儿童天性柔弱,决定了儿童在日常生活、学习和物质条件方面不能脱离成人社会独立进行,对监护人、教师等负有特殊职责的人员,存在一定的服从、依赖关系,容易在非自愿状态下受到他们的性侵害。正是因为儿童具有依赖性,我国民法通则、未成年人保护法和预防未成年人犯罪法明确规定了监护人、学校、社会及司法保护儿童人权的职责。在此基础上,《意见》深化了儿童受监护权之内涵,严格对未成年人负有监护、教育、训练、救助、看护、医疗等特殊职责的人员以及其他公民和单位的责任。

第一,深化了受监护权之内涵。我们认为,儿童受监护权是指监护人对于

---

〔1〕　[意]蒙台梭利:《儿童的秘密》,单中惠译,中国长安出版社 2010 年版,第 237 页。

儿童人身和财产权益负有监督保护的职责,儿童享有受监护人保护与教养的权利[1]。在日常生活中,承担监护职责的主要义务者是儿童之父母。在《意见》中,儿童受监护权之内涵得到了全面深化。首先,履行监护职责的主体不再局限于儿童之父母,还包括负有特殊职责人员及其他公民或单位。《意见》第 9 条规定,对未成年人负有特殊职责的人员及其他公民和单位,发现未成年人受到性侵害的,报案和举报既是权利更是一种义务。此项规定不仅弥补了未成年人保护法和预防未成年人犯罪法没有关于报案或举报的规定,且还确保发现儿童权利受损和得到救助的及时性。其次,《意见》第 33 条明确规定,只要未成年人受到监护人的性侵害,其他有监护资格的人员或组织可向人民法院提起撤销监护人之诉。这是对民法通则及其司法解释关于监护人规定的继承和发展,也是避免未成年被害人因后顾之忧而选择一味容忍,以致受到更大的伤害。再次,细化了监护人在诉讼程序中履行监护职责的具体内容。一是认为公安机关应立案侦查而不立案侦查的,可向人民检察院提出异议;二是询问未成年被害人时,法定代理人必须到场,但无法通知、法定代理人不能到场或法定代理人是性侵害犯罪嫌疑人、被告人的除外;三是陪同或代表未成年被害人参加法庭审理,陈述意见,法定代理人是性侵害犯罪被告人的除外;四是法定代理人在未成年人因被性侵害而造成的人身损害有权提出赔偿请求。此外,《意见》第 7 条要求各级法院、检察院、公安机关和司法行政机关应当主动加强民政、教育、妇联、共青团等未成年人相关保护组织的联系和协作,以期更好地实现政法机关与未成年人相关部门的联动。这是在相关司法解释中首次提出这样的要求,无论是从保护未成年人身心健康还是从实现监护权益最大化角度看,此项规定均值得称颂。

第二,强化了负有特殊职责人员的义务与责任。根据北京青少年法律援助与研究中心发布的《未成年人遭受性侵害案件统计分析报告》,在 340 个案件中,熟人作案的比例高达 68%。其中,监护人实施的性侵害案件 39 件,校园内发生的案件有 50 件[2] 上述数据警示我们,对于未成年人权利保护的落实,很大程度上是要规范负有特殊职责人员的行为,并严格他们的职责。这些

---

〔1〕 吴鹏飞:《儿童权利一般理论研究》,中国政法大学出版社 2013 年版,第 52 页。
〔2〕 佟丽华:《司法新规严惩性侵未成年人犯罪》,《人民法院报》2013 年 10 月 27 日第 4 版。

负有特殊职责的人员对未成年人实施性侵害,严重挑战了社会伦理道德底线。同时,此类犯罪相对比较隐蔽,往往性侵次数多、时间长。有鉴于此,《意见》明确负有特殊职责人员发现未成年人被性侵害的,有报案或举报义务;有针对公安机关应当立案侦查而不立案侦查的,向人民检察院提出异议的义务。不唯如此,《意见》对于负有特殊职责的人有性侵害未成年人行为的,还确立了依法"从严""从重"的量刑准则。这主要体现在:其一,对幼女负有特殊职责的人员与幼女发生性关系的,以强奸罪论处;对已满十四周岁的未成年女性负有特殊职责的人员,利用其优势地位或被害人孤立无援的境地,迫使未成年被害人就范,而与其发生性关系的,也以强奸罪定罪处罚。其二,将对未成年人负有特殊职责的人员、与未成年人有共同家庭生活关系的人员等实施强奸、猥亵犯罪的行为,纳入对强奸、猥亵犯罪的七种从重处罚情节[1]中。其三,严惩在教室等场所及"校园性侵"等犯罪行为。考虑到个别教师借职务之便,以辅导功课为名,在教室内其他学生在场的情形下,利用讲台、课桌遮挡,对年幼学童进行猥亵以及校园、教室的"涉众性"和"供多数人使用"的功能特征以及此类犯罪的严重社会危害性等因素,《意见》第23条明确规定,在校园、游泳馆、儿童游乐场等公共场所对未成年人实施强奸、猥亵犯罪,只要有其他多人在场,无论在场人员是否实际看到,均可依照刑法第236条第3款、第237条的规定,认定为在公共场所"当众"强奸妇女,强制猥亵、侮辱妇女,猥亵儿童。

(三)最大限度保障儿童福利权,优化儿童成长环境

儿童福利权有别于"传统福利权"[2],其是以确保儿童的尊严和发展为目的,而为一国宪法或宪政实践所确认、保护的一种实在权利,对儿童的生存和发展具有至关重要的意义。儿童福利权主要包括最大限度地存活与发展权、健康权、受教育权、适当生活水准权及特殊儿童特别照顾权等五个方面。[3]《意见》对于儿童发展权、健康权及特殊儿童特别照顾权予以了有力地回应,在

---

[1] 《意见》第25条。

[2] 传统福利权是指社会成员因年老、疾病、伤残、失业、生育、遭遇灾害、面临生活困难等因素,暂时或永久丧失工作能力,失去工作机会,以致收入不能维持必要生活水平或相当生活水准时,有获得国家和社会物质帮助的权利。参见吕艳辉:《福利权与财产自由权的冲突和调适》,《求是学刊》2010年第7期。

[3] 吴鹏飞:《儿童权利一般理论研究》,中国政法大学出版社2013年版,第52—53页。

惩治性侵害未成年人犯罪的同时对儿童福利权给予了最大限度的保护。

"每个人自由而全面的发展是一切人自由发展的条件"[1],这里的"每个人"自然也包括儿童在内。就此意义而言,保证儿童成长环境不受污染以及在生命和健康遭受威胁时获得生存或救济是有其哲学基础的。况且,"生命、生存与发展权的最大化,是儿童与生俱来的固有权利"[2]。优化儿童成长环境,保护儿童健康成长是人类社会得以正常延续的前提,也是我们整个社会的重要职责。为此,《意见》在保障儿童发展权和健康权等方面作出了积极努力。就保障儿童发展权而言,一方面,《意见》规定依法及时发现和制止性侵害罪行,避免给未成年被害人造成更大伤害。《意见》除了规定如前所述负有特殊职责人员有举报和报案的义务外,第 10 条第 2 款还规定,公安机关发现可能有未成年人被性侵害或者接报相关线索的,无论案件是否属于本单位管辖,均应及时采取制止违法犯罪行为、保护被害人、保护现场等紧急措施,必要时,应当通报有关部门对被害人予以临时安置、救助。另一方面,《意见》不仅要求政法机关与未成年人保护相关组织联动做好受害未成年人的心理安抚、疏导工作,明确未成年被害人的优先救助权[3],而且还要求性侵害未成年人犯罪案件应当由熟悉未成年人身心特点的审判人员、检察人员、侦查人员办理,包括提供法律援助的律师也必须是由熟悉未成年人身心健康的律师担任;未成年被害人系女性的,审判、检察、侦查过程中都必须有女性工作人员参与。此外,为保障儿童良好的发展环境,《意见》从原则、程序和禁止令内容等方面对性侵害犯罪人适用缓刑进行限制,加强对性侵害犯罪分子的特殊预防,有助于防止犯罪人在缓刑考验期内再次实施针对未成年人的性侵害。具言之,《意见》第 28 条规定,对于强奸未成年人的成年犯罪分子判处刑罚时,原则上不适用缓刑。法院、检察院以及其委托犯罪分子居住地的社区矫正机构调查认为对其所居住社区没有重大不良影响的除外。但可以根据犯罪情况,禁止犯罪分子在缓刑

---

〔1〕 马克思、恩格斯:《马克思恩格斯选集》(第 1 卷),人民出版社 1995 年版,第 294 页。

〔2〕 王世洲:《关于保护儿童的欧洲标准》,《法律科学》2013 年第 3 期。

〔3〕 《意见》第 34 条规定:"对未成年被害人因性侵害犯罪而造成人身损害,不能及时获得有效赔偿,生活困难的,各级人民法院、人民检察院、公安机关可会同有关部门,优先考虑予以司法救助。"参见赵秉志、袁彬:《解读两高两部〈关于依法惩治性侵害未成年人犯罪的意见〉——实体程序并重 全方位保障未成年人权益》,《检察日报》2013 年 10 月 26 日第 3 版。

考验期内从事与未成年人有关的工作、活动,禁止其进入中小学校区、幼儿园园区及其他未成年人集中的场所。

在保障儿童健康权方面,从民事赔偿范围和责任主体等方面强化了对未成年被害人的经济赔偿和救助。《意见》第31条规定,未成年人因被性侵害而造成的人身损害,包括为进行康复治疗所支付的医疗费、护理费、交通费、误工费等合理费用。未成年被害人及其法定代理人、近亲属提出赔偿请求的,法院依法予以支持。第32条规定,未成年人在幼儿园、学校或者其他教育机构学习、生活期间被性侵害而造成人身损害,被害人及其法定代理人、近亲属据此向人民法院起诉要求上述单位承担赔偿责任的,人民法院依法予以支持。在特殊儿童照顾权方面,《意见》予以了最高限度、绝对的保护。这表现在:一是将强奸、猥亵农村留守儿童、严重残疾或精神智力发育迟滞等特殊未成年人的行为纳入规定的七种从重、从严处罚情节之中;二是对不满十二周岁的幼女予以绝对保护。《意见》第19条第2款规定,对于不满十二周岁的被害人实施奸淫等性侵害行为的,应当认定行为人"明知"对方是幼女。这就意味着,行为人只要与不满十二周岁的幼女发生性关系,即以强奸罪处罚。《意见》第25条规定,对不满十二周岁的儿童实施强奸、猥亵犯罪的,应当从重处罚。

(四)高度重视未成年人知情权,竭力维护其诉讼权益

正当程序是权利实现的手段,其最低标准要求是决定者在作出影响公民的权利义务之前,必须履行告知和听证义务,必须给予公民知情和申辩的机会和权利。在性侵害未成年人案件中,被害人作为一个特殊群体,与案件有直接利害关系,完全有权了解案件相关信息。有学者指出,刑事被害人知情权是指被害人依法享有的了解、知悉和获取立案、侦查、起诉、审判和执行等刑事诉讼各个阶段进程中享有的权利、案件的进展情况以及有关机关针对案件作出的重大决定等权利。[1] 就性侵害未成年人案件中被害人而言,其知情权包括在刑事诉讼进程中有被告知所享有的权利;有了解案件的进展情况及有关机关针对案件作出的重大决定等权利。《意见》要求在办理性侵害未成年人案件程

---

〔1〕　翟红娥:《宪政视角下刑事被害人知情权的保障与完善》,《理论与改革》2013年第3期。

序上对未成年人知情权予以充分保障。《意见》第 15 条规定,必须保证未成年犯罪嫌疑人获得辩护人辩护,未成年犯罪嫌疑人经济困难没有委托辩护人的,检察院应当书面通知法律援助机构指派律师为其提供辩护。第 16 条要求,法院、检察院和公安机关办理性侵害未成年人犯罪案件,除有碍案件办理的情形外,应当将案件进展情况、案件处理结果及时告知被害人及其法定代理人,并对有关情况予以说明。第 17 条规定,人民法院确定性侵害未成年人犯罪案件开庭日期后,应当将开庭的时间、地点通知未成年被害人及其法定代理人。显然,这些规定彰显了我国对未成年被害人知情权的高度重视,并逐步健全与完善的努力,于一些基层和偏远地区的刑事司法实践是一次绝佳的修正[1]。

四、"惩治性侵害未成年人犯罪意见"之不足

《意见》严格遵循刑法、刑事诉讼法、未成年人保护法和相关司法解释的规定,对近年来办理性侵害未成年人犯罪案件的司法实践经验作了全面总结,对一些法律适用和政策把握疑难问题进一步明确,统一了司法机关办理此类案件的思想认识,提升了惩治性侵害犯罪和保护未成年人权益的司法水平。不过,《意见》在保护未成年人权利方面也绝非完美无缺,至少在以下几个方面有待进一步完善。

(一)未能正面回应性侵害幼女犯罪的缺陷

首先,在认定性侵幼女犯罪上依然采用"主观故意"的犯罪构成要件。比如,与未满 14 岁幼女有性行为如何定性?最高人民法院曾于 2013 年年初为此专门下文作出批复[2]认为,"行为人明知是不满十四周岁的幼女而与其发生性关系,不论幼女是否自愿,均应依照刑法第 236 条第 2 款的规定,以强奸罪定罪处罚;行为人确实不知对方是不满十四周岁的幼女,双方自愿发生性关系,

---

[1] 如贵州习水案开庭时,受害女生康某的父亲甚至不知道开庭日期,他申请进入法庭时也被阻止。康父拿着户口簿,解释作为未满 15 周岁女儿的监护人,应该可以进入法庭旁听,但未得到法官允许。参见张清荣:《贵州习水嫖宿幼女案的案例分析》,兰州大学 2010 年硕士学位论文,第 8 页。

[2] 《关于行为人不明知是不满 14 周岁的幼女,双方自愿发生性关系是否构成强奸罪问题的批复(2003 年 1 月 8 日最高人民法院审判委员会第 1262 次会议通过,自 2003 年 1 月 24 日起施行,法释[2003]4 号)》,不久该批复又被暂缓实施。

未造成严重后果,情节显著轻微的,不认为是犯罪"。显然,如前所述,《意见》对于遭受性侵的未满十二周岁幼女采取的是绝对保护原则,即无论行为人是否明知,也无论幼女是否自愿,只要与幼女发生性关系,一律以强奸罪定罪处罚。而对于性侵已满十二周岁不满十四周岁幼女的行为,《意见》却依然采用"主观故意"的犯罪构成要件,即行为人如果不是"明知"对方是幼女的,不认为是犯罪。《意见》第19条第3款[1]即采取这种态度。这在客观上无疑放纵了性侵幼女的犯罪分子,严重侵害了儿童的性权利。

其次,依然保留嫖宿幼女罪。近年来,社会各界有许多学者呼吁要废除嫖宿幼女罪,2013年7月30日最高人民法院也曾在答复全国人大代表孙晓梅的提案中明确表示"完全赞成孙晓梅代表提出的废除嫖宿幼女罪的建议"。试想,在一个连"嫖宿熟女"都禁止的国家,出现"嫖宿幼女罪"的法律规定,该有多么荒唐?然而,此次由四部委联合发布的《意见》中,依然没有废除此项罪名,只是规定"不能以是否给付幼女金钱财物作为区分嫖宿幼女罪与强奸罪的界限"。问题是,《意见》中"以金钱财物等方式引诱幼女与自己发生性关系的;知道或者应当知道幼女被他人强迫卖淫而仍与其发生性关系的,均以强奸罪论处"的规定,真的就能在事实上架空嫖宿幼女罪吗?如果幼女没有被人强迫卖淫,也不是犯罪嫌疑人以金钱财物引诱,是否仍可以嫖宿幼女罪来判处?在大多数国家,凡是幼女在法定年龄之下,无论有无钱物交易,无论是否出于自愿,也无论是否在卖淫场所或其他场所,只要与幼女发生性行为一律以强奸罪论处。为何我们依然要"谨慎"地保留如此多的法律漏洞呢?

(二)未能对性侵害犯罪精神损害赔偿作出规定

众所周知,性侵害未成年人犯罪,对被害人最大的伤害往往是精神和心理上的伤害。然而,依照现有法律规定,无论是刑事附带民事诉讼还是刑事案件结束后单独提起民事诉讼,法院均不支持精神损害等赔偿诉求,仅支持直接物质损失,实践中一般只是赔偿少量的医药费,从而导致被害人遭受的精神和心理上的损害得不到合理补偿。《意见》第31条规定,性侵害未成年人造成人身

---

[1]　第19条第3款规定,对于已满十二周岁不满十四周岁的被害人,从其身体发育状况、言谈举止、衣着特征、生活作息规律等观察可能是幼女,而实施奸淫等性侵害行为的,应当认定行为人"明知"对方是幼女。

损害,民事赔偿范围只包括为进行康复治疗所支付的医疗费、护理费、交通费、误工费等合理费用等。而对于性侵害带来的被害人最大的精神和心理上的损害却没有包括在内,这是令人费解的,也是《意见》留给我们的最大缺憾。

(三)未能对遭受性侵的男童提供平等保护

女性的性权利固然会受到侵害,但男性的性权利同样也会受到侵害。从比较法角度看,世界上许多国家[1]均把男子列为强奸罪的受害对象。从罪刑法定原则看,我国现行刑法对于性侵男童的犯罪行为,只能依据刑法第237条按猥亵儿童罪进行处罚。换言之,现行刑法规定的奸淫幼女行为并不包括对男童的性侵,这既违背了对儿童的平等保护原则,也使得奸淫男童的行为只能按猥亵儿童罪进行处罚,而该罪一般情形下只能处以"五年以下有期徒刑或者拘役",量刑偏低。因此,我们建议,今后有必要将"奸淫幼女行为"修改为"奸淫儿童行为",以实现对男女儿童的平等保护。

毋庸置疑,保护未成年人尤其是儿童健康安全成长、免受违法犯罪侵害,乃是国家、社会和家庭的共同使命。此次《意见》的出台,不仅强化了父母和家庭的监护、教养职责,更强化了国家和社会的管理、保护职责,这必将威慑那些蠢蠢欲动的"潜在犯罪者",为营造有利于未成年人健康成长的社会环境提供坚强后盾。然而,目标的实现需要的不仅仅是一部《意见》,更迫切的是需要我们摒弃落后的立法、执法和司法理念,而以儿童利益最大化为其核心价值,[2]需要的是国家、社会和家庭各司其职、各负其责地形成一股合力,为未成年人权益保护构筑一道严密的保护网。只有儿童利益优先和最大化的理念成为父母和家庭的追求,成为法律和法治的追求,成为国家和社会的追求,从而孕育出更多充满权利关怀的细微规则,少年儿童才能拥有安全的现在,美好的未来。

---

〔1〕 如德国、法国、意大利、加拿大等国的现行刑法典均将强奸罪的受害者规定为"他人"。

〔2〕 令人欣喜的是,2013年12月31日最高人民检察院下发修订后的《人民检察院办理未成年人刑事案件的规定》,对办理未成年人刑事案件的方针和原则、未成年人刑事案件的审查逮捕、审查起诉与出庭支持公诉、法律监督、刑事申诉检察予以了进一步的补充、完善和细化。其中,特别强调"特殊保护"原则,要求办理未成年人刑事案件要"按照最有利于未成年人和适合未成年人身心特点的方式进行",充分保障未成年人合法权益。参见徐日丹:《依法办理未成年人刑事案件切实保障未成年人合法权益》,《检察日报》2014年1月7日第2版。

代结语
儿童人权理论研究之回顾与展望

近年来,儿童人权理论研究逐渐成为中国法学界关注的一个热门话题。西方国家儿童人权理论的研究大致始于 18 世纪末 19 世纪初[1]。然而在中国,儿童人权理论的研究起步较晚,学界一般认为始于清末[2]。但在 20 世纪 90 年代之前,中国儿童人权理论始终未能成为研究者关注的领域。直到 1991 年全国人大常委会批准加入《儿童权利公约》[3],以及 1991 年全国人大常委会制定未成年人保护法之后,儿童人权理论才逐渐进入研究者的视野。因此,笔者认为,全面回顾梳理近 20 年来中国学术界在儿童人权理论领域中所开展的各项研究,有助于我们认清当下中国儿童人权保障所面临的难题,从而也有助于我们找到今后努力和前进的方向。笔者在此拟对 1991—2011 年国内研究文献进行较为全面系统的梳理与检视(具体文献以清华同方学术期刊数据库的核心期刊及公开出版的著作为样本),为进一步推动我国儿童人权理论研究尽绵薄之力。

---

[1] 1799 年英国伦理学家汉斯·摩尔(Hannah More)首次对儿童权利的概念作了初步研究,她认为,"儿童权利是指儿童拥有一种性质截然不同的法律身份,以及不同于其父母的利益和需要。作为一个广义且有些朦胧的概念,儿童权利包括受保护和依赖的权利,以及民权、自由权利和自治权利"。参见:Steven Mintz:Placing Children's Rights in Historical Perspective,44No. 3 Crim. Law Bulletin,May –June 2008,第 35 页。

[2] 如有学者认为,康有为在"天赋人权"理论的基础上提出了男女童都应该享有受教育的权利与机会的主张。参见管华:《儿童权利研究:义务教育阶段儿童的权利与保障》,法律出版社 2011 年版,第 55 页。

[3] 《儿童权利公约》于 1989 年 11 月 20 日由联合国大会通过,1991 年 12 月 29 日经全国人大常委会批准加入,1992 年 4 月 1 日对我国生效。

一、儿童人权理论研究之回顾[1]

(一)儿童人权史研究

1. 儿童保护运动研究

王雪梅研究了美国儿童保护运动。她认为,在儿童保护运动中,19 世纪是个关键时期。此前,教会在儿童保护运动中发挥了重要作用,教堂成为公认的孤儿庇护所。直到 19 世纪 70 年代开始,儿童解放运动才迅速展开。美国首次儿童保护运动 1871 年发生在纽约,当时在美国动物保护协会的协助下,一名普通妇女首次赢得了虐待儿童的案件,使对儿童的暴行受到了法律的惩罚。1912 年美国建立了儿童福利局。1974 年美国通过了《儿童虐待和忽视预防和处置法案》,1980 年又通过了《收养援助和儿童福利法案》。[2]

2. 儿童立法史研究

李双元等探讨了国际儿童立法史,他们认为,英国议会 1802 年通过的《学徒健康与道德法案》是世界历史上第一部保护童工的法律。英国随后还制定了《1874 年未成年人救助法》、1886 年《未成年人监护法》、1908 年《儿童法》等法律。比利时 1912 年制定了《儿童保护法》,瑞典 1924 年制定了《儿童福利法》。其他国家如丹麦(1907 年)、荷兰(1921 年)、西班牙(1929 年)、日本(1923 年)、印度(1920 年)等纷纷制定了自己的儿童专门法[3]。

(二)儿童人权本体论研究

1. 儿童人权意识

宫秀丽探讨了儿童人权意识的本体价值。她认为,儿童人权意识是儿童对自我利益和自由的认知,以及对他人主张、要求和维护权利的行为和观点的社会评价。一定程度的权利意识有助于维护儿童个人权利,促进健康人格的形成,有利于促进儿童个体创造性的发展[4]。皮艺军则从法文化的角度探讨

---

〔1〕 原文题为《中国儿童权利理论研究综述》,《东吴法学》2012 年春季卷。

〔2〕 王雪梅:《儿童权利论:一个初步的比较研究》,社会科学文献出版社 2005 年版,第 26—28 页。

〔3〕 李双元等:《儿童权利的国际法律保护》,人民法院出版社 2004 年版,第 8—9 页。

〔4〕 宫秀丽:《儿童权利意识的本体价值与培养理念》,《青少年犯罪研究》2009 年第 4 期。

了儿童人权。他认为,儿童人权及其保护所包含的意义不仅仅局限于其本身的价值,在整体上对人权的认知及其保护也会起到借鉴和促进作用。儿童人权的保护活动使我们意识到一个与儿童社会相对立的成人社会的存在。成人社会在处理儿童人权上的任何一种误差和平等意识的缺失,都可能导致儿童人权的忽视与剥夺[1]。

2. 儿童人权证成

管华探讨了人权证成的三种范式的利弊,并主张运用第四种范式即尊重范式来证成儿童人权。他认为,儿童人权的证成包括四个环节,即儿童值得尊重、儿童需要尊重、儿童获得尊重和儿童一体尊重[2]。张杨则对当前诉诸一般人权理论来证成儿童人权提出质疑。他认为,主张儿童应该享有人权的学者往往诉诸人权理论来证成儿童的人权,这种证成固然有其重要意义,但却过于简单和粗糙,难以服人,需要寻求更为精细的理论来证成儿童人权的正当性,并认真对待儿童人权[3]。

3. 儿童人权含义

张爱宁探讨了儿童人权的内涵。她认为,儿童人权概念应包括下述内容:第一,必须将儿童当"人"看,承认儿童具有与成人一样的独立人权,而不是成人的附庸;第二,必须将儿童当"儿童"看,承认并尊重童年生活的独立价值,而不仅仅将它看做是成人的预备;第三,应当为儿童提供与之身心发展相适应的生活,儿童个人权利、尊严应受到社会的保护[4]。王勇民也探讨了儿童人权的概念。他认为,儿童人权是指为道德、法律或习俗所认定为正当的,体现儿童的尊严和道德价值的,带有普遍性和反抗性的利益、主张、资格、权能或自由的总称[5]。与上述两位学者的看法基本相同,冯锐认为,儿童人权是视儿童为权利主体的角度提出的,是一种儿童依法享有的与成年人平等的权利,其范围涉及公民权利、政治权利、经济权利、社会权利和文化权利[6]。

---

〔1〕　皮艺军:《儿童权利的文化解释》,《山东社会科学》2005 年第 8 期。

〔2〕　管华:《儿童权利研究:义务教育阶段儿童的权利与保障》,法律出版社 2011 年版,第 57 页。

〔3〕　张杨:《儿童权利在人权维度上的证成与批判》,《人民论坛》2010 年第 32 期。

〔4〕　张爱宁:《国际人权法专论》,法律出版社 2006 年版,第 332 页。

〔5〕　王勇民:《儿童权利保护的国际法研究》,法律出版社 2010 年版,第 17 页。

〔6〕　柳华文:《儿童权利与法律保护》,上海人民出版社 2009 年版,第 219 页。

4. 儿童人权属性

王本余探讨了儿童人权属性。他认为,儿童人权从本性上来说,是儿童作为一个人和作为一个未成年人根据道德以及法律的原则和规则而享有的资格,它从根本上保障着儿童的自由,护卫着儿童的利益,同时,课以他人以及社会尊重和认真对待儿童的一般性义务[1]。王勇民则对儿童人权的一般属性与特殊属性进行了研究。他认为,儿童人权作为人权的一部分,具有人权所具有的一般属性,即儿童人权是普遍的权利、是每个儿童个体的权利、是整体性的权利。与此同时,儿童人权是一种特殊的权利,其特殊性在于:儿童人权具有发展性、依赖性、易受伤害性和不可克减性[2]。

5. 儿童人权类型

郭翔认为,按儿童人权的性质特征区分,儿童人权可分为:生存权;健康权;姓名、肖像、国籍权;名誉、荣誉、智力成果权;教育权、接受抚养权和继承遗产权;身心健康全面发展权;达到就业年龄的劳动权;援助权和司法保护权等十大权利[3]。王雪梅认为,儿童人权可归结为两大方面的内容,一方面是国家、社会和家庭对儿童个体生命和生存权的特别保护;另一方面涉及儿童在特定社会条件下能获得个人潜质的最全面的发展。简言之,也就是生存的权利和发展的权利[4]。陆士祯等则将儿童人权区分为儿童的基本权利与特殊权利,认为儿童的特殊权利主要有获得家庭抚养、教育权;获得卫生保健权;受教育权;特殊的诉讼权利以及获得健康成长的环境权等[5]。

(三)儿童人权主体研究

1. 儿童的法律界定

关于儿童的定义,《儿童权利公约》第 1 条明确规定:"儿童系指 18 岁以下的任何人,除非对其适用的法律规定成年年龄低于 18 岁。"然而在我国,由于现有立法并未对其作出明确界定,使得研究儿童的法律定义成为必要。李双

---

〔1〕 王本余:《论儿童权利的本性及其教育诉求》,《南京晓庄学院学报》2009 年第 1 期。

〔2〕 王勇民:《儿童权利保护的国际法研究》,法律出版社 2010 年版,第 19—22 页。

〔3〕 郭翔:《我国对儿童权利的法律保护——兼析联合国〈儿童权利公约〉与我国〈未成年人保护法〉等法律的相关性》,《政法论坛》1997 年第 6 期。

〔4〕 王雪梅:《儿童权利论:一个初步的比较研究》,社会科学文献出版社 2005 年版,第 114 页。

〔5〕 陆士祯等:《中国儿童政策概论》,社会科学文献出版社 2005 年版,第 168—170 页。

元等探讨了儿童的法律界定。他们认为,虽然各国立法上关于儿童年龄的规定尚有差异,但总的来看,以 18 岁作为儿童年龄的上限是国际社会的普遍实践与法律认同。有鉴于此,我国儿童就是指 18 岁以下的所有人,包括婴儿、幼儿、少年、少年儿童、青少年、未成年人等不同的称谓[1]。管华则不同意他们的看法。他认为,综合儿童生理、用语习惯、民众认知、工作机构的设置以及法律规定的诸多标准,我国儿童年龄的上限确定在 14 岁为宜,参考义务教育年限,可以延长到 15—16 岁[2]。

2. 儿童的特点

刘金霞认为,与成年人相比,未成年人具有幼弱性与成长性、不成熟性与可塑性、依赖性和相对独立性、易受侵害性和自我保护能力的缺乏性等特点[3]。陆士祯等研究了儿童的特点。她们认为,儿童具有基础性、发展性和未来性三大特点[4]。王雪梅则引用国外学者的观点来探讨儿童的特点。她认为,儿童的固有特点可总结为四点:一是儿童只不过是人一生的短暂停留;二是儿童具有某种自然天成的本性;三是儿童的单纯性;四是儿童在年龄上处于弱势,有着脆弱的依赖性[5]。

3. 儿童与少年等概念间的关系

吴用探讨了"儿童"与"未成年人""少年""青少年"等概念间的关系。他认为,这些称谓的具体含义在不同法律文本中可能有所不同。通常来看,在涉及权利保护问题时,通常会使用"儿童"或"未成年人"的称谓。而在刑事司法领域,大多使用"少年"或"青少年"这样的用语[6]。姚建龙则认为,未成年人应当包括儿童和少年,而青少年包括了未成年人和小年龄成人这两部分群体[7]。王勇民也对上述概念作了探讨。他认为,从法学的角度看,在司法领域特别是刑事司法领域,多称"少年"或"青少年",而在很多情况下,对儿童、未成年

〔1〕　李双元等:《儿童权利的国际法律保护》,人民法院出版社 2004 年版,第 3 页。

〔2〕　管华:《儿童权利研究:义务教育阶段儿童的权利与保障》,法律出版社 2011 年版,第 18 页。

〔3〕　刘金霞:《未成年人法律制度研究》,群众出版社 2007 年版,第 8—10 页。

〔4〕　陆士祯等:《中国儿童政策概论》,社会科学文献出版社 2005 年版,第 5—6 页。

〔5〕　王雪梅:《儿童权利论:一个初步的比较研究》,社会科学文献出版社 2005 年版,第 3 页。

〔6〕　吴用:《儿童监护国际私法问题研究》,对外经济贸易大学出版社 2009 年版,第 3 页。

〔7〕　姚建龙:《少年刑法与刑法变革》,中国人民公安大学出版社 2005 年版,第 5—8 页。

人和少年的使用范围未作严格的界分,意义基本一致[1]。

(四)儿童人权内容研究

1. 儿童受教育权

尹力对儿童受教育权的性质、内容与路径等进行了探讨。她认为,受教育权是一项基本权利,兼具积极权利与消极权利双重属性。义务教育阶段儿童的受教育权主要包括请求权、福利权和自由权三方面的内容。国家在义务教育发展中负有首要责任。学校和教师对儿童的发展负有直接教育责任。父母对未成年子女不仅有教育的义务,且拥有"优先选择之权"。儿童受教育权的保障有赖于教育公益诉讼制度的建立[2]。管华则研究了义务教育阶段儿童人权与保障问题。他认为,受教育权包括受教育自由权、受教育社会权和受教育秩序权等内容。儿童受教育权同时也是义务,只不过不可强制。儿童受教育基本权利的司法救济从内容看,只有接受义务教育的权利在立法上是清楚的,司法救济渠道是畅通的;免费入学的权利在司法救济上存在一定障碍;其他权利如择校的权利、在家上学的权利、入学机会平等的权利等,则难以获得司法救济[3]。

2. 儿童监护权

吴海航探讨了未成年人被监护权的法理问题。他认为,我国目前相关法律文件中仅对监护权有所设定,尚无被监护权的法定概念及其解释,更无对未成年人被监护权的具体规定。因此,在实践中当未成年人权利遭受损害时,相应的法律责任承担主体及其救济程序常存在被忽视的可能。未成年人的被监护权应有其法定性概念以及依法实现的途径,法律逻辑从理论上应能为未成年人的被监护权概念提供理论支持[4]。王丽萍探讨了父母照顾权。她认为,父母照顾权是父母对未成年子女进行保护、教育的义务与权利的总称,是以保护子女利益为目的的一种利他性权利,其内容包括人身照顾权和财产照顾权。父母不得抛弃亦不得滥用照顾权。父母照顾权的行使应以子女最大利益为原

〔1〕 李双元等:《儿童权利的国际法律保护》,人民法院出版社 2004 年版,第 8 页。

〔2〕 尹力:《儿童受教育权:性质、内容与路径》,教育科学出版社 2011 年版,第 49—254 页。

〔3〕 管华:《儿童权利研究:义务教育阶段儿童的权利与保障》,法律出版社 2011 年版,第 88—172 页。

〔4〕 吴海航:《未成年人被监护权的法理辨析》,《中国青年研究》2006 年第 9 期。

则,由父母双方共同行使,并应考虑未成年子女的意见。在父母滥用权利、损害未成年子女的利益时,父母照顾权会依法被限制[1]。叶承芳则对未成年人国家监护制度的构成要素进行了研究。她认为,在未成年人国家监护制度应包含的五个基本构成要素中,监护事项国家决定法律规范、监护监督法律规范、亲权强制终止法律规范和国家代替位监护法律规范是构成未成年人国家监护制度的核心要素,也是判断一国未成年人国家监护制度发展程度的重要依据[2]。

3. 儿童隐私权

胡拥军研究了未成年人隐私权问题。他认为,未成年人与成人一样享有隐私权,但其隐私权行使受到来自亲权行使、监护人履行监护职责、学校行使行政管理权和知情权的限制。我国未成年人隐私权保护制度尚不完善,应从立法、司法、加强未成年人及其监护人和学校的法律教育等方面加强对未成年人隐私权的保护[3]。刘金霞则探讨了未成年人隐私权与监护人知情权之间的冲突与协调问题。她认为,未成年人的隐私权与监护人的知情权之间的关系是和谐与冲突并存。未成年人作为独立的法律主体,客观上拥有个人隐私,并应享有法律赋予的隐私权;未成年人的监护人为履行监护职责,有权在一定范围内了解未成年人的隐私,同时负有保护未成年人隐私、维护未成年人隐私权的义务。因此,对两者的法律规制需特别注意法律介入和干预的程度与力度[4]。

4. 儿童财产权

谢晓探讨了未成年子女的财产法律制度。她认为,未成年子女财产是指未成年人因继承、赠与或劳动等方式取得的归未成年人自己所有的财产。因未成年人尚无管理财产的能力,通常由其父母行使对该项财产的管理权并排除他人侵害;享有财产上的用益权、负担子女的必要费用但收益剩余应归子女所有;且非为子女利益不得处分[5]。孟令志则围绕未成年人财产权保护的几

〔1〕　王丽萍:《论家庭对未成年人的保护——以父母照顾权为中心》,《法商研究》2005 年第 6 期。

〔2〕　叶承芳:《未成年人国家监护制度构成要素研究》,《人民论坛》2011 年第 17 期。

〔3〕　胡拥军:《论未成年人隐私权》,《江西社会科学》2003 年第 2 期。

〔4〕　刘金霞:《未成年人隐私权与监护人知情权:和谐、冲突与法律规制》,《法学杂志》2007 年第 4 期。

〔5〕　谢晓:《论未成年子女财产法律制度》,《法律科学》2000 年第 1 期。

个基本问题展开探讨。他认为,我国有关未成年人财产权保护在立法上存在法律体系散乱、条文过于简略、抽象等缺陷。因此,有必要完善这一制度。未成年人财产权保护涉及未成年人财产范围的界定、父母对未成年子女财产的权利义务、限制父母对未成年子女财产的处分等基本问题。对未成年人财产的保护应确立"儿童最大利益原则"和"儿童利益优先原则",区分亲权与监护,并在此基础上构建完整的保护未成年人财产权的法律体系[1]。

5. 儿童参与权

贺颖清探讨了我国儿童参与权状况及其法律保障问题。她认为,儿童的参与权是确保儿童各项权利能真正得到实现的一项具有基本价值的权利。承认儿童的参与权也就意味着承认儿童是拥有权利的积极主体,承认儿童是儿童问题的专家。承认儿童的参与权也意味着对家长制作风的否定。中国儿童参与权状况在近些年有了很大改善,但除非有系统的法律保障,儿童的参与权意识很难短时间内在大众的心里扎根,儿童也很难在影响他们自身利益的事务中发挥应有的作用[2]。

6. 儿童法律援助权

徐美君探讨了未成年被指控者获得律师帮助的权利问题。她认为,为使未成年犯罪嫌疑人在诉讼中能足以对抗检察官,形成抗辩平等的局势,同时也因为未成年犯罪嫌疑人心理与生理上的诸多弱势,我国应当完善其法律援助制度,赋予其免费律师帮助权。为此建议:第一,为未成年犯罪嫌疑人、被告人全程提供法律援助;第二,律师应被赋予全面的权利;第三,明确未成年人未获律师帮助的程序后果[3]。陈娟则从民间援助机构的角度探讨了法律援助对未成年人提供保护。她认为,对于我国民间援助机构来说,要真正在未成年人保护领域有所发展,就必须要冲破把自己的服务范围局限在提供代理或咨询等传统的"亡羊补牢"式援助服务的模式,从关心未成年人的身心健康角度出发,拓展服务范围[4]。

---

〔1〕 孟令志:《未成年人财产权保护的几个基本问题研究》,《法商研究》2007 年第 3 期。

〔2〕 贺颖清:《中国儿童参与权状况及其法律保障》,《政法论坛》2006 年第 1 期。

〔3〕 徐美君:《未成年人刑事诉讼特别程序研究》,法律出版社 2007 年版,第 142—146 页。

〔4〕 陈娟:《民间法律援助与未成年人保护》,《青年研究》2003 年第 4 期。

(五)儿童人权保护研究

1. 儿童人权保护基本原则

"最大利益原则"是近年来国际人权公约和相关国家立法确立的一项旨在增进儿童保护的重要原则。冉启玉研究了英、美、法国家的儿童最大利益原则。她认为,"儿童最大利益原则"为解决儿童权益保护与其他权益保护的冲突提供了纲领性的规定,将儿童作为独立的个体及权利主体加以看待,为儿童人权保护相关立法及司法实践指明了价值取向,也为实践机构解决儿童权益问题提供了法律准则[1]。王雪梅探讨了最大利益原则的含义。她认为,最大利益原则可从三个视角来理解:第一,从运用角度看,它被理解为处理儿童事务的准则;第二,从立法角度看,它是保护儿童人权的纲领性条款;第三,从文化角度看,它蕴含将儿童视为拥有权利的个体的理念。最大利益原则具有纲领性、原则性、平衡性等特点。在最大利益标准的实际运作中,经常遇到不确定性问题、权利冲突问题以及文化价值冲突问题[2]。

王勇民探讨了平等保护原则。他认为,该原则主要涉及两方面的内涵,一方面即对所有儿童的人权进行平等保护,不得有所歧视;另一方面应对儿童的人权进行特殊的保护。对于该原则的适用问题,他认为,在儿童人权的平等保护原则适用上会遇到年龄歧视问题和基于特殊身份的歧视问题[3]。

王雪梅探讨了尊重儿童原则。她认为,尊重儿童原则包含对儿童的观点和意见的尊重,如尊重儿童申辩的权利、民诉中对儿童意见的尊重、建立完善的代理人制度等,以及对儿童人格尊严的尊重[4]。

柳华文探讨了儿童利益最大化原则与儿童优先原则的异同。他认为,第一,前者比后者更丰富;第二,最大利益在本质上更能体现儿童主体的权利理念;第三,最大利益因其适用范围更广,解决更深层次问题,因而面临更多难题;第四,与儿童优先相比,最大利益具有更多不确定性因素,在适用中不易把

---

〔1〕　冉启玉:《英美法"儿童最大利益原则"及其启示》,《河北法学》2009 年第 9 期。

〔2〕　王雪梅:《儿童权利论:一个初步的比较研究》,社会科学文献出版社 2005 年版,第 63—68 页。

〔3〕　王勇民:《儿童权利保护的国际法研究》,法律出版社 2010 年版,第 117—123 页。

〔4〕　王雪梅:《儿童权利论:一个初步的比较研究》,社会科学文献出版社 2005 年版,第 86—92 页。

握;第五,最大利益原则在保护儿童人权的司法实践中历史久远[1]。

2. 一般儿童的人权保护

关于儿童人权保护机构设置的问题,刘向宁等对此作了探讨。她们认为,我国的未成年人保护工作制度存在弊端,应当借鉴国外先进经验,对我国的未成年人保护机构加以完善,为此建议:在立法中以法律形式确立未成年人的保护机构;通过对外建立层级制未成年人保护委员会、对内分设各事务办公室等措施来改革我国的未成年人保护委员会,使其充分发挥保护未成年人合法权益的作用[2]。张文娟则对美国的儿童保护机构进行了探讨。她认为,美国的联邦机构的儿童保护部门主要是通过确定要求和指导原则,提供资助,支持各州开展儿童保护项目和服务,各州根据联邦的要求开展项目,对儿童和家庭提供服务以获得资助[3]。

张冰探讨了有害于未成年人的网络色情之法律管制。她认为,网络色情信息在互联网泛滥成灾,严重威胁到未成年人的健康成长。所以,不仅要制定和完善网络信息安全保护的一般法,制定未成年人网络保护的专门法,还要制定专门规范网络色情有害信息的一线法规和司法解释等。同时,还须加强执法建设,加强监管,从源头上管制有害信息的传播;在必要时开展专项打击活动,同时加强民间自律[4]。梁鹏则从比较视野考察了美国保护未成年人免受网络色情作品危害的立法,认为我们从中可得到一些启示:不能因保护儿童权益就罔顾成人利益;保护儿童免受网络色情作品的危害时当兼顾言论自由;保护未成年人免受网络色情作品的危害这一责任应更多地由家长而非政府来承担;保护未成年人免受网络色情作品危害要依赖于技术创新与推广[5]。

---

[1] 柳华文:《儿童权利与法律保护》,上海人民出版社 2009 年版,第 14 页。

[2] 刘向宁等:《论未成年人保护机构的设置》,《中国青年研究》2007 年第 10 期。

[3] 张文娟:《中国未成年人保护机制研究》,法律出版社 2008 年版,第 177 页。

[4] 张冰:《有害于未成年人的网络色情之法律管制》,《安徽大学学报(哲学社科版)》2006 年第 1 期。

[5] 梁鹏等:《美国保护未成年人免受网络色情作品危害的立法与借鉴》,《中国青年研究》2006 年第 10 期。

3. 弱势儿童的人权保护[1]

(1) 留守儿童

王秋香等从父母监护缺位的角度探讨了农村留守儿童权益保障问题。她认为,由于父母监护缺位,农村留守儿童的受照顾权、生命健康权、受教育权及发展权等权益遭到严重损害。要切实保障其权益不受侵害,父母应以儿童利益优先,明确自己的责任和义务;政府应加强经济建设,大力发展农村经济,改变不合理的制度;进一步修改和完善儿童权益保障的系列法律[2]。项焱等对留守儿童的人权状况进行了探讨。她们认为,留守儿童普遍面临生存权、受教育权、受保护权、发展权等诸多权利全面缺失的不利状况。为确保留守儿童法定权利的实现,在充分借鉴既有保护经验的基础上,有必要把法律保护作为实现儿童人权的根本途径;加强立法,明确留守儿童之相关权利;以政府为核心,整合社会资源,构建留守儿童人权保障体系[3]。

(2) 流浪儿童

佟丽华研究了流浪儿童救助与法律保护制度。他认为,社会对流浪儿童的关注以及救助制度依然掩埋在本就模糊的对所有人的救助制度之中,流浪儿童的人权依然无法得到保护。为此建议各省会城市或大中城市建立单独的流浪儿童救助机构、在各省、自治区、直辖市设立流浪儿童救助机构以未成年人保护委员会牵头负责为宜以及建立全国流浪儿童监测体系[4]。钱晓萍则从国家对未成年人履行监护义务的角度探讨了流浪儿童问题。她认为,结合我国国情,由国家专门机构对未成年人采取监护监督和直接监护的方式,履行国家监护义务。通过早期的预防和干预、中期的救助和保护、后期的监督和巩固三个阶段的循环,设计我国未成年人国家监护的具体制度,保护他们的合法权益并有效解决未成年人流浪问题[5]。

---

[1]　从社会学的视角来看,弱势儿童分为身体弱势儿童即残疾儿童、心理弱势儿童即智障儿童、社会弱势儿童即遗弃儿童与孤独儿童以及暴露在危险处境下的弱势儿童即压力儿童四大类别五种类型。

[2]　王秋香等:《论父母监护缺位与农村留守儿童权益保障问题》,《学术论坛》2006 年第 10 期。

[3]　项焱等:《留守儿童权利状况考察报告——以湖北农村地区为例》,《法学评论》2009 年第 6 期。

[4]　陈云英:《2004 中国特殊儿童教育权利报告》,人民教育出版社 2005 年版,第 167—175 页。

[5]　钱晓萍:《论国家对未成年人监护义务的实现——以解决未成年人流浪问题为目标》,《法学杂志》2011 年第 1 期。

（3）离异家庭儿童

董新兰探讨了离婚后未成年子女利益的法律保护问题。她认为，我国现行立法及司法实践中存在对未成年子女利益考虑不够和保护不足的问题，尤其是父母离婚后未成年子女财产性质的界定和保护、抚养费的合理使用、监管以及人工生育子女的法律地位和离婚后抚养问题等存在立法上空白或不足，需要借鉴国外婚姻家庭制度的有益规定，予以完善，以期加强保护未成年子女的合法权益[1]。王哥雅研究了离婚背景下儿童人权的法律救济。她认为，从国际公约与国内立法的视角来看，离异家庭儿童人权的法律救济途径有三：一是承担抚养义务；二是履行监护职责；三是行使探望权[2]。

（4）残疾儿童

刘翠霄考察了我国残疾儿童权益保障立法及法律实施状况。她认为，尽管我国制定了许多涉及残疾儿童权益保护的法律法规，但有关残疾儿童康复问题、接受特殊教育问题以及农村残疾儿童社会保障权益问题仍是我国今后面临的突出和亟待解决的问题[3]。赵启峰探讨了我国残疾儿童人权的法律保护问题。他认为，我国残疾儿童数量巨大，需要法律的特殊保护，但我国残疾儿童人权的法律保护体系尚未建立。我国应尽快构建和完善残疾儿童人权保护的法律体系，主要包括残疾儿童的生命权、健康权、受教育权、救济权、养育权等内容[4]。蒋新苗探讨了中国残疾儿童收养的法律机制。他认为，我国收养法律制度对收养残疾儿童专门作了例外规定。残疾儿童的跨国收养进一步拓宽了安置残疾儿童的渠道，我国缔结和加入的有关收养国际公约及国内涉外收养法律法规为规范残疾儿童的跨国收养提供了有效机制。无论是我国有关残疾儿童国内收养还是跨国收养的法律机制，均存在不同程度的缺失与不足，亟待从实体与程序上予以完善[5]。

---

〔1〕 董新兰：《离婚后未成年子女利益保护的法律思考》，《法学杂志》2008 年第 1 期。

〔2〕 柳华文：《儿童权利与法律保护》，上海人民出版社 2009 年版，第 190—200 页。

〔3〕 柳华文：《儿童权利与法律保护》，上海人民出版社 2009 年版，第 91—97 页。

〔4〕 赵启峰：《论我国残疾儿童权利的法律保护》，《河南师范大学学报（哲学社会科学版）》2007 年第 6 期。

〔5〕 蒋新苗：《中国残疾儿童收养的法律机制透析》，《中国法学》2009 年第 6 期。

二、儿童人权理论研究之简要评述

毋庸置疑,中国近 20 年来在儿童人权理论研究方面取得了长足进步,成果斐然。同时我们也应当看到,当前的研究尚存诸多不足,需要我们认真对待。具言之,中国儿童人权理论研究在以下几个方面需要加以改进。

(一)重应用研究而轻理论研究的倾向有待转变

就研究者的自觉意识来看,普遍带有一种重应用研究而轻理论研究的倾向。已有研究并没有充分认识到儿童人权理论在儿童人权保障方面的意义和重要性。研究者大多偏爱探讨儿童人权保护中遇到的具体问题,如"离婚后未成年子女利益保护的法律思考""有害于未成年人的网络色情之法律管制"等,而对儿童人权本身所触及的基本理论问题,如儿童人权的历史、儿童人权的内涵与外延、儿童人权的属性等,却言之甚少甚至避而不论。

(二)部门法学者参与研究多而理论法学者参与研究少之局面有待改进

就研究群体的学术背景而言,大多是从事具体部门法研究,而从事理论法学研究的学者却集体缺位。正如前文所述,许多研究者是来自国际私法或民法领域的学者,他们对儿童人权理论的研究无疑拓展了该研究领域。但是,儿童人权理论首先是一个理论法学上的研究话题,对这样一个重大的法学理论问题的研究,我国理论法学方面的专家和学者对此却鲜有涉足,至少从目前来看,参与研究的学者太少。另外,儿童人权理论研究尚需哲学、心理学、教育学、社会学等多学科力量的理论滋养,而从国内研究群体的学术背景来看,这方面的研究者也是屈指可数。

(三)研究视角和研究内容有待拓展与深化

就研究视角与研究内容而言,尚待进一步拓展和深化。从研究视角看,现有研究大多是以成人为焦点、缺乏对儿童利益的关注,是在传统人权理论语境下展开,因而导致儿童人权理论淹没在传统人权理论的汪洋大海之中。从研究内容看,学界对于儿童人权概念的内涵与外延这一基础性理论问题研究尚未给予足够的重视,已有研究大多只是对儿童人权的通俗性描述,而不是从权利哲学角度来研究[1]。正是由于这一基础性问题的研究存在致命的软肋,导致人们对儿童这一特殊权利主体究竟享有哪些基本权利众说纷纭、莫衷一是。此外,对于儿童人权史的研究也显得格外清冷,需要学者注入更多的热情与精力。

(四)有待更多的学者参与研究

在儿童人权理论研究之回顾中笔者总共提到了41个研究者,其中男性17个,女性高达24个。诚然,妇女与儿童有着天然的紧密联系,她们参与儿童人权理论研究本无可厚非,但是当儿童人权理论的研究只是停留于女性对儿童的关爱之时,那么,这就意味着整个社会并未对儿童人权理论研究怀有足够的重视。

三、儿童人权理论研究之未来展望

人类社会从古代将儿童视为家庭或父母的财产,到近代逐渐认识到儿童的主体地位,到现代社会最终承认儿童是法律上拥有独立人格的主体,期间经历了数千年的风霜雨雪。儿童人权的国际化历程与各国儿童人权的入宪史表明,人类社会对于儿童人权的接纳与认可促进了整个社会的文明与发展。

从国际视野来看,人们对儿童人权的关注始于第一次世界大战给儿童带来的巨大灾难,国际社会为保障儿童的生存权与发展权,成立了"救助儿童国际联盟"组织,通过了《儿童权利日内瓦宣言》(1924年),首次在国际社会层面确立了儿童人权的概念。在1946年成立的"联合国国际儿童紧急基金会"(1953年改名为"联合国儿童基金会")的努力下,全球儿童的生存、发展、受保护及参与的权利得到了一定的保护。特别是在1959年联合国第十四届大会通过的《儿童权利宣言》中全面规定了儿童享有不受歧视的权利、姓名权与国籍权、家庭照顾权、特殊儿童照顾权、健康成长权、受援助权、受教育权、免受虐待、忽视与剥削的权利等诸多人权,为后来联合国《儿童权利公约》的出台奠定了良好的基础。

---

[1] 如有学者认为,儿童权利是指儿童与成年人一样,他们的法律权利应当得到国家、社会和家庭的平等保障。参见周伟:《宪法基本权利:原理、规范、应用》,法律出版社2006年版,第349页。

　　随后,联合国于 1966 年颁布《经济、社会及文化权利国际公约》和《公民权利和政治权利国际公约》,两者均对儿童人权作了特别规定。如前者第 10 条第 1 项、第 3 项及第 13 条、第 14 条特别规定所有儿童均应受到保护,且儿童有受教育的权利,并强调父母享有对子女的教育选择权,此自由权国家不得干涉。而后者第 24 条明确规定儿童的固有权利,认为"每一儿童应有权享受家庭、社会和国家为其未成年地位给予的必要保护措施,不因种族、肤色、性别、语言、宗教、国籍或社会出身、财产或出生而受任何歧视。每一儿童出生后应立即加以登记,并应有一个名字。每一儿童有权取得一个国籍"。

　　保护儿童人权最重要的国际公约是 1989 年联合国大会通过的《儿童权利公约》,该公约所倡导的儿童人权非常全面,从性质来看可分为两大类:一类是基本权利,包括生存权、人身自由权、人格权、平等权、隐私权等,与成人基本人权是大体一致的。另一类是特殊权利,包括受抚养权、受教育权、家庭成长权、优先受助权、刑责减免权、游戏权等,是针对儿童身心发展的需要,及儿童应受到特别照顾、保护等考虑之儿童权利。从内容来看可分为三类:一是生存的权利,如充足的食物、居所、清洁的饮用水及基本的健康照顾。二是受保护的权利,如免于受虐待、疏忽、剥削及在危难、战争中优先获得保护。三是发展的权利,如拥有安全的环境,借由教育、游戏、良好的健康照顾及社会、宗教、文化参与的机会,使儿童获得健全均衡的发展。之后,联合国大会又于 2000 年通过了《关于儿童卷入武装冲突问题的任择议定书》和《关于买卖儿童、儿童卖淫和儿童色情制品问题的任择议定书》。前者保护儿童人权,使其能在和平安全的条件下成长和接受教育。后者则针对国际社会普遍存在的买卖儿童、儿童卖淫和儿童色情制品现象而制定,进而实现《儿童权利公约》的宗旨,保护儿童的权利。

　　从国内视野来看,尽管近 20 年来中国儿童人权保护取得了很大的进步,但中国儿童人权的实施效果并不容乐观。就中国儿童人权保护的现状而言,一些留守儿童的双亲监护缺位、那些贫困儿童辍学在家或流浪街头、有的残疾儿童受到种种歧视、黑户儿童受教育权得不到保障等等。这些严峻的社会问题,亟待我们理论与实务部门的有识之士,积极投入到儿童人权理论与实践的研究之中来,为我国儿童的生存与发展营造一个良好的社会环境,保障他们安全、健康、快乐地成长。

　　胡适先生曾经说过,衡量一个国家的文明程度,不是看这个国家的经济有多发达,而是看这个国家对待儿童的态度。因而,笔者认为,未来中国儿童人权保护问题必定会成为我国法学界研究的一大热点领域。

后 记

常言道:"儿童是祖国的花朵,民族的未来,家庭的希望。"因此,保护儿童是我们每一个成年人的应有职责。我正是在这份神圣职责的感染下,从2009年起,开始关注儿童人权问题的研究。记得2010年年初申报国家社会科学基金一般项目时,我以选题《儿童权利理论研究:以儿童权利结构为视角》申报,有幸通过通讯评审专家的初评,尽管最终由于前期研究成果薄弱而未能获准立项,但却无形之中为我继续开展此方面的研究,增添了莫大的信心和勇气。同一年,我以《儿童权利理论的新展开》作为江苏省研究生科研创新工程的申报项目选题,最终获准立项。此后,我持续关注中国儿童人权的保护状况,围绕现实中存在的各种问题,如儿童歧视、儿童虐待、儿童健康等展开专题探讨,取得了一些研究成果。尤其值得提及的是,2012年我以《中国儿童福利权保障制度研究》为选题,有幸获得当年年度国家社会科学基金一般项目的立项。可以说,本书是我近6年来研究儿童人权问题的一个阶段性总结。在这6年间,我始终围绕儿童人权问题写了一些论文,只是由于前后写作时间较长,难免存在内容上的重复,甚至有些问题还可作更深入的探讨而未能展开论述。更为遗憾的是,本书理论部分的探讨不够深入,实践部分的研究内容还有许多拓展空间。因此,在行色匆匆间出炉而成,心里总感觉有些惴惴不安。当然,本书的不足还远不止这些,尚祈读者批评指正。

感谢引领我走上儿童人权探索之路的苏州大学王健法学院周永坤教授,是他在2008年收我为徒,进入师门攻读博士学位。如果没有周师的引导和鼓励,就没有我今天与"儿童人权"结下的不解之缘。周师的谆谆教诲与循循善诱,激励并启发我养成了法学上的批判品格,同时也逐步将我引入人权法学的学术殿堂。记得周师在博士论文的选题指导时,曾鼓励我好好将"儿童人权"这一选题领域研究下去,持续研究一定能取得不错的研究成果。如果说他的学生在"儿童人权"研究领域有所斩获的话,全仰仗周师的英明决策与精心培育。

感谢我工作单位的领导和同事。感谢法学院院长蒋悟真教授,他对学术的执着追求和对工作的勤勉精神深深地感染并激励着我,使我在写作与工作上不敢有所懈怠。感谢法学院党委书记贺三宝博士在日常生活和工作上给予的很多关怀与帮助。感谢法学院蒋岩波教授、马德才教授、袁明圣教授、易有禄教授、王柱国教授、杨德敏教授、巫文勇教授、徐光华博士、周维德博士、朱丘祥博士、陈运生博士以及办公室主任欧阳力、文晓玲老师等,是我们这个充满温情而富有活力的大家庭给我营造了开心生活和努力工作的好环境。

感谢在论文发表上曾经给予我帮助的许多友人。我深知,在儿童人权的研究旅途中,若是没有他们的陪伴、支持与认可,要取得今天的一点成绩是非常艰难的。为此,我要特别感谢以下编辑所作出的无私帮助与默默奉献!他们是《政治与法律》主编徐澜波、《理论与改革》主编王建华、《法学杂志》编辑李辉、《东吴法学》编辑上官丕亮、《云南行政学院学报》编辑李保林、《安徽警官职业学院学报》副主编刘靖华、《江西青年职业学院学报》副主编涂为国等,是他们给了我关注儿童人权的源源不断的动力。

感谢中国法学会《民主与法制》杂志总编辑刘桂明先生的热情帮助,感谢中国民主法制出版社的精心打造!在此,我也要感谢我的硕士研究生余鹏峰,为了本书能够出版,他在文字的录入与校对方面做了大量的工作。

吴鹏飞
2015 年 3 月 15 日